营销的律动
——卫军英谈营销传播

卫军英 ◎ 著

MARKETING RHYTHM

Wei Junying Expounding on
Marketing Communication

首都经济贸易大学出版社
Capital University of Economics and Business Press
·北京·

《视界》总序

出版人的使命和最大乐趣在于出版一些于社会进步、于人类福祉有意义的东西。伴随着传播技术的变迁，人们的阅读习惯和学习方式在不断改变，尤其是当今媒体的网络化不仅改变了人们的阅读习惯，同时也相应地改变了读者接受知识和学术思考的方式。这意味着出版人要提供给大众有意义的阅读，一方面要坚持提供、筛选和传播更加具有内涵和深度的作品，完成对社会的担承；另一方面其表现方式要顺应人们阅读方式和思维模式的改变。为此，本丛书在坚持立足学术前沿高度的基础上，试图用一种更加清新生动的形式，在媒体网络化的多元传播表达中，寻求一种个性化的学术诠释，提供一种蕴含知识和精神内涵的深度阅读体验。

本丛书采用学术随笔形式，由专家通过浅近轻松的表达，娓娓道来专业话题，把学术思考与普适性的大众视野相融合。这种追求主要是基于几个层面的考虑和尝试。

1. 以轻松的笔触表达与读者的交流。这在一定程度上展示出当代传播学和市场营销领域学术研究的新取向和新追求，在信息由稀缺资源转而冗余的过程中，沟通方式甚至超越了沟通内容。传播价值的实现更加依赖于愉悦的传播氛围。书宛然就是作者心中清泉的流淌，从书中可以看到活生生的人，看到人的音容笑貌，看到人用心在体会。读书就是与作者在对话中交流碰撞。我们所追求的是学术的愉悦而不是经院的枯燥，是趣味而不是浅薄。

2. 以趣味的叙述传递作者的睿智。学术思想原本就是对事件的认知归纳，所以在文章中适当穿插一些叙事性元素，不仅增加书的可读性，而且直接展示出对社会现实和生活本身的涉入。在传媒网络化的接受环境中，也许现场感比抽象的思辨更加富有说服力，因此在专业论述中体现出趣味、睿智、灵气，似乎更加符合读者对阅读体验轻松、感性、新颖的追求。

3. 以清新的文风体现学术的创新。改变以往学术研究冗长而又艰涩的表述方式，摒弃经院式的旁征博引，提倡学者个性化的感悟和思想火花的迸发。其实这原本是一种颇有渊源的学术传统，人类辉煌的学术遗产中，很多都是深刻的叙述式感悟，如亚里士多德的《诗学》，歌德《谈话录》，以及中国的《水经注》《诗品》《梦溪笔谈》《人间词话》等莫不如此。

丛书首批推出的四本著作是：《传媒的魅力——邵培仁谈传播与未来》《重建巴比塔——吴飞谈传播学的想象力》《营销的律动——卫军英谈营销传播》《艺术的信源——邹文谈艺术与传播》。邀请浙江大学和清华大学学者撰稿，他们是在传播学学科理论本土化的过程中，卓有建树的专家，其所做的很多研究都具有开拓性意义。这四本书从传播学到营销学，巧妙地完成了一个学术与市场结合的递延。无论是对传媒未来的洞察，还是对传播学想象力的延展；无论是对市场空间的节奏把握，还是对艺术传播的维度关照，都以其个性化的风格体现出学术的适应性。

《视界》丛书的问世是学术界和出版界携手为学术理想和出版信念的坚守，为在信息浮躁和尘嚣中独立学术精神的传播和远达而进行的创新努力。丛书从创意到出版的过程，充溢着双方信念相契、理想与共、坦诚沟通的精神愉悦和创作的快乐。我们深知，作者在丛书创意和创作中的付出其实就是源于学术信念和知识良知对于社会的一种无私奉献。在此，我们向作者的学术精神和慷慨付出致以深深的敬意和诚挚的谢意。同时，本丛书的出版还获得了北京市社会科学界联合会相关部门和领导的肯定和大力支持，使我们得以践行对出版专业精神的坚持和对出版创新的探索，在此表示由衷的感谢。

这是一套开放性的丛书，我们希望以此为开端，向经济学、管理等社会科学及人文科学领域拓展。我们诚恳地邀请对此话题有兴趣的学界名流加盟，通过我们共同搭建的平台，让更多的人思想你的思想，分享你的感悟，用你们的思想与睿智共建中国学术的巴比塔，共同创造和重建我们的精神家园。您可通过邮件或微博的方式与我们联系或沟通。联系邮箱：yangling@263.net，新浪微博地平线阅读杨玲。

出版者

目录

前言 /1

第一章
营销从这里开始将走向何方

网络带来的营销变革　/3
体验营销将成为我们的重要追求　/7
通过模式创新寻找营销突破　/10
渠道的变化及未来发展　/12
从德鲁克到科林斯：一个简单的道理　/14
差异化营销可能是一个陷阱　/16
由网上购物快感论及网络营销传播　/18
课堂随想：网络营销走向何方　/21
要努力透视永恒的人类精神　/26
人的品性积淀为城市的文化内涵　/28

第二章
如烟的往事并不随风飘散

比尔·盖茨的"自私基因"　/33
闲话温州人：那些年的故事　/37
记忆中的一位三轮车工　/41
姑苏旧忆：二十余年如一梦　/43
那个卖卫生巾的男孩　/46
巴、比盛宴－中国慈善路有多远　/49

目录

争夺控制权：达能火拼娃哈哈 /51
宗庆后对我说哀兵必胜 /55
兵不厌诈：达能的阴险与危险 /58
娃哈哈沉重胜利的反思 /61

第三章
营销无所不在地环绕着我们

土家烧饼天津包子及营销传播 /67
国际营销学界的八荣八耻 /70
蓝海、定位及疯狂的石头 /72
卖书和当年的营销记忆 /74
定位大师对话中国企业的歧义 /76
预言史玉柱引发人生原点思索 /79
"病毒"营销、火炬传递与汶川地震 /81
企业战略要走出大而无当的玄虚 /84
读书写书以及出版的博弈平衡 /88
营销课竟从金庸、琼瑶扯开去 /91

第四章
营销与传播已然是共为一体

由研究传播从哪里入手扯开去 /95

目录

品牌谎言与市场经济的不平等 /98
且说"营销即传播,传播即营销" /101
房产泛滥令开发商变得弱智 /104
有关营销传播的网上对话录 /106
相信市场的力量:也许不只是营销 /108
山寨化潮流中的品牌反思 /110
用促销提升品牌忠诚 /113
一个关于目的性的市场策划案例 /116
博客影响:工作生活和心路历程 /119

第五章
网络和新媒体是融合的渠道

亚马逊的网络营销传播创新 /125
对谷歌退出中国市场的商业思考 /129
iPhone 会给苹果品牌带来麻烦吗 /132
关于网络、民主与市场的随想 /134
网络控制与网络帝国主义 /137
在网络时代用梦想成就品牌 /139
忽略媒体成本 回归创意本身 /141
关于创新及著作论文发表的随想 /143
超越苹果三星甚至 Google 和 Facebook 吗 /146
五年之后我们的生活会这样改变吗 /149

目录

第六章
广告曾经的辉煌渐渐衰落

迷惘的可乐：品牌神话与文化标签　／155
剥落的光环：谁在神话宝洁　／160
广告死了，曾经的辉煌在加速衰落　／163
在迷惘中失落的广告人　／167
堕落的维纳斯：回眸性感广告　／170
从业广告的五个行业性窘迫　／176
广告重复：品牌传播的双刃剑　／179
为什么广告创意很美却未必有效　／181
那些陨落了的广告标王们　／185
超越"公益"标签去看公益广告　／190

第七章
品牌价值是营销的终极追求

预言的取向：谷歌、娃哈哈和第五季　／195
一个品牌知名与美誉的营销悖论　／198
烟草品牌与人生及行业断想　／202
品牌资产更多只是象征性的虚拟　／205
理解品牌必须认识三重意义　／208
消费者对品牌的感性追求　／213

目录

品牌是企业竞争的战略性资源 /216
品牌是包容多种形态的高端竞争 /219
茅台酒这样做不利于品牌价值 /222
从品牌本体论到庄子濠梁观鱼 /226

第八章
惊鸿一瞥：营销中的品牌文化

营销视点：易中天与葛红兵 /231
成君忆水煮易中天：游戏何必当真 /234
于丹启示：推广圣人与营销自我 /237
张艺谋从成功到永远还缺少什么 /240
城市营销：杭州如何植入冯小刚电影 /243
小沈阳代言广告有点不伦不类 /247
再见时代华纳——迟暮的新娘 /250
张家界改山名有点可笑 /253
凤姐的开价与价值的扭曲 /255
莫言获诺贝尔奖对科学文化的冲击 /258

第九章
通过整合抵达营销传播佳境

企业营销最高境界是世界公民 /263

目录 CONTENTS / 6

营销能否到达无推销境界 /267
一个媒介品牌迅速沦落的警示 /270
关于 LV 品牌的促销假设 /273
中国制造：在广告与品牌认同之间 /276
学术不能落入伪科学的陷阱 /279
数据崇拜是一种创意的贫乏 /282
营销讲座遭遇从未接触过的案例 /285
讲座互动中第一次感到似乎没把握 /288
由诚信延伸到一种使命感和终极价值 /291

前　言

　　发生在这个春天里的三个小故事，似乎很能说明我的思考和写作状态，也可以大致概括这本书中所表达的内容。这是因为多年来我的专业思考，一直是置于传媒和广告营销以及文化观照的三维向度之中，如果说传播代表了一种纵向的延伸，营销显示的则是横向的扩展，而只有文化才使之立体化进而更加丰富更具有人性的光芒。

　　第一个故事说的是《淘宝天下》。这是一份由阿里巴巴的"淘宝"和浙江日报传媒集团合办的财经类杂志，如果仅就发行量而言，这份每期发行60万份的周刊也许堪称当今中国首屈一指的财经类杂志。春节过后的某一天，相约一起写作"视界"专辑的邵教授和吴教授到西溪湿地小坐。恰巧《淘宝天下》就在这附近，于是电话请《淘宝天下》的胡总过来喝酒，他也是当年我们杭州大学新闻与传播学院的毕业生。谈及新媒体颇感兴趣的是《淘宝天下》的盈利模式，当然《淘宝天下》也许并不是一般意义上的期刊媒体，除了它超越一般传统期刊的发行量之外，更加令人赞叹的是它运用淘宝大数据所形成的广告定投模式，甚至是把广告定投与整个营销体系整合起来之后，所形成的营销传播一体化平台。换句话说，当传统的大众传媒广告还在无差别地烧钱时，它则运用淘宝特有的大数据正在实现对客户的细分，以及根据淘宝商情所进行的品牌精准营销。更进一步的是，由于信息流的有效把控，通过它的准确细分之后，可以直接完成信息与商品的对流。这使我又一次地反思我们大学里讲述的广告营销理论，包括仍在流行的很多教科书里的内容，似乎已经陈旧到不是在提高广告营销的边际效益，而是在用错误的思路诱使广告烧钱而增加营销成本。新媒体所带来的全新营销模式无疑强使我们要更新自己。回头正看见微信上"19楼"的老总在谈他们的营销活动，这也是一家由《杭州日报》孕育出来的网络媒体典范，我在微信下面随发感慨道："淘宝天下"和"19楼"都是网络媒体的创新，虽然展示的是各自不同的盈利模式。但有一个基本的共同点是，它们都回避了传统媒体切入网络的误区和陷阱，以为做门户做论坛就是在做新媒体。

第二个故事要说的是余额宝。前面事情过后不久的某天，接到电话说有笔不大不小的款子可以拿回了，这是5年前我被某家银行的经理忽悠买了一份保险公司的连投险。眼见得5年到期，按照预定的收益分配方法，据说因为股市不景气收益大大低于银行利息。去时路上就想这玩意以后再不搞了，不料我这人耳朵根子软，经不住保险公司"精英经理"的一阵劝说，不仅没有取回原来的款子，而且还答应再追加款子玩一个新的花样。好在回来路上山东大学一个老师在微信群里说，老公在银行工作有余钱都是存入余额宝的。这话对我有很大促动，连银行的人都玩余额宝了，我还有什么犹豫的。接下来很简单，先是电话退保再回家开通余额宝。现在每天看看进账也挺好玩的，虽然不多但感受数字变化也算是一种体验经济吧。前几天"两会"召开之际，看不少来自银行系统的人物在攻击余额宝，还有一些"砖家"也以学者的口吻声讨余额宝，当时心里颇不服气，很想写一篇文章从我的专业角度挺一下余额宝。还没来得及写，就见中国人民银行行长出来说不会取缔余额宝，再接下来是国务院总理在政府工作报告中肯定互联网金融，随后又是新批准的五家民营银行，阿里和腾讯两家网络公司位列其中。于是这些传统金融行业的大佬们，以及他们收买的"砖家们"总算是不声响了。这件事情令人联想到中国的改革，习李改革最大的艰险在于既得利益格局，未来改革几乎每一步都要触动既得利益群体。虽然改革最上层执掌有力，最下层百姓拥护，但是中间最有权有势有抵抗力的却是庞大的既得利益群体。就比如这个余额宝吧，从营销传播的专业角度讲，最简单的就是它降低了金融运行成本，所以肯定比传统银行更有竞争力。至少它不要如同传统银行搞那么多网点，还要养那么多人（依然成本高效率低下）。中国的银行业作为一个垄断行业，似乎是中国企业里收益最高的行业。但银行业的高收益主要靠赚取存贷差，低息吸储百姓的存款然后高息存到中央银行或者贷给企业，这几乎没有风险的高额利润其实来得很不光彩。如果从交易成本的角度看，当余额宝之流们可以理直气壮的和银行做同样事情的时候，仅仅从成本角度传统银行就失去优势。更进一步从营销

"4C"（Customer，Cost，Convenience，Communication）理论上来看，第一个C相对而言消费者更喜欢余额宝这样的存储；第二个C消费者在性价比的权衡中更愿意为自己满意的东西付出相应成本；第三个C与余额宝们相比传统银行在方便程度上毫无优势可言；第四个C讲的是沟通，互联网多好啊，你不仅可以随时进出，而且在移动状态中可以随时沟通。所以如果余额宝和传统银行一样，都把储蓄再存入中央银行，按照10%的年息计算的话，它给百姓的利益会远远大于现在，说穿了就是把由银行剥削的那部分剩余价值归还给百姓。说到这里，我们可以理解中央提出银行利息市场化的用心所在了，市场化不但是经济发展的路径，也是打破既得利益格局的一种手法。

第三个故事来自于腾讯。话说这天参加腾讯在杭州搞的一个"西湖论语名家沙龙"，原以为腾讯的沙龙应该是讨论新媒体营销，不想去了之后才发现主讲人是来自北京的壹基金秘书长，他显然准备很充分，讲起了《诗经》中的"上帝"，由此定调这场沙龙讨论的主题是"诗经文化"。我作为五个嘉宾之一临时被拉到台上参与讨论，第一个发言的专家也是专程从北京请来的，这位相传为孟子的第74代玄孙顺势讲到拜火教。轮到我发言时，我想必须拉回到《诗经》的话题上来。在委婉地纠正主讲人的解说偏颇时，我提及《诗经·大雅·生民》中"厥初生民"的姜嫄，说她因为踩到巨人的脚印而怀孕，这才有了后来世世代代的华夏子孙。史诗那么记载实在并不是要遮掩老祖宗在男女关系上的随便，而是因为那反映了当时的现实。"生民"记载的应该是原始时期母系社会的情景，那时候人类还处在群婚制阶段，因为没有对偶婚制，所以民之初始，只知其母不知其父。何况宗法观念尚未形成，并不存在所谓顾及礼仪之说。上古时期的男女关系中普遍残留了群婚野合的现象，诸如《诗经·郑风·野有蔓草》里面说："有美一人，婉如清扬。邂逅相遇，与子偕臧。"所以即便是像孔子孟子这样的圣人，也都没有完全脱离所谓"野合"的干系。当然最有趣的还是把《诗经》扯到了我的专业——营销传播上，为什么《诗经》中的"大雅"和"颂"没有"国风"更加传播深广，关键的问题在于"编码"和"解码"，还涉及营销传播中的"接受成本"。"编码""解码"是传播学的概念，而

"接受成本"则是把亚当·斯密的经济学术语引入到广告传播学中，2001年我在自己的书里首次解释这一概念，即受众接受信息并为信息所促动的程度，取决于信息接收的方便性及其所带来的价值回馈。显然来自民间的"风诗"，其语言编码比较通俗简单，在口口相传的人际传播时代，她更加易于传唱和记忆；而主要是郊庙祭祀之作的"大雅"和"颂诗"，大都佶屈聱牙，语言的"编码"脱离大众，在传唱和理解中要求接受者付出更多的精力去"解码"，必然会增加传播过程中的接受成本。这就如同后代讲到宋人词中流播最广的柳永词，"凡有井水处皆能歌柳词"，为什么会这样流行呢？就是因为柳永词无论是内容选择、语言表达还是结构方式，在编码上都更加通俗更加易于传唱。

　　沙龙的第二轮碰撞中，壹基金杨秘书长又言及"孔子删诗说"，这点我也不能同意。虽然孔子删诗之说在司马迁的《史记》中有所提及，但后来的学者基本都确证地予以否定了。我要补充的理由很简单，且不说在孔子之前《左传》中关于"诗"的记载，即使孔子自己也对弟子说："诗三百篇，一言以蔽之，曰思无邪。"可见三百篇在孔子时代已经基本定型，孔子讲自己"述而不作"，删诗显然和这种学术态度相矛盾。说孔子要删所谓淫奔之诗，现在《诗经》第一篇《关雎》就是写男女野外河边之情的，只是到了汉代因为说诗要尊崇"经"的伦理观念，这才曲为解说："《关雎》咏后妃之德也。"我觉得孔子之所以被推崇为圣人，很大意义上是因为他的胸怀更加博大，孔子说"仁者爱人"就很有终极关怀意识，这么一个拥有博大关爱胸怀之人，怎么会删掉那些更富于人性光芒的自然之诗呢？

　　腾讯微信、淘宝支付宝，技术媒体的运用随手之间完成营销内容的传播，展示出在这个全新的时代，营销传播对我们生活的深刻介入，以及对我们行为方式的改变。毫无疑问，营销和传播比过去更加贴近于"人"，这使我们得以反省其以往过于迷失于"物"的传统。虽然当今之世冗余的信息比过去更加繁杂，然而我们惊奇地发现，寻找本源的路径却似乎也越来越清楚。这是因为人与物之间的距离可以直接转化为"文化"的基本形态，一如你通过网络和移动互联便捷地获得知识进行专业交流时，那种笼罩在营销和传播之上的工具主义阴影，也渐渐在文化的参与中回归于人性的本体，营销传播因为对人的终极关怀显得单纯而富有张力。道可道，非常道。人是我们所有认识的出发点，也是我们所有追寻的归结点，也许这就是"文化"为"营销""传播"所揭示的根本。所谓易有太极，是生两仪，两仪生四象，四象生八卦，八卦定乾坤。道生一，一生二，二生三，三生万物。玄妙之门豁然洞开，隐藏在现象中的本质原来是那样的简单明了，只要把握本质自然可以游刃有余。当此之际也许无需惶惶然的学术论述，只需把灵感一闪的思想火花，点燃睿智的洞察和真知的价值。从这个意义上说，这本博客专业文集汇辑在思想的递延中，似乎更能看出创意的迸发和情感的介入。

卫军英
2014年春于杭州栖溪阁

第一章 营销从这里开始 将走向何方

在着笔辑录这本营销传播随思之际，思想虽然没有间断从过去延伸到未来的流向，但此刻却正站在一个新的审视点上。选择从网络营销开始我的叙述，毫无疑问表明了对这个领域的重视和深切关注，所以每一篇的文字将以片段式记录，连缀起近年来对这个问题的思考。站在这里，时间的维度总是在流逝中延伸，而思想的连接则可以由远及近又由近及远。

1 网络带来的营销变革
（2009-06-07）

> 网络不仅为人类带来新的延伸空间，而且改变了人的社会生存方式。在营销领域，它不仅改变着营销模式，同时也改变着营销思想。

营销思想的发展也是对人类文明思潮演变的一个贡献。也许再过100年或者1000年，当人们回头评价我们所处的这个时代时，会发出一种纵览历史的赞叹。这个时代在人类历史上并不多见，古希腊文明的鼎盛、春秋战国的思想繁荣、文艺复兴和工业革命的兴起，都是人类历史上鲜有的伟大时代，信息和网络社会也应归于这样的时代。网络为我们构建了一个前所未有的生存平台，在营销领域，它不仅改变着营销模式，同时也改变着营销思想。在信息技术和网络化生存的环境中，营销传播有许多问题需要重新思考，尤其是很多新的观念，已经突破了传统的理论规范，需要一个新的阐释和界定。

我们所处的这个时代，人们可以放弃很多的日常工作以及各式各样的事物，但是却不会停止上网，甚至生活中绝大部分的信息都是从网络上获取的。在网上了解新闻、丰富知识、购物、娱乐和沟通……网络改变了营销，不仅改变了营销方法，也改变了营销观念。我是这样想的，对于人类社会和生活方式而言，网络无疑是最具影响力的一个方面，它在为人类带来新的延伸空间的同时，也改变了人的社会生存方式。数字化生存，这个多年前由尼可洛庞蒂提出的断言，是对网络时代一个再好不过的描述。

现代商务的核心是营销，网络经济时代的商务核心便在于网络营销。作为以网络和IT为核心的产业形态，硅谷起源于美国的斯坦福大学，互联网技术也起源于斯坦福大学。斯坦福大学的教授沃德·汉森（Ward Manson）在其1996年出版的《网络营销原理》一书中认为，在网络时代，网络技术正在创造新的营销手段。汉森在他的著作中提出了一种网络营销方法论。他认为，网络营销在某种意义上，是新的经济形态与网络技术和营销模式的一种叠和与共生，随着网络技术的发展，因特网具备的数字化、网络化和个人化特质也在不断地发展变化，因此，网络营销也会随之而发生变革。这一认识既体现了对网络营销作为一种经济形态的理解，也指出了其依赖技术发展的背景，对营销手段和营销观念的创新。在这种创新中作为核心营销要素的人（主要是营销者与营销对象），其重要性前所未有地得到凸显。这是因为网络营销的本质趋向也就是数字化、网络化和个人化，而10余年来网络营销的发展，也大致遵循了这种法则。另一位对信息技术卓有贡献的人物——微软创始人比尔·盖茨认为，互联网将有三个发展阶段：第一阶段是公司设立网站；第二阶段是开展电子商务；第三阶段是信息量身定做。因此对于公司来说，先是设立网站、关注网站的浏览和点击率；进而进行电子商务，开始重视来自网上交易的营业额。对于个人而言，也是从上网浏览及阅读获得网上信息，发展到使用网上信息。只有到了第三阶段，从技术上来说，来自各方面的信息才不再是杂乱无章的，而是为用户量身定做的，具有个性化色彩，其呈现方式更是完全根据个人需要。

现在的情境似乎正处在第二阶段，并由此向第三阶段发展。在网络营销诞生的萌芽期，网络技术逐步搭建起一种新的营销平台，预示着传统的营销模式和营销观念正在面临着创新和突破。在网络经济的发展中，2000年是一个重要转折：一方面，随着纳斯达克股票市场的震荡导致网络经济泡沫的破灭；另一方面，网络泡沫的破灭也使得网络经济开始表现出稳健而理性的发展态势。网络营销服务市场成了网络经济从疲软走向复兴的重要转折，在与传统企业结合并为之提供网络服务中，找到了实现自身价值的盈利模式。而网络游戏、B2B、B2C等网络营销平台，则更是直接达成了与实体经济的对接。现行的网络营销格局，一方面保持既有的网络营销方式，如网络广告、电子商务和网络游戏等；另一方面与Web2.0相伴而来的博客营销、RSS营销等也转变为生产价值的营销主体。值得注意的是，由于用户的参与，网络开始体现出用户作为创造者的生产性功能，各种社区和圈子等网络应用功能也使得网络的交互性变得更为人性化，从"人—机"交互向"人—机—人"交互方向发展，这些全新的网络技术发展趋势也给网络营销带来全新的理念。在某种意义上说，Web2.0潮流是对传统的网络营销平台的重新洗牌，在这次大洗牌中，C2C开始展现出强劲的发展势头。

近年来，随着网络技术的发展，一种新的网络营销趋势正在形成。可以说，Web3.0正在引导网络营销走向新的时代。Web3.0是近两年来出现的新概念，并迅速为人们所关注。在网络的变革期中，网络经济已经开始朝着两个方向发展：一是将网络作为盈利的渠道，实现实体经济的增长；二是将网络作为生产的空间，实现虚拟经济向实体经济的转变。在互联网未来的发展中，更值得我们期待的是第二种网络经济的构成。因为与Web2.0相比，Web3.0将会更加充分地展现网络自身的生产功能，满足人们追求自我劳动价值的需要。从技术发展看，Web1.0是精英文化，开创了聚众时代，只有部分具备相关技术和知识并有一定经济实力的人才能够使用网络；Web2.0是草根文化，开创了分众时代，人人都可以平等地使用网络，享受网络带来的乐趣；而Web3.0则是个性文化，开创的是一个全新的个性时代。

Web3.0时代的网络传播主要通过信息过滤的方式，更偏向于聚合和个性化的发展。因此，Web3.0时代网络传播的特征主要体现为：个性化、体验、定制与整合。未来的互联网可以按照每个人不一样的需要呈现所需要的信息。信息的传递不再无序、没有目的，而是带有特殊的指令性意义。人们可以以主导地位参与到网络传播中来，让技术满足自己的需求。在Web3.0时代，网络模式也会发生相应的改变。在以前的传播模型中，人们虽然能够对信息做出反馈，或者能够自由获得信息，但是始终没有成为信息的主宰者，只是在先获得信息之后再发表自己的意见。而在Web3.0的网络环境之下，人们可以利用语义网来主动发出指令，让计算机利用智能软件，在搜索网页时通过"智能代理"从中筛选出相关的有用信息。或许Web3.0不会像Web1.0一样给互联网带来一场轰轰烈烈的技术革命，但对于网络营销来说，Web3.0造成的网络传播模式的改变将为人们的网络营销观念带来一场根本性的变革。在Web3.0时代，当我们通过网络买卖自己智力成果的时候，实际上就是在劳动，进行的是一种个人的营销行为；或者，当公司利用网络产品赚取收入的时候，实际上也是在从事营销活动。这时的网络营销和以往显然不同。因此，Web3.0营销是基于"个性化、体验、定制与整合"的网络传播特性之上，为满足人们的需求而出现的一种新的营销理念。至于Web3.0营销的发展方向，无论是个性化还是聚合化，都能够为互联网带来清晰的盈利模式。而精准营销、嵌入式营销、Widget营销等新营销模式，都应该属于不错的尝试。

2 体验营销将成为我们的重要追求

（2009-06-10）

> 任何营销本质上都是在寻找合适的满足模式。体验营销之所以受到关注，是因为人类的满足感很大意义上是建立在心理感受之上的。

曾经提出"营销近视症"（Marketing Myopia）并在《哈佛商业评论》发表"论全球化"，且以此闻名天下的营销大师泰德·莱维特（Ted Levitt）教授，在我的感觉里是属于最有前瞻性的营销学家，这种前瞻性使得他像是阿尔文·托夫勒（Alvin Toffler）那样，具有一种未来学家的预言色彩。1960年，就在美国密西根大学的J.麦卡锡教授倡导营销4P框架的同时，莱维特教授即提醒道："根本没有所谓的成长行业，只有消费者的需要，而消费者的需要随时都可能改变。"莱维特的观点对传统市场营销的既有成规提出了挑战，比如，福特汽车自认为自己的成功是来自于改变生产线、大量生产而降低了成本。但莱维特却认为，根本原因是其洞悉了当时社会对廉价运输工具潜在的巨大需求所致。他批评当时许多公司管理层花费大量精力在生产流程和其他企业经营层面，但是却忽视了追踪消费者的需要和欲望（wants）。尽管莱维特的观点当时并没有受到足够的重视，但是他却无疑为市场模式的变化提前敲响了警钟，此后的市场营销背景的演变不断地印证他的断言。莱维特在一次演讲中，曾经提醒与会的经理们，必须要思考一个严肃的问题，即他们所在的公司处于什么行业，5—10年后他们又将处于什么行业？

事实上莱维特一直在向我们灌输一种营销哲学，这就是营销模式的改变与其本质的不变，用中国人的话说就是"万变不离其宗"。市场营销在本质上是人类为满足需求和欲望而达成交换的过程，因此不论营销手段和营销观念如何变化，其本质并不会改变。从这个意义上来说，所谓体验营销也是这样的，它是市场营销在新的经济社会背景下的一种需求。最早提出"体验经济"概念的是阿尔文·托夫勒，他在1970年出版的《未来的冲击》（Future Shock）一书中大胆地预言："服务业最终还是会超过制造业的，体验生产又会超过服务业。"2001年，在中国中央电视台的"对话"栏目中，他再一次明确指出：服务经济的下一步将走向体验经济。1999年，哈佛大学两位学者约瑟夫·派恩（B. Joseph Pine）和詹姆斯·吉尔摩（James H. Gilmore）合作出版了著作——《体验经济》，从而使体验营销真正成为一个颇受关注的营销焦点。

关于营销术语和阶段的划分实在很多，而且往往煞有介事地把营销模式和观念更新看作是一种替代，我觉得要研究营销首先必须关注营销的本质，要看到这些划分的合理性中都存在着普遍的共性。多年前在讲课时为了避免学生去背冗长拗口的营销概念，为了突出营销本质，我曾经提出了一个简单的观点，说营销就是一种"需求对应模式"。认为营销的原动力来自于消费者的需求和欲望，因此，任何营销的本质都是为此而寻找合适的满足模式。体验营销之所以受到关注，很大意义上是因为人类的满足感是建立在心理感受之上的，而现代商品尤其是品牌商品给消费者所带来的满足感，有两个方面：物理价值的满足和心理价值的满足。物理价值来自于商品（品牌）的使用功能，心理价值则来自于品牌所具有的情感体验，比如，你用一个时尚的iPhone手机，不仅可以便利地实现移动通话和各种附加功能，而且还给你带来一种时尚潮流富有的情感满足，而后面这种情感满足则应该归之为体验经济或者体验营销的范畴之中。这样说明体验营销，不知道是不是超越了对体验营销的一般理解，但是我觉得所有关于营销体验的信息感受和心理性反应，都可以归结到体验营销之中。既然在星巴克喝咖啡是一种营销体验，那么开一辆保时捷招摇而过也是一种营销体验，这里面都有消费者与品牌之间所达成的信息交流状态，也有消费者对品牌的参与（也叫作卷入）。所以研究体验营销很重要的一个问题，就是研究在体验营销信息场中，如何完成体验信息的交流和互动。正因为这样，联系到整合营销传播，其间所讲的"接触点"、"共识"和"互动"在这里就有一种特别的意义。如此看来，在体验营销中，信息传播似乎展示在三个层面上：

（1）在体验经济时代，消费者甚至成了核心的信息源，提供着体验营销中的所有信息。在体验营销中消费者融合了传播者、媒介和接收者三种角色，成为体验营销互动中的主体。

（2）体验营销中，由于消费者深度卷入了特定品牌的特定时间和特定空间的信息场，这个信息场是相对封闭的，相对于以往的经济形态，体验营销中信息传播的"封闭式"传播效果更佳。

（3）体验营销的信息整合唯有突破简单的线性信息整合，达到"过程整合"——在同一个时空，各种品牌信息刺激消费者的感官，与消费者形成有效的互动——才能实现体验营销的价值。

在此基础上，我们不妨谈谈以往体验营销对信息整合认识的疏失。谈到"疏失"，不能不提及一些对体验营销的认识误解或者是理解歧义。最近看到有学者认为，"体验经济注定只能是一种边缘经济，而不能成为经济主流"。原因是"体验的一个基本特征是给当事人留下难以忘怀甚至是刻骨铭心的记忆，这就注定了被体验的事在消费者生活中不可能反复发生，因为激动人心的体验——如一个人第一次看到大海时的体验——如果已发生，当事人也会习以为常。所以世界对体验的需求实际上是有限的"。其实这种观点是没有认识到，人类对营销的心理满足需求是永恒的，虽然大多数消费者对一些极端体验（如蹦极、野外生存等）可能只有一次就不会再重复了，但是对心理满足的体验却会持久追求。比如，尽管保时捷的拥有者每天几乎只是驾驶它穿越两个红绿灯，但开着它会深深卷入一种社会性的品牌参与中，长期而持续地体验品牌所带来的满足。如同我讲的"烟草是人生的伴侣"，人们反复抽烟实际上都是在重复着同样的体验。体验的快感是可以不断重复的，这再一次印证了莱维特预言式的营销断言，把握消费者的欲望和需求，才是把握营销的本质所在。

3 通过模式创新寻找营销突破
（2009-10-16）

> 获得商业成功的指向越来越复杂，但是有一个核心要素却格外的清晰和明确，那就是必须要有所创新。"商业模式创新"是过去和现在一切商业经营成功的法宝。

营销是一个老生常谈的话题，司空见惯却又很难出新。在新的市场环境和社会背景下，获得商业成功的指向越来越复杂，但是有一个核心要素却格外的清晰和明确，那就是必须要有所创新。简单地推出新产品、提出新概念、应用新技术甚至是握有雄厚的资金，都已经不是成功的先决条件，成功的前提是必须创新，包括"商业模式创新"。其实，商业模式创新本身就是过去和现在一切商业经营成功的法宝，不但新兴产业的微软是这样，谷歌和阿里巴巴是这样，即便是传统行业的沃尔玛和娃哈哈又何尝不是这样？两件偶然的事件再次勾起了这个话题。

第一件是本学期第一节课跟学生谈起网络炒作。恰好当时网络上有个自称"芙蓉第二"的女生在炒作自己的写真，于是开讲便从当年网上红人芙蓉姐姐谈到这个"芙蓉第二"。听课的班上有学生发起重拍"建国大业"，一时间网上热议纷纷，也有企业表示了赞助意向。我讲网上炒作要通过议题设置营造一种正向注意，特别讲到了网络炒作中要善于运用"网络公关"建立良好的品牌影响，不能仅关注炒作的知名度和影响范围，而不顾影响效果。就这件事对学生讲，在信息技术和网络时代，主导营销的资源和权力，诸如信息技术、数字化和知识产权等，都在出现明确的转化，用托夫勒的话说就是"权力下移"。因此，即便是几个学生，只要有好的创意，仍旧有可能获得成功。

第二件有关营销的事情是，昨天与几个新入学的研究生见面谈及营销，有个其他大学的本科学生也想听听。这个年轻的大三本科生给我的印象很好，我喜欢他的热情和创造性的进取精神。讨论中他们谈到，在读书之余经营一个外卖送餐的品牌，盒饭请外面饭店加工，自己组织招募学生加盟，先在传媒学院开始送餐。第一天的火爆出乎意料，现在已经建立了市场部、投送部等部门，但是随后一段时间后量还没有上来。他说到餐饮是一片很激烈的红海，想听听我的意见。我鼓励他说，民以食为天，这一片红海总需要开拓而且具有广阔的市场。至于是红海还是蓝海，我认为根本不在于做的是什么产品，而在于你用什么模式在做产品。我对他们的建议是：①必须保证质量，至少不逊于一般的外卖送餐的盒饭；②尽量优化送餐程序、减少环节，以便降低成本；③从一开始就要建立数据库，改被动送餐方式为主动征询方式。这里也涉及了商业模式的创新，比如，你的送餐对象是学生，有了数据库就可以通过短信、QQ等方式主动关注顾客，提供更多个性化服务。建立一个有效的运作模式，就有可能在各个高校，或者是在高校园区加以复制，等到你的客户够多了，你当然也可以对上游供货方进行更加有效的控制。

4 渠道的变化及未来发展
（2011-01-12）

> 网络引导的营销革命增加了消费者在营销中的角色控制力和话语权，甚至被描述为"非中间化"的营销模式，而实际上中间商并没有消失，它只是以另一种形式存在。

20世纪90年代以来，在市场营销领域发生了很大的变化，就是营销驱动力量的转型。这种转型是一种自上而下的权力转化过程，即市场的主导力量从"制造商—中间商—消费者"不断发生倾斜。在早期的市场上，生产商对市场具有绝对的发言权，它不仅可以控制商品，甚至可以控制渠道。随着市场规模的日益扩大和日趋复杂化，生产商对市场的控制越来越力不从心，于是主导市场的驱动力开始转向中间商。这一时期中间商的力量发展得格外快，许多著名的中间商成为耀眼的市场角色，诸如，零售领域的沃尔玛、中国家电连锁的苏宁电器和国美电器等，都是一些中间商。沃尔玛在2005年甚至取代半个世纪以来稳居世界500强之首的制造业和资源类企业，一举拿下500强头把交椅并且蝉联数年，这些都标志着中间商的崛起以及所形成的强大的市场控制力量。

当然，随着信息化时代的到来以及市场格局的变化，这种主导市场的力量在下移中逐渐向消费终端倾斜。尤其是电子商务的发展，增加了消费者在营销中的角色控制力和话语权。电子商务所引导的营销革命甚至被描述成为是一种"非中间化"的营销模式，然而实际上这种认识并不确切，中间商并没有消失，它只是以另一种形式存在。诸如，阿里巴巴（Alibaba）、易趣（eBay）和亚马逊（Amazon）等，都代表了电子商务时代新型中间商的崛起。就市场驱动力量而言，总的来说市场营销就是一种多方博弈，最终必须达成权力平衡才能真正保证营销的持续发展。但是无论怎么说,中间商在这个营销体系中的作用将更加重要,因为它永远承担着与消费终端的联系,而且随着市场越来越庞大和复杂,这种联系也越来越重要。只是这种联系形式会发生很多变化,比如:过去我们购买书籍要去书店,现在通过亚马逊或者当当网,则可以更快、更便捷甚至更省钱地买到想要的书籍;过去买一件商品,要去一家大型商场,往往要花很多时间,现在足不出户就可以很方便地在淘宝网上流连,不仅节省了时间成本,而且还有了更多的比较和选择机会。

在新的营销背景下,必须关注随着市场话语权的转移以及营销中对话的增加,品牌观念将越来越深入。而这种品牌的根植不同于宝洁帝国那种传统的方式,依靠强大的广告和促销塑造形象,进而实现对消费者的拉动。换句话说,消费者对品牌由顶礼膜拜甚或盲从,将走向更深层次的对话沟通与共享的关系层面。因此,过去的渠道主要把自己的任务界定在分销层面上,但是在新的环境下单纯的渠道分销已经无法保证营销价值的实现,所以渠道不仅是分销同时还是品牌建构的另一种方式。比如,在新的信息环境和营销背景下,传统的书店如果还是坚持以往那种分销和零售方式,其运营成本远大于网上销售,在此背景下书店作为中间商就应该转变自己的定位,不单纯是一个分销渠道,还应是一个顾客交流互动、分享文化活动体验的场所。如果从这点看,在新的营销形态下,渠道本身不但不会消失或者弱化,相反,渠道的功能反而会加强。当然,它同样要求渠道改变固有的观念,从简单的分销走向品牌营销。

5 从德鲁克到科林斯：一个简单的道理

（2007-08-29）

> 本质性的东西原本很简单，只需直奔过去就可能有收获。喜欢模式的人，大多是缺乏创造力的人，因为无法创新所以只好依照模式来办，模式简化操作的同时也束缚了思想。

几年前读詹姆斯·科林斯的《基业长青》，虽然很敬佩但终于觉得似乎有点邈远。因为即便是很多他所说的那些并不卓越的公司，依然堪称是企业竞争的楷模。于是经常想他的这个理论，对大多数刚刚走过草创期的中国企业，以及那些为中国企业服务的市场和品牌策划专家而言，也许只有理想主义色彩而未必有多少借鉴意义。后来又看他相隔约6年后出版的《从优秀到卓越》，在书里提到，麦肯锡公司的比尔·米汉曾漫不经心地告诉他："我们都很喜欢《基业长青》这本书，你和另一位作者在调研和著书方面都干得很出色。但遗憾的是，这本书毫无用处。"这位麦肯锡的经理值得敬佩，科林斯和他的《基业长青》太显赫了，以至于我们即使有这样的想法往往也不敢这么说。

比尔·米汉解释说："你所写的大部分公司自始至终都非常卓越，它们不必将自己从优秀变为卓越公司。这些公司……从一开始就塑造了公司卓越的气质。但是大多数公司都是中途觉醒，发现自己只是优秀公司而非卓越公司。它们该怎么办呢？"他所说的就是我有过的直觉，从这点来说科林斯的后一本书比前一本更有价值。读詹姆斯·科林斯的书（也许是读所有经典时），脑海里常常萦回一个问题：大师们的卓越就在于他们能够发现普遍性，他们比那些形形色色的专家表达的意见更有高度、更具抽象概括力。就像是读《蓝海战略》的时候，总觉得不过是"细分市场""定位"变调而已，至于那些等而下之的管理专家、品牌专家则更是不值一提。科林斯的著作是讲商业理念的，但是读着读着，却不断地提醒自己一个多年来形成的思想：世间万物原本是相通的，不同的只是表现形态而已。

这个思想是咱们中国人的老祖宗就有的。《道德经》有云："道可道，非常道；名可名，非常名。"道是万物的根本，是宇宙的本质规律，一切的有形状态都不过是本质的外现而已。《易经》也说了："是故易生太极，太极生两仪，两仪生四象，四象生八卦，八卦定乾坤。"有时候常常会觉得一些管理学的著作说了半天，但似乎是把一些简单的问题给复杂化了，如今的大学讲堂上这种现象尤其多。就比如搞一个什么模式吧，模式本身只是为简单化操作做一些引导而已，有人却喜欢奉若圣明。其实喜欢模式的人，大多是缺乏创造力的人，因为无法创新所以只好依照模式来办，模式在简化了操作的同时也束缚了思想。但是你又没有办法，大学的讲堂上基本都是在灌输一些教条，先生本身无法超越又怎么能期望指导学生超越呢？所谓以其昏昏，焉能使人昭昭是也。

归根结底想说的只是，做事情只要抓住本质，就容易有所突破。本质性的东西原本很简单，只需直奔过去就可能有收获。恰好又看到彼得·德鲁克的一段话，应该也是本质性的经典，不妨引用："商业的目的只有一个站得住脚的定义，即创造顾客"，"以顾客满意为导向，无疑是在企业的传统经营上掀起了一场革命"。德鲁克所言最大的好处，就在于很直接明了地告诉我们很多道理，但不幸的是很多专家都把他的道理复杂化了。

6 差异化营销可能是一个陷阱

（2008-05-09）

> 虽然那些试图创建自己个性的品牌，都在试图构建差异化特性，但是它们寻找差异化的路径却几乎如出一辙，于是很有可能在追求差异化的时候，又陷入了另一个新的类同质化泥潭。

提出这个观点似乎有点和流行的看法格格不入，因为我们一直都在讲营销差异化、品牌个性化，一直都在讲独特的竞争优势。从过去到现在经典的营销和营销传播理论，几乎都在关注为什么要差异化和如何差异化这个问题。USP是这样，细分市场是这样，品牌理论是这样，定位思想是这样，整合营销传播理论也有这种倾向。迈克尔·波特甚至认为，创造竞争优势的途径无非是两条：总成本领先和差异化。然而反思我们在寻求差异化过程中的方法和路径，有时候连自己也不得不感到沮丧，因为在追求差异化营销的过程中，有太多的品牌或者产品，所采用的几乎是毫无差异化的方法，这就是所谓"差异化营销传播中的类同质化现象"。

差异化营销本身可能成为一种新的营销陷阱，这与当今市场营销中的模式化追求大有干系。因为按照模式化的操作方法，虽然每个公司甚至产品，尤其是那些试图创建自己个性的品牌，都在试图构建差异化特性，但是这些产品和品牌在寻找差异化过程中的路径却几乎如出一辙。简单地讲一下这个逻辑可能更容易理解：首先是大家所信奉的差异化理论本身毫无差异，你要在细分市场中寻找目标市场，根据细分市场和消费者情况进行定位，然后按照这个定位方式再进行有针对性的营销传播。而随后新的陷阱就可能在这个时候产生，因为在细分市场的时候，你所运用的细分方法就可能和你的对手完全一样。最常见的如以人口统计为基础的细分模式，大家都按照这个思路进行，得出的结果大概是没有多少差异的。你分析了市场，分析了消费者，甚至分析了竞争对手，最后你的结论却和你的对手没有多少不同，于是你就很有可能在追求差异化的时候，又陷入了另一个新的类同质化泥潭。举个例子看，同样是著名的运动品牌，在耐克（NIKE）和阿迪达斯（ADIDAS）之间，除了品牌名称的差异之外，谁能说出它们到底有多少不同？宝洁的洗衣粉"汰渍"和联合利华的"奥妙"又有多少差异？还有佳洁士牙膏和高露洁牙膏……即便是这些以品牌形象鲜明著称的产品，也很少有消费者能说出它们的差异化特征。虽然如此，但是它们照样可以达成自己的营销价值。这就提出进一步思考的问题：第一，差异化营销虽然意图是实现差异化，但却未必就能够创造出差异化品牌认同；第二，执着于差异化追求甚至过于迷信，很可能会陷入差异化偏执的陷阱。

当然，并不是否定差异化理论，个人认为到目前为止，差异化仍旧是市场营销和营销传播中最为有效的方法和路径，而问题的核心就在于你如何去运作。市场营销和营销传播是一项很有创造性的工作，它的创新很大意义上来自于天才的灵感和经验的积累，而我们现在的操作中模式化的东西太多。在管理学院和MBA课程上那么些理论颠来倒去，受到熏陶的那些营销精英们大都用同样的方式做同样的工作，这样一来你想不陷入新的陷阱都不可能。这些都提醒我们要关注一个问题：市场营销的终极对象是人，而人不是简单的数据，而是丰富的、变化的、可感的。维克多·雨果曾在《海上劳工》的扉页上写了这么一段话："世界上最广阔的是海洋，比海洋更广阔的是天空，比天空更广阔的是人的心灵。"营销最重要的是如何把握人性，有时候很同质化的两个品牌，虽然并没有多少差异化，但是人们仍旧会有不同的选择。这是因为他们除了对自我利益的认同外，自身也给予对象某种差异化，这也许是同质化产品在品牌感知上的某种差异化吧。说到这里，我想再一次强调的是：差异化是一个好东西，但是因为我们创造差异化的路径过于类同，一不小心就会堕入陷阱。因此，在营销和营销传播中，最重要的不是关注方法和模式，而是关注终端所在的"人"。

7 由网上购物快感论及网络营销传播

(2012-01-12)

> 网络营销将成为未来营销的主体,现有的实体营销形态包括各种渠道和卖场等,将成为整个网络营销传播构架下的一个展示平台和物流渠道,主要从事展示、体验、配送和客户维护等工作。

这几年一直坚信不疑地在重复一个预言:网络营销将成为未来营销的主体。曾有问及,那么实体营销该如何呢?回答也很简单,所有营销的主要工作都将通过网络完成,实体营销包括渠道等,在未来所承担的将主要是物流、售后、展示和顾客体验等工作。

又有读书人问,这么多书店该怎么办?我的回答是:书店必须转变自己的功能,其主要职责不是卖书,如果单纯靠卖书,那么大的场地,那么多人员和能源消耗,它的维护成本太高,根本无法和卓越、当当这些网络书店竞争。如今常常是在书店看书,记下书名再到网上去买书,连自己的书有需要往往也是直接在网上买。有朋友还告诉我一个好办法,可以先到网上去买打折出售的书票,然后再到书店的网上订书,取书时用书票付款就可以折上折了。之所以会这样,是因为很多有书票的人是很少买书的,单位里发的书票他们要换成现金,于是便在折扣网上出售。书票通常是八折出售的。比如,你在博库书城的网上订书后去书店付款取书时也打八折,拿了那个八折的书票去付,就相当于6.4折,很划算的。讲这个例子只是想说，就成本而言，实体书店无法和网络书店竞争，前段时间有京东商城、当当网都因为打折搞得有点风风雨雨，其实这只是实体营销向网络营销转型中的一次由于价值和利益所引发的冲突而已。它无可置疑地告诉我们，在新媒体和网络时代，网络营销将成为未来的营销主导，实体营销将会由主角变为配角。这个过程也许很快就要到来，只要想想我们这些人正在日渐一日的老去，未来社会的主体将是"80后""90后"，他们从小浸染在网络环境中，世界是他们的，未来是他们的，他们更习惯于网络。

最近开始尝试网络采购，不到一个月便采购了数万元的东西，对网络购物的满意程度高于实体购物。以前只是在网上买书，现在开始买大件了，某天一下子便买了两台索尼电视，人家问你这样不怕骗子吗？我说骗子到处都有，网上的并不比现实中的高明，所以还是很容易识破的。遇到某一家索尼电视特别便宜，我问对方为什么？回答："是国产的。"我说："你的意思就是山寨吧？"对方笑了点头承认，但马上说是高仿的，质量一样很好等。这件事情使我想到了好多年前，在公司工作时曾去义乌打假，当时有说义乌小商品城假冒伪劣产品充斥，义乌县委书记笑了笑说："不能说假冒伪劣，我们明说是仿制品，因为是仿制品才会这么低价啊。"18年过去了，如今的网络就像那时候的市场。所以可以理解网上卖高仿的索尼。当然我只是友好地笑笑，挥挥手不留下一片云彩。

因为肯定网络营销，所以特别强调未来的营销将不再是像传统营销那么单纯，网络营销是营销与传播的统一。"网络营销传播"是一个集合概念，不能把它看作是"网络+营销+传播"几个专业词汇的简单叠加，而应该把它作为一个完整的专业术语来对待。网络营销传播不仅是未来营销传播的主体，而且在超越传统营销传播的同时，也带来营销传播观念和方法的变革。很多新的观念，已经突破了传统的理论规范，不仅需要描述和概括其发展模式、应用形态以及发展趋势，而且需要加以概念化和模式化的理论提升，并由此出发对网络营销传播观念做出前瞻性的阐释和界定。再由于网络营销传播具有方便性、随意性以及低成本特点，致使其在现实中被大规模导入和运用，从而形成一方面是网络营销传播信息的简单快捷、乃至于是病毒营销的迅速复制，形成叠加式的传播效应；另一方面则由于网络信息的泛滥和过度承载，大量冗余的出现在某种程度上又消减了信息的传播效果，进而也消减了营销传播价值。所以，网络营销比现实营销更加倚重于传播。从营销的角度看，电子商务的发展除了法律和商业伦理之外，其本身所要解决的问题，无非是三个方面：物流、金融流、信息流，技术只是工具。信息流则涉及传播，所以要讲网络营销传播，它意味着在网络和新媒体时代，任何割裂营销与传播关系的研究，都无法真正窥测营销与传播的真谛。

我曾一再对那些网商们讲，现有的实体营销形态，包括各种渠道的卖场等，未来将成为整个网络营销传播构架下的一个展示平台和物流配送渠道，主要从事展示、体验、配送和客户维护等工作。说这些话的时候我充满信心，网商们自然也很高兴。不过，与此同时网商们也许还要学会走向进一步的"网络定制"。在未来，网络营销传播的一个很显著特点便是媒介定制，当然这种定制不是早期简单的专门打造，而是基于数据库和云计算等智能模式下个性化共享和合作创新。因此，未来的网络营销传播，在某种程度上将会更加充分地满足人们追求自我劳动价值的需要，通过信息过滤的方式，更偏向于聚合和个性化发展，其特征主要体现为：个性化、体验、定制与整合。与此相应的网络模式也会发生相应的改变。传统的传播模型中，人们虽然能够对信息做出反馈，或者能够自由获得信息，但是始终没有成为信息的主宰者，只是在先获得信息之后再发表自己的意见。而在智能化的网络环境之下，人们可以主动发出指令，让计算机利用智能软件进行"智能代理"。对于网络营销传播来说，它将给人们的网络营销观念带来一场根本性的变革。当我们通过网络买卖自己智力成果的时候，实际上就是在劳动，进行的是一种个人的营销行为；或者当公司利用网络产品赚取收入的时候，实际上也是在从事营销活动。基于"个性化、体验、定制与整合"的网络营销传播，毫无疑问是为满足人们的需求而出现的一种新的营销传播理念，在网络环境中也是营销与传播相互统一的尝试。

8 课堂随想：网络营销走向何方
（2012-12-11）

网络营销作为一种新的商业形态，取代原有的商业形态具有一种必然的意义，它意味着新商业生态系统对传统商业生态系统的颠覆。颠覆的理由是"降低交易成本"和"缩短营销距离"。

课堂上要求学生结合所讲的内容谈谈自己的体会，有学生谈到了淘宝。就在2012年，截至11月30日晚上9点50分，阿里巴巴旗下的淘宝和天猫总交易额已经突破1万亿元。而11月11日这个受到新新人类们高度关注的"光棍节"，仅仅一天的交易额就高达191亿多元。在此我插话强调：1万亿是一个什么概念呢？简单地说，2011年全中国社会消费品零售总额为18.39万亿，1万亿相当于其总量的5.4%，相当于中国国内生产总值的2%。如果再要进一步比较的话，全国国内生产总值超过1万亿的省份大概是一半左右，淘宝的1万亿元如果按照目前全国各省国内生产总值排名，基本上可以排在第17位。网络营销的巨大威力正处在大爆发的临界点，因此，学生的发言也是讲尽它的不同形态和各种优势，末了还给老师留下一个问题：怎样更好地运用网络营销传播，而未来的网络营销又会怎么样呢？

学生讲完就轮到我的点评了。其实就在他们讲述网络营销现状，尤其是讲到愈演愈烈的网商大战的时候，我已经在思考这个问题了。这两年一直都在讲网络营销将成为未来营销的主体，并对此深信不疑。现在看来它的速度可能远大于我所预测的速度。比如，网络营销总额会超过社会零售总额的 50%，甚至把实体营销甩在后面，这些似乎都不是很远。网络营销作为一种新的商业形态，取代原有的商业形态具有一种必然的意义，它意味着新商业生态系统对于传统商业生态系统的颠覆，用马云的话说："就像狮子吃掉森林里的羊，这是生态的规律。游戏已经开始，就像电话机、传真机会取代大批信件一样，这是必然趋势。新经济模式已经有点狮子的味道。"所以在这样的大趋势面前，如果还简单地把互联网环境下电子商务理解为"虚拟经济"，那不仅是缺少基本的洞察力，而且简直可以说就是一种冥顽不化。网络营销和电子商务作为一种商业模式，是一种实实在在的新经济，这种新经济模式能有效整合当下的现有资源，降低企业发展的成本，提升小企业的竞争力，提高社会整体效率。有次我在阿里巴巴给那些网商们讲网络营销与品牌建构的时候，淘宝的主管告诉我说："来听课的都是销售额 2 000 万元以上的网商。"当时我朝台下扫了一眼，令我大吃一惊的是坐在下边的大都是 80 后，而且有很多都是年轻的女孩儿，这情景令人震撼。2 000 万元对于实体营销来说，不能算是一个小数目，而这些创造 2 000 万元销售额的小伙子、小姑娘们，显然不同于那些已经很夸张铺排了的实体企业老板。所以我们再也不能用传统的眼光和传统的思路去审视这些新经济的移民们。

讲到这里，我在黑板上写下了两行字："降低交易成本""缩短营销距离"。显然，学传媒的学生们对诺贝尔经济学奖得主科斯所提出的"交易成本"这个概念还很生疏，我简单地解释了"交易成本就是指经济活动中达成一笔交易所要花费的成本，也指买卖过程中所花费的全部时间和货币成本。其中包括传播信息、广告、与市场有关的运输以及谈判、协商、签约与合约执行的监督等活动所费的成本。甚至进一步还包含了企业内部运营中，企业成员之间诸如雇佣关系和执行力所形成的各种成本"。而网络营销和电子商务的发展之所以这么迅猛，很重要的一点就在于它降低了营销过程中的各种交易成本，也就是我形象化描述的"缩短了营销距离"。从 B2B 到 B2C 到 C2C 到 B2B2C 等，所有的交易形式都是在缩短营销距离，也就是在降低交易成本。商业在本质上是利益趋向的经济活动，这也是网络营销必然取代传统营销的本质所在。那么，当网络营销开始超越传统营销形态的时候,这种移民式的大转移必将发生在营销乃至于整个经济活动的各个方面。所以未来的网络营销也意味着从目前还略显单一的市场发展,向整个网络营销和电子商务生态圈的转变。可以说现在才仅仅是一个开始,接下来要实现整个营销价值链的整合,全方位地渗透到广告、零售、物流和分销等环节,直到完整地贯穿整个营销价值链,并进而在网络营销和电子商务中形成各种体系化的市场规范和商业模式。

对学生所说的最近愈演愈烈的电商大战,我的回答是:现在电商们大战还是小儿科,无非是把现实中早已玩的俗得不能再俗的促销方式搬到网上,动不动就搞降价、打折来吸引客户。这些都是小儿科,什么限时销售、节日降价,降价打折在未来的网络营销中将会越来越没有刺激。为什么?因为网上比价太简单了,不能与现实中得开车跑很多商场去比较,只要鼠标一点就可以很快摸清楚。所以网络营销和电子商务对传统营销的全方位颠覆,也包括了营销观念的颠覆。讲到这里,就要把问题拉回到课堂上我的理论上来。我说整合营销传播是搞什么的?刚才有学生说到新媒体,说到微博营销,等等,无论是新媒体还是微博营销,无非都是营销传播工具的一种变化,工具所带来的只是方法的不同。所以同学们要切记,技术永远只是手段而不是本质,那么本质是什么呢?老师有本书名字叫《关系创造价值》,本质就是要运用各种营销传播工具,更好地服务于客户和相关利益者,通过沟通更好地建立品牌关系。只有这样,当网络营销成为营销主体,所有的营销者都同样使用这种营销和营销传播手段时,你才会更加受到青睐。果真如此,那么未来的网络营销应该是什么样的呢?

第一,要更好地建立数据库,不断优化数据库,尽快从目前的散点营销转向数据库营销。现在网络营销和电子商务比传统营销具有更好的条件建立数据库。在营销中,每个电商不仅直接和你对话,而且交易达成中对客户的信息掌握清晰至极,姓名、性别、住址和电话,从支付宝平台上甚至还可以知道你的身份证号码、付款银行账户等至为隐秘的信息。这些都是传统营销所不具备的,如果很好地运用这种数据库,将使未来的营销受用无穷。

第二,有了数据库就要学会新的理念。2010年,我在《媒介定制引导模式革命》一文中提出"媒介定制"这个概念，认为古老的"定制"方式在新的经济模式中将重新焕发光彩，当然这种定制是创新和扬弃。举个简单的例子，网上东西太多了，各种品牌各种类型令人目不暇接，即便是点点鼠标也很费时费力。有了数据库就大不一样了，电商们可以根据你的爱好为你定制。比如，这个同学叫弯弯，在数据库里他就为弯弯做一个定制包。这个定制包是属于你个人的，网商根据你的需求和爱好，在定制包里为你准备好那些经过精心挑选的东西，你喜欢看哪种类型的电影、你喜欢读哪种类型的书、你喜欢吃哪种类型的东西、你喜欢玩哪种类型的游戏……甚至你恋爱中喜欢哪种类型的浪漫，都可以给你设计好。你只要打开定制包，所想要的应有尽有，没有想到的他也为你想到了。这个包里没有垃圾，只有符合你个性的各种需要，你所做的无非是根据卡里的钞票数量制订消费计划，排排先后，把不需要的拉到"备用"或者"不考虑"中即可。

　　说到这里，我说整合营销传播的终极追求在于提升品牌价值，要提升价值就要密切品牌关系。有了这个关系自然会越来越密切，传播也自然就符合个性。这时，那些被从现实营销中复制到网上的，那些我们传统的降价促销、传统的广告模式、传统促销手段，似乎都变得十分幼稚可笑了。说到这里我先笑起来了，自己是一个预言家，课堂上或者是讲座中，常常会突发奇想，但不知道这些会不会成为现实？

　　天马行空，思如流云，突然想到一段往事。15年前，当伟大的马云还没有创建阿里巴巴时，他在杭州教工路上做一个叫作"中国黄页"（china page）的网络，热烈地鼓吹网络广告。但是那个由杭州电信投资的公司自始至终没有为马云赢得一分钱并且还倒挂，而那时候我所经营的广告公司每年还能有几十万元的利润。杭州大学（浙江大学西溪校区）就在教工路东边，当马云呼唤合作的信息传到我的办公室时，那时我还兼教研室主任，便对教研室一个跟我做的老师说："我们可以和他谈谈合作。"——这位老师是讲电脑设计课程的，那时候我不仅不懂上网是怎么回事，而且连打字也不会——但我的部下告诉我，马云这儿玩意八字不见一撇，没啥意思呢。于是，一切就这么轻飘飘地错过了。不过我还是不甘心，终于有一天又和一个来自美国的青年谈到了合作搞互联网营销，这个叫 Jonathon 的金发小伙儿样子很帅，充满阳光般的笑容。在我还不知网络为何物的那个年头，他天天晚上都在网上泡，从网上浏览各种消息。我当时的想法很天真，你从网上寻找商业信息，我们把这些信息搜集组织起来，然后整合义乌的供应商们集中向海外供货。想归想，但是最后还是没有实现。久而久之，我总觉得自己更适合做一个市场预言家和谋划家，而缺少作为一个执行者坚持和锲而不舍的那种能力，所以这注定了我只能做一个课堂上空谈的大学老师，而不可能成为一个商场上实干的公司老板。廉颇老矣，这些突如其来的奇思妙想不知是否还能被嫁接？

9 — 要努力透视永恒的人类精神
（2010-08-28）

> 在信息时代大众的接受习惯已经被极度的简单化了，营销传播中一切故作深沉都是一种矫情和造作。说穿了它就是把简单问题复杂化，用对手段和过程的炫耀遮挡了本质和目的。

偶尔看到一个资料，是美国心理学家在研究人类心理发展的时候，提到从新石器以来，人的心理构造几乎没有什么变化。这个看上去似乎并不起眼的观点却引起了我的联想，立刻意识到了有一个被人们忽略的现实，那就是千百年来人类文明的发展，如果放置在自然的进化中，最多只不过是沧海一粟。在人类历史演变中，属于科学技术的因素应该说是取得了长足的发展，但是属于精神和思想的因素，却基本上处于一种相对的恒定状态。今天人们在精神领域中的思考，并没有超越孔子、老子、苏格拉底和亚里士多德等，更多的只是在重复着先哲们早已思考过的那些问题，无论从思考的深度或者广度上，并没有高明多少。为什么会这样？因为人的本质特性早已被设定，"人之初，性本善"，人类对精神现象的每一次思考几乎都是从同一个起点开始的。

好多年前听到过一个故事，这个故事后来还编成了流行歌曲。说的是有一个小和尚自小生长在深山中，从没有离开过寺庙，也不曾经历世俗人生，更不知女人为何物。有一天，老和尚带小和尚下山，临行前老和尚告诉小和尚，山下有一种叫作女人的老虎，千万碰不得。到得山下，熙熙攘攘的世俗社会，女人们花枝招展、千娇百媚，小和尚看得直发呆，问老和尚这是什么。老和尚回答是老虎。

小和尚竟然说，想要老虎。故事很简单，却说明了人性使然。课堂上联系学生的文章，我讲到营销广告在本质上其实就是对人性的一种把握，从人的欲望出发设计出人的需求信息。人虽然在千姿百态的社会里用各种各样的方式乔装打扮自己，但是人性却是千年不变的。

也许这可以算是永恒的真理。至少在广告这个行当里，或者说至少在针对受众也就是具体的人的营销传播领域，无论是研究也好，还是具体实战也好，归根结底一句话，都是为了能够有效地达成效果，也就是要求影响目标受众并发生触动作用。这就不能不涉及人的心理，所有与此相关的复杂和简单都是基于对人的心理把握而言的。我们讲永恒的人类精神，其实就是说要从传播的本质着眼，略去那些障人眼目的浮华和繁芜，直指心脏。我在文章中曾引述了张五常的一些观点，也是想说明这个道理。当然，一切就像19世纪法国著名作家维克多·雨果在他的小说扉页上所说的那样："人心是一个海洋"，要想真正把握人的方寸之心，也是一个漫漫无涯的追求，所以我们才说最简单的往往最艰难。

故作深沉实际上是一种矫情和造作，不论是营销广告还是其他别的传播形态。说穿了它就是把简单问题复杂化，用对手段和过程的炫耀遮挡了本质和目的。最为可笑的是，一些故弄玄虚的表达，看上去不知所云，但是经过评论家的挖掘和解说，好像显得格外深刻，以至于芸芸众生被吓了一跳，原来如此深刻我等竟然不知。其实，在信息时代，大众的接受习惯已经被极度的简单化了，信息传播贵在简洁明了，如果一个商业信息需要消费者增加思考的过程，这就意味着它增加了消费者的接收成本，在选择性信息接受中它就很可能被排除。那些一再被人们推崇的大师们之所以是大师，原因就在于他们比那些还没有露出狐狸尾巴的先锋们更能够把握永恒的人性。

10 人的品性积淀为城市的文化内涵

（2013-05-09）

> 城市品牌营销超越了一般自然和经济局限，其眼光穿越物质存在的空间，延展到了城市的精神品性层面，指向了城市的文化和人格，以及由文化人格所折射出来的城市形象。

雨后的风从城市西部的湿地吹来，带着一种暮春时节少有的润凉。这让我再一次深刻地意识到了自己所生活的这个城市，想到当年南宋高宗皇帝初到杭州选址皇城时所说的那句话："西溪，且留下。"就在宋高宗定都杭州的时候，占据北方对这个偏安一隅的帝国虎视眈眈的金主完颜亮，在读了北宋词人柳永描摹杭州之美的《望海潮》之后，钦慕于"东南形胜，三吴都会，钱塘自古繁华……有三秋桂子，十里荷花"的繁华美景，"遂起投鞭渡江、立马吴山之志"。这事儿见诸南宋罗大经所著的《鹤林玉露》一书，小说者言虽未必可信，然却多少折射出了一些城市与人文历史的蛛丝马迹。沧海桑田，世代积迭，如今西溪俨然成了这个城市自然与商业和文化完美融洽的一个范本。适逢永华著《城市形象传播理论与实践》出版，嘱为之序，于是便从城市的文化人格这个话题谈起。

城市是人类文明发展的自然集聚，因此，它作为人类社会进步的象征，本身具有相应的符号价值。法国城市地理学家潘什梅尔（Philippe Pinchemel）在其所著的《法国》一书中曾经这样描述："城市既是一个景观、一片经济空间、一种人口密度，也是一个生活中心和劳动中心；更具体点说，也可能是一种气氛、一种特征或者一个灵魂。"他对城市的理解，不仅超越了一般自然和经济认识的局限，而且其眼光穿越物质存在的空间，延展到了城市的精神品性层面，在某种意义上来说就是指向了城市的文化和人格，以及由文化人格所折射出来的城市形象。以此来看，我们现在研究城市形象，不仅是出于城市商业文明的需要，同时也是城市精神文化建设的需要。

从文化意义上看，城市营销实际上就是对城市文化内涵的不断开掘和集聚，以此建构相应的城市品牌形象，进而实现有效的城市品牌传播。说到了城市的品牌形象，这也就像是人一样，每个人有自己的个性特点，每个城市也有自己人格化的特征，把这种城市的人格化特征系统化地加以建构，便是城市的品牌形象。所以在商业时代，正如我们每一个人都需要交流和交往一样，城市本身也需要作为一种价值形态实现自身的交换，而营销的本质就在于价值的转换。所不同的是，城市作为一种特别的商品迥异于一般的商品形态，它在更大程度上所强调的是城市所包含的综合素质，这种综合素质很大程度上体现为城市的品牌形象。所以研究城市营销，就更加需要关注"营销即传播"这个命题，关注城市品牌形象中所积淀的并通过各种方式传播的那种集合信息。可以说城市形象传播观念的确立，代表了城市营销从单纯的经济学概念向传播学概念的转化，它是城市营销在更高意义上的一种转型，这种转型的内在支撑就是城市形象中所包含的文化精神。

从传播学的角度看，城市不仅仅是一种人口聚集的形式，更是信息聚合交融的场所。人类的群居性和社会化存在是城市文化形成的基础，这至少可以从三个不断递进的层面上去看：首先是信息的沟通与交流，然后是在这种基础上所形成的彼此信息分享和互相影响，最后在这种分享和影响中加以取舍实现平衡。这最后一点便是逐渐的趋同，以及整体上的观念"共性"达成。这种"共性"便是潘什梅尔所说的"一种气氛、一种特征或者一个灵魂"。所以我们从历史的递进过程来看，城市文化是一个绵延不断的过程，城市的文化个性作为一种集体有意识和集体无意识，就是这个城市所特有的品性和气质。而我们对城市形象的认知，也就是大众对城市文化人格的理解和认定。所谓城市形象传播，说穿了，其传播元素的核心成分也都是基于此。

永华的研究以整合营销传播理论作为基本参照，这使他能够摆脱一般城市营销研究单纯的技术追求，从城市与人以及城市品牌整体建构中把握城市传播的脉络。作为一部规范的学术著作，这本书最大的贡献就在于它不仅阐释了城市形象的各个维度，而且把多种学科理论引入研究之中，系统性地完成了对城市形象的整合营销传播建构。这也许是中国学者的第一部城市形象传播研究著作，所以其开创意味弥足珍贵。还必须指出的是永华在这部著作中，用了整整一章的篇幅，对他所生活的城市——杭州进行了传播形象剖析，这与其说是作为验证理论的实证基础，还不如说是浸润了深沉人性色彩的城市与人的文化解读。前些年永华在浙江大学读研期间，曾和我一起研究营销传播，他勤勉的作风和坦诚的个性一如既往地贯注到他的研究风格中，这在很大意义上增添了该书的学术含量。我想无论是对他还是对城市形象传播而言，这本书都代表了一个新的起点，从这里出发未来将风光无限，蔚然大观。

第二章

如烟的往事并不随风飘散

我们一切工作的出发点以及所围绕的核心都应该是人。营销和营销传播说到底都是一种对人所定向实施的推广活动,因此可以说营销的核心点当然也在于人。当我们把营销看作一种更加宽泛的思维观念时,很多时候我们会发现,作为个体的人我们自身也处在社会营销的坐标上。也许正是这些营销的往事,更加深化了我对营销本质的认识,所以记忆中很多往事总是不能抹去。

1 比尔·盖茨的"自私基因"
（2006-08-30）

> "自私的基因"具有超强自我利益的追求，但是选择形式却可以不同。比尔·盖茨和沃伦·巴菲特的行为也证明了，基因在自私选择的同时，同样也可以惠泽大众。

人类常常自己跟自己过不去，一方面活得并不轻松，一方面又喜欢自己给自己制造一些不轻松。大到世界风云国家政治，小到鸡毛蒜皮日常琐事，工作做人是这样，读书学习也是这样。为什么会这样？大概这就是人性。关于人性有很多研究，这是社会学家、人类学家，甚至是遗传学家的研究科目。但不论怎么说，归根结底从进化论角度看，人性本身就是一种天然的"基因"选择。牛津大学进化思想家理查德·道金斯有本书叫《自私的基因》，意思是说人类在进化过程中，基因本身面临着生存竞争，那些"大公无私"或"私心较少"的基因变得越来越弱小，而那些具有超强自我追求和自我维护的基因，则获得了不断的发展和膨胀，最后的结果是"自私的基因"战胜了"无私的基因"，成为遗传的胜利者。

对于人类来说，这种基因规律具有天然的不可抗拒性，于是它所带来的结果必然是人生甚至是整个世界的悲剧。疯狂毁灭的战争风云，尔虞我诈的权力角斗，互为利用的政治平衡，一切皆源于此。这就好像世界本来好好的，美国干吗要大老远跑到伊拉克，打着各种名义折腾了许久，虽然干掉了萨达姆，却始终没有完成他们最初堂而皇之的出兵目标。其实国家也是基因的聚合，这不过是超强基因通过国家形态的一种展示而已，这就比如即便没有美国先后两次海湾战争，萨达姆所主导的伊拉克基因也会显示其超强的自私本性一样，两伊战争、吞并科威特都是例子。古往今来这样的事情比比皆是。

为什么人类不给自己多来一些轻松呢？似乎也可以从基因的自私本能中得到回答。因为基因本身的自私属性，它只有不断满足自己的延伸才可能获得成长的快乐，所以尽管这些强大的基因组合在自我延伸中给世界造成了动荡，给人类带来了痛苦，但是它们自身却获得了自我延伸的快乐。这种观点可以解释很多现象，即便不是放之四海而皆准，也是具有很大的普遍性。比如，历史上某某高人隐逸不出名满天下，但最终却是将其当作终南捷径，他还是要当官。就像李白明明不是当官的料却很想当官，李白早年有《上韩荆州书》，文章写得好极了，可惜全篇都是在自我吹嘘。当然以李白之才这样自吹也不为过，但最后落脚在拍马屁，希望借以得到达官的引荐，这则有点自私了。虽然说得好听是想获取进身"达则兼济天下"，但说穿了不过是追求一种权力而已。人类追求权力欲正是"基因自私"的充分社会化体现。君不见媒体上常常在讲，国人在专业领域获得了巨大的成就，接踵而来的不是更多的专业精力的投入，而是转身变成了一个新的官僚。于是媒体表示不解，国人为之惋惜，其实殊不知这种结果大都是当事人的"基因选择"而已，因为做了官僚便具有了更大的对社会和他人的支配能力。所以不论是谁，都摆脱不了这种权力欲，说穿了这种权力欲只不过是一种直接的基因表现形态而已。一个社会在通过一系列规范和道德构建了它的基本秩序后，这种"基因自私"的社会化表现就是对金钱、权力等具有支配性标志的追求。因为只有这样才会获得自身"基因选择的快乐"，政治、经济和军事、文化等，甚至连学术也是这样。

说到这里有人要提不同意见了，说是古代的那些真正的隐士不是这样，现在的世界首富比尔·盖茨和世界次富沃伦·巴菲特也不是这样。且慢，凡是人类都摆脱不了"自私的基因"，说到下面便有分晓。先说那些隐逸高士，其实古往今来所有的隐逸高士基本上都难免为名所累，在基因的自私选择中，名和利原本同等重要。简单地说，我们之所以知道某个著名的隐士，就是因为他很想让我们知道，这才会有千古风流的历史记载，如果真正彻底地"隐"起来了，又谁人能知谁人能晓,又何来这番传诸后世的记载?如此说来,严子陵高卧钓台、庞德公隐居襄阳、陶渊明归耕田园,都不算是真正超越自我的归隐,他们很大意义上还是为了名,所以古人有云:"大隐隐于市"。相对而言,孔子周游列国遇到的那个接舆而过"凤兮凤兮"的狂人,比起陶渊明们要彻底一些。

回过头来再说比尔·盖茨和沃伦·巴菲特。这两位创造并拥有了世界最多的个人财富,从金钱的支配能力上说,他们真可谓是富可敌国。到了这个份上,运用金钱这一社会符号来达成基因选择已经逐渐失去了满足感和自身的快乐感,所以基因选择需要一种更具有效应的方式。这种方式可以有不同表现,追求政治权力、完成宗教使命或者是选择和谐施惠于人。俄罗斯首富霍多尔科夫斯基选择了介入政治,结果是身陷囹圄;本·拉登选择了宗教复仇所以抛开亿万家财躲在深山之中;只有比尔·盖茨选择了和谐的施惠于人,他通过捐出自己的财产获得了比财产更加崇高的声誉。比尔·盖茨的做法是建立一个基金会,通过基金会为社会贡献福利。而比比尔·盖茨做得更彻底的是沃伦·巴菲特,他索性连基金会也不建立,干脆就把自己的财产捐到了比尔·盖茨的基金会中,这又是一个伟大的创举。这就好像我们营销策划讲定位一样,因为在第一之后你不可能正面超越第一,所以要做的就是创造相对第一或者把自己与第一连在一起。记得几年前在上课时,问学生"世界第一高峰是什么?"大家回答"珠穆朗玛"。接着问"世界第二高峰是什么?"大家一片沉默,有人说是"乞力马扎罗山",我说肯定不是。虽然我也不知道它是哪一个,但是我想第二高峰肯定就离青藏高原不远,在珠穆朗玛附近。同样我也问过"世界首富"和"世界二富",回答也一样,学广告的学生竟然不知道世界第二富是谁。现在好了,大家肯定知道了:沃伦·巴菲特。

以此看来,"自私的基因"虽然具有超强自我利益的追求,但是选择形式却可以不同。在这个意义上,比尔·盖茨和沃伦·巴菲特似乎更加具有伟大性。他们的行为也证明了,基因在自私选择的同时,同样可以惠泽大众,用一句流行语说,就是"构建和谐社会",所以人类的自私本性也未必完全是悲剧的结局。况且说到底,这个世界总是需要一些更强大的基因来维护秩序,人类社会——政治、经济和文化等,似乎都是这样。在某种意义上,比尔·盖茨和沃伦·巴菲特等人就是代表社会在掌管那些财产,你想如果不是他们在掌管,换了一些等而下之辈,那么结局就可能很让人担忧。所以权力也需要一些真正高尚的基因组合来控制,这样人类才会更加快乐一些。

2 闲话温州人：那些年的故事
（2006-09-23）

> 在中国如果要从地域上找到一个群体意识最强，最富于群体主义的城市的话，温州可能最为合适。温州的经济成就，得益于温州人的个性，以及这种个性中的文化积淀。

在中国如果要寻找一个地方，最能显示区域色彩和地理意义上的族群特征，大概非温州莫属吧。这是一个极具区域个性和向心力的城市，如今"温州"和"温州人"已经成为一个具有鲜明区隔的品牌符号。这不仅是因为温州的经济模式和遍布全国甚至全世界的温州生意人，更重要的还是因为温州人的个性，以及酿就这种个性的文化积淀。这些年每年都要去温州，每次去都感觉到温州的变化，于是从温州上课归来不经意间萌发了一个念头，闲下来不妨写写温州和温州人。

最早接触温州人应该是读大学的时候。同窗马君系温州人，说来也是出自温州的书香世家，生长于万卷藏书之间自小耳濡目染，同学交流常有一些知识出人言表。马君住在我对面寝室，饭后茶余时有扎堆高谈阔论，这是我对温州人的认识第一次具体化。夏日夜晚，偶见此君读书，一手捧书一手执扇，戴一副近视眼镜头微微后仰，左手一卷书端在一尺开外，那模样况若古人孤窗青灯。当时感觉这温州人身上，很有点古典名士风范。马君口齿并不伶俐，但每每谈论起来，语气高亢音调急促，间或有唾沫飞溅而出，一时间令人叹为观止。那天谈及钱钟书先生的学问，马君有所联想突发宏论，声称披阅汉魏典籍，"中国人原来并无狐臭，只因后来匈奴汉化，把狐臭带到了中国"云云。听得此言也不知真假,反正对其博学很是佩服,于是也第一次从他那里领教到了温州人的勤学博闻。温州人喜欢抱成一团,那时候常见温州同学聚在一起在议论什么,很远便能听到温州口音高低呼喊,但谁也不知道在谈些什么,不过语气里倒也透露出某种意气风发。马君当时在同学中属"十大怪人"之一,不成想毕业时被分配到市委政策研究室,大家以为很是滑稽。后来我下海为老板打工去温州跑市场,记得马君有空便来相聚,拳拳之情很是感人。岁月辗转不觉之间毕业17年后,忽闻马君有疾在杭州治疗,当时罹病后期往往痛楚难忍,他显然知道自己病情不久人世,但每次去看他却总能感受到他的乐观通达。如今又10多年过去了,每及此事同学之间仍旧唏嘘不已。

再后来做营销策划接触了更多的温州人,对温州人的特别禀性也就感受得越来越深刻。我做广告公司接的第一个单子就是温州的康奈皮鞋,那笔生意出奇顺利。第一次,接触康奈方面二话不说第二天便拿了现金给我去做广告片。一周后片子做好客户没有来杭州审片,在电视上看到广告播出后,很爽快地又打了一笔资金给我。这种推诚相待的信任,直到今天成为我对温州个性的一种认识。此后我做温州企业的广告越来越多,也是因为广告认识了另一个叫徐林的温州人。徐林年纪略大我一些,据说20世纪90年代初跑运输已经积攒了几百万元,那时我常想以自己的个性手上要是有这些钱,肯定就罢手在家读书作文享受生活了,可是徐林却把这些钱拿去做什么温州商城,商城没成功钱也就打了水漂。1995年的秋天,别人介绍我认识他的时候,他想做酒请我为他策划。我们一起为这个酒取了名字,叫"乌牛酒",我还代他为酒申请了商标注册。那时候他和他的伙伴们资金并不多,但在交往中依然可以感受到他的勃勃雄心。瓯江对面有座东蒙山,一次登上山顶,放眼山下一片茫茫苍苍。酒还没有造出来的徐林,已经很有一些指点江山的意思,谈到他的乌牛香米、乌牛净菜、乌牛观光农业……俨然整个东蒙山下已经成了他的产业似的。乌牛酒后来成功了,这个由7个股东的100多万元起家的乡村酒厂,据说1998年销售额达到了8 000万元。那时候的乌牛酒因为广告量大而牛气十足,惹得许多做广告的漂亮女孩子上门拉业务,渐渐的我一个懒惰的读书人也就疏远了来往。直到乌牛酒内部发生变故，徐林也因为与大股东的分歧而辞去董事长一职，带着做酒的情结跑贵州鼓捣土酒去了。某天，乌牛酒厂原负责销售的老金脱离乌牛酒后跑来找我，说是与楠溪江旅游管理部门一起搞了个"楠瓯粮液"，要我给他做个广告片。虽然我也埋怨一番他们辉煌时候冷落老朋友，但那个创意自觉还是很不错，借楠溪江的美景渲染酒。为省钱从资料片里找出雅鲁藏布江源头经过蒙太奇处理看上去美极了，15秒广告片后面几句："好山好水酿好酒。楠瓯粮液。酒不醉人人自醉。"最后一句颇为自我得意，其时很多酒类广告，从没有人用过这句俗语，借着楠溪江国家景区暗示了另一句"色不迷人人自迷"，酒色如画也算是大胆了。楠瓯粮液最终没有成功，这完全是市场大势的缘故。整个白酒市场在经过90年代中后期短暂的松动后，又回归了其本身的恒定状态，新的白酒品牌市场崛起的机会十分渺茫。钟情于酒的徐林和老金不知现在何处，不过他们的那种执着，却印证了温州人不屈不挠的个性。

　　在与温州人交往中，最让我感慨的是一鸣牛奶的朱鸣春。老朱是1979年的全国劳模，早年养鸡几乎供应全温州的鸡蛋，后来做鲜牛奶又供应全温州70%的早餐奶。大概是因为我在大学做老师，人也实诚，所以老朱格外信任我。我为老朱策划广告、谋划市场，甚至在他试图走出温州扩张市场时，还经营过他的杭州分公司。有一段时间几乎放弃了做广告，召集了一二十个销售员专门为他推销牛奶。遗憾的是最终市场扩张没有获得成功，但是老朱担待了营销失利的所有责任，这使我很感慨。老朱的公司后来交给两个儿子打理，在与老朱和他儿子们的交往中，以往建立的信任诚恳一直保持着。断断续续10多年过去了，自从当初走出温州扩张失利之后，一鸣牛奶重新定位了自己的市场空间，如今依然保持着在温州市场的稳定势态，据说仅一鸣"真鲜奶吧"在全市就有100多家。企业如人，企业的风格在一定意义上就是企业家的个性体现，一鸣的经营做派很自然使我想到老朱的为人，诚诚恳恳，就这样把自己定位在区域市场，不求最大但求持久。

　　从读书到做生意，好多年过去了，温州人的影子在我的印象里越来越清晰。这几年我转而写书，在自己的书里不止一次地提到了温州人。广告书里讲道："在中国如果要从地域上找到一个群体意识最强，家乡荣誉感最深而又富于团体主义的城市的话，温州可能最为合适。温州人勤劳、豪爽、重情、爱乡，好酒善饮……"在整合营销书里也提道："温州是一个极具地方色彩的城市，温州人喜欢走南闯北而且非常抱团，所以无论在中国内地还是世界各地，诸如，法国巴黎、西班牙巴塞罗那等地，温州人吃苦耐劳、善于经营的品质，都使其成为中国移民和商人中的出色一族。"这两年为办研究生班多次往返杭州与宁波、温州间。研究生班办起来了，但不论是杭州班还是宁波班，学员们的群体意识都不如温州班，虽然这个班是迄今人数最少的一个班，但却是到目前为止班级意识最强的一个班。也许这就是温州人，偶尔间会想到他们禀性特征的成因，也许得益于温州的历史文化，还有温州的地理吧。充满灵性的永嘉学派，凭海临江的豪阔，城区里山峦和流水别致的点画，都让人觉得这个曾经交通闭锁的城市，在自成一体、外向发展的过程中，又有一种别处不具有的开阔和豪爽。

　　喜欢温州这个城市，喜欢温州人的勤劳聪明、吃苦踏实、重承诺、讲信义。

3 记忆中的一位三轮车工

(2010-02-23)

> 一位三轮车工凭借自己的品质和对职业的执着，朴实地诠释了一个道理：不论是人还是产品都必须定位好自己，产品是短暂的，而基本需求和顾客群则是永恒的。

我曾经不止一次地对人讲起这位三轮车工。这位江西小伙子是一个复员军人，姓周，黑黑瘦瘦的，但显得很是结实精干。

认识小周是15年前，那时候我一边教书一边经营校办企业，他在我公司做搬运工，吃苦、肯干、可信赖，这是我对他的印象。尽管当时他做的都是一些力气活和杂活，但凡交给他办的事情都可以很放心，这点比很多专业人员都强。我有一个思路很清晰，就是给他的待遇略高于他这个行当的社会平均水准，这是忠实可靠所应该得到的最低回报。他知道我不会讨价还价，也从不和我谈这些，在这点上他跟很多读书人不一样。记得当时一位MBA毕业的青年教师也跟我干，让其做过策划和客户管理，但都有点让人失望，那时候我不会打字便和他开玩笑说："一个MBA竟然把自己沦落为我的打字员了。"也许是我一直不知道该如何合理发挥MBA的作用吧，某次我让他先从具体事做起，帮我讨回一笔几千元的小欠款。对方是个老赖，他问我怎么讨，我说你不妨不断打电话给他。于是他便一天不下10个电话催债。那时候手提电话还很少，杭州固定电话装机费是2 500元一部，再加上对方有业务也很难随便换号码。几天下来直打得对方电话过来求我让他别再打了，但那笔欠款最终还是没有收上来。后来我也曾问过三轮车工小周，你会怎么讨债？他说会去那人住的地方候着磨他直到他还债。看来他的方法虽然花力气、花时间，但显然却要实在得多。

这个故事以前在课堂上跟学生讲过，春节期间又一次对儿子讲到这个三轮车工，当然是从人生和专业的角度谈的。小周虽然是一个外来打工的，但是他有自己的追求，用现在对大学生的教育说，就是"很注意职业规划"。记得1997年我学车考驾照的时候，小周说他也想去学驾驶。我当时还略有点吃惊，那时候学开车的很多人都是些做生意的和中层经理什么的，学车花费大很少有农民工去学。他看出我有点不解，就说自己也不可能一辈子总踩三轮车啊，这使我恍然大悟。果然几年后他去二手车市场买了一部小货车，由人力运输转入了动力运输。偏偏就在这个时期，杭州市整顿三轮车，很多杭州本地三轮车工因为没有文化，也无法适应政府安排的其他工作，搞得下岗了还去市府门口静坐，而小周却做着自己的小货车运输生意。这以后我就很少看见他了。几年之后的某日，我过马路，红绿灯前停着一辆崭新的出租车，司机从车窗里面伸出头大叫"卫老师"，一看竟然是小周。原来他又上一层楼，开起了自己的出租车。

拿这件事情教育即将毕业的儿子，无非是说一个人要有一个明确的人生和职业规划，要踏实吃苦去做，哪怕是起点很低，只要方向明确努力付出都会有所收获。对学生则是讲到营销定位时候，说起了莱维特（Theodore Levitt）的一个观点，他认为，企业的市场定位比企业的产品定位更重要。产品是短暂的，而基本需求和顾客群则是永恒的。比如，马车公司在汽车问世之后不久就会被淘汰，但同样一个公司，如果它明确自己的任务是提供交通工具，那么即使马车被淘汰人们对交通工具的需求依然存在，它可以从马车转向汽车。这个来自江西农村的小伙子，似乎很有点这个意思，他虽然从三轮车工起步，但把自己定位为一个运输工而不单纯是三轮车工，这才使得他可以从三轮车到小货车再到出租车，一步步地转换和提升。相比之下，当年本地那些去市府门口静坐的下岗三轮车工似乎要逊色许多。

岁月荏苒，多年过去了，我也早就不做公司了，再也没有见过这位三轮车工，但是却不止一次地提及他。我想除了前面所说的人生追求和职业定位之外，恐怕还有这位三轮车工留给我的那种踏实本分值得信赖的个人品质吧。

4 姑苏旧忆：二十余年如一梦
（2010-07-21）

> 回忆往往勾起一种人生际遇飘零的遐思。营销传播围绕的核心永远是人，所以用人生体验去梳理营销思想，在某种意义上也是用阅历去充实人生体验。

姑苏是中国人文地理的一个文化符号，所以苏州这个城市得空是一定要去的，既要去看它的园林和新区，也应感受一种历史文化的积淀。坐在古街的河边让思绪自由自在地飘飞，那种穿越感并不是任何时候都会有的。但遗憾的是，多少年了也不知道几次去过或经过苏州，却很少去观赏，很少去细细地品味它。前两天去苏州参加上海市社科评奖，虽然往来匆匆却勾起一种人生际遇飘零的遐思。我和朋友讲起了大约20年来关于苏州的记忆，印象深的有两次。一次是1994年的春节前夕，还有一次是去年夏天和几个朋友驱车赴苏州。

记得是1993年的年终，那时候我还在追随娃哈哈老板宗庆后，在企业里负责市场营销和广告策划。年终的时候感觉在公司里很烦，就带了几个人说去苏锡常一带做市场。那次在苏州住了有半个多月吧，主要工作就是促销娃哈哈果奶，搞一个"500万元奖学金大派送"。那个活动我们策划得还是比较成功的，每一果奶里面有一个生肖课程表，集满12生肖就可以换取5 000元奖学金。公司根据销售预期设置了1 000份奖学金，为了刺激苏州市场，发往苏州的产品中，中奖概率要比其他城市高一些。我对朋友说起这件事，很有点人心不古的感慨，有些事情在今天看来是匪夷所思的。就说公司印制的12生肖课程表，12生肖中的"鸡"是明确限量的（因为老板属鸡，鸡不能轻易让人抓住）。要是放在今天这种简单的印刷，即便你有防伪商标也一样会被仿制，这个活动肯定很难操作。还有一件事情是为了搞活动，我和经销商说要在苏州找8个销售点，做一次免费赠送（凭广告领取果奶）。这个事情按说要经过城管等部门批一下的，但是老板的市场法则是先机制胜或者是后发先至，那时候我们的竞争对手也有所动作，所以每天晚上我电话汇报的时候，他总是说"我认为你行动太慢"什么的，不容许我按部就班。

活动推出前除了经销商配合之外，主要考虑了三件事情：一个是广告推出，这个比较容易，电台、电视台和报社几乎是随叫随到。自己随身也带了尺子和美工刀，可以根据需要自己制作平面广告（那时候做广告不像现在电脑制作这么方便）。另一个比较棘手的问题是，派送时万一出现秩序混乱怎么办？我们只有7个人加上经销商人手也不够，再说靠我们维持秩序即便老百姓不乱，但万一城管部门出来干涉怎么办？那时候人年轻胆子大，也比较有创意，从小生活在部队大院令我想到了解放军，想到了我们政府维护治安的强力工具——武警。我带着属下的一个女孩子去武警营房，拿着介绍信拜访了一位武警参谋长，说动武警部门同意派出8个战士帮助维护秩序，大功告成。最后一件事情似乎比较简单，为了突出宣传效果决定活动前一夜要在苏州街头贴出1 000张宣传招贴。我来自大学，属下也都是刚大学毕业不久的人，这个问题最容易解决，几个人分头到大学找学生会联系，买好糨糊分派人头分配区域，一夜之间便到处都是我们的招贴了。活动圆满成功，后来好像还做了点公关的插曲，特意去看了一个媒体报道的困难孩子，代表公司捐赠了5 000元钱，这件事媒体做了报道。那几天我和电视台讲好，只要有集齐12生肖的，我们便在广告下面走一行字：祝贺××小朋友获得5 000元奖学金，电视上的点歌节目还免费给他送上一首歌，并说明是送给××街××号或者××学校的×××同学。离开苏州的时候，大概是年三十的前两天。促销之后市场明显有所促进，为了给老板表明效果，最重要的是要求经销商春节前必须完成回款（带汇票回公司），节后再集中多发一些货。

多少年过去了，自那以后好像就再没有去过苏州，直到去年夏天和几个朋友自驾前往。这一次是写完书稿想出去放松一下自己，懒懒地看看园林，在老街边坐坐，多少有些回味过去的感觉，晚上还顺便填了首《水龙吟》词。如今又提起陈年往事，感叹人生，想到了南宋陈与义的一首《临江仙》，其下阕有云："二十馀年如一梦，此生虽在堪惊。闲登小阁看新晴。古今多少事，渔唱起三更。"且录下去年夏天所写的那首《水龙吟》聊作记忆：

《水龙吟·姑苏行》
淡烟迷离姑苏，水连阊外思无际。
吴王故国，黍离麋鹿，林园旧地。
暮雨芭蕉，海棠花谢，秋风迢递。
软语声呢哝，吴钩未著，谁能解、其中意。

闻道鲈鱼堪脍，忆莼羹、挂帆归矣。
古今纵横，诗书零落，风流豪气。
红袖当歌，绿杯呼酒，浮生如寄。
怅流年暗换，东风不染，与何人说？

5 那个卖卫生巾的男孩
（2006-09-13）

> 大公司宛然一所学校，从推销一个产品开始融入一家企业，也是融入一种文化。企业如人，只有那些真正超越自我的公司，才可能走向卓越最终成为伟大的公司。

文轩是我一向很看好的弟子，刻苦认真，有责任感，并且还很帅。初夏的一天，有弟子告诉我"文轩成了名人"，因为就在浙大学生出没频繁的网络社区"缥缈水云间"，有一个素昧平生的女生贴出了文轩的照片。照片是侧面的，据说是女生用手机偷拍下来的，并且在照片下面附文说明："不相信西溪竟有如此帅的男生，当时很想和他搭讪，奈何自己却没有勇气。"这个帖子很快引起大家的关注，文轩的女友——也是本所的研究生，一个看上去甜甜的很娴静的女孩——也加入进来，声称"不如看看正面的"，索性再贴了几张文轩的照片。这件事在研究生中间竟然小小轰动了一些时日，也算是文轩毕业之前对大家的一次告别仪式吧。

就是这么个看上去大男孩一样的小伙子，研究生毕业后进入著名的强生公司。强生是世界500强企业，已经有120多的年历史了，如今在世界医药企业中雄踞首位，詹姆斯·柯林斯在《基业长青》中对其推崇备至。文轩能够进入这个企业从事他所喜爱的营销工作，应该说是如愿以偿吧，尽管当初我也曾为他拒了阿里巴巴的垂顾而惋惜，但仍旧为他现在的选择而高兴。大公司是一所真正的大学，何况它的历史超过了一个世纪，在漫长的企业发展中，已经形成了自己特有的文化和价值体系，这本身就是积淀丰厚的天然营养。相信以文轩的好学多思，加之认真仔细的特点，未来必定会有大成就。

不久与弟子们一起小聚，文轩也来了。刚刚毕业走进公司，自然问起工作情况。他目前的身份还是营销培训生,眼下是在强生的"洗化部",这个部门经手的产品主要是女性消费品,诸如,洗面奶、卫生巾等。强生的做法是,所有来自中国著名大学的培训生,都必须经过一个最基本的训练,从基层推销开始。于是文轩们也就开始了他们短暂的推销生涯,而且最有意思的是这些大男孩们推销的产品竟然是女性用的卫生巾!听着他们的推销经历,感觉真有点像是幽默的喜剧表演。

"娇爽"是强生的著名卫生巾品牌,不过比起宝洁公司的"护舒宝"来,这个品牌只能屈居其下。大部分男孩子似乎都在主推这个品牌,当然公司为这些培训生准备了充分的说辞,剩下的就看自己的发挥了。一个男孩子向客户耐心讲授"娇爽"的好处,绘声绘色宛然身临其境,没承想客户突然反问:"你用过吗?"这一下傻眼了,忘记那个男孩怎么回答了,大概卡壳了,要不肯定会记住的。不过这个问题倒提醒我们,营销过程中必须把握分寸。当然这个问题并不难回答,因为世界著名企业推出的品牌,都会有大量的前期试验,男孩子大可回答他只不过是在转述女性的试用感受而已。碰到这个问题恰好说明这些未来的营销经理们,确实需要先行一步的实践锻炼。而强生的做法也是让其未来的经理们在不同的营销岗位上轮岗培训。记得多年前松下幸之助曾经告诫年轻的员工:我觉得应该是员工给公司付薪水而不是公司给员工付薪水,员工要感谢公司给员工提供了自我成长的机会和平台。我想文轩们也应该感谢它的公司,正是它让他们从卫生巾开始,理解推销的要义。

"推销"作为营销的原始起点,本身包含了所有的"营销"要素。现在想想强生采用这种做法培养它的未来经理,显然不能简单地认为只是为了要它的未来经理们更加了解市场营销模式。这只是一种浅层次上的追求,在更深层次上,它是让未来的经理们更进一步地融入它的文化。强生公司创始人罗伯特·詹森在创建公司时提出了"减轻病痛"的理想目标,1908年,他把这个目标扩大成一种企业哲学,把服务顾客和关心员工放在了股东报酬之前。公司当时的研究经理佛雷德·吉尔默曾经解释如何用这一哲学界定自己部门的角色:

这个部门不依靠任何狭隘的商业精神推动……不是为了发放股

利或完全为了强生的利益工作，而是以协助医疗技术的进步为归宿。1935年强生的继承人小罗伯特·詹森又把这种哲学加以强调，直到1943年把强生的理念归纳在《我们的信念》里，采用了与美国独立宣言相同的体例，印在老式的羊皮纸上。到了20世纪80年代，强生的首席执行官吉姆·勃克估计，在他任职期间大约有40%的时间是用来和公司上下沟通这一信念。他觉得经营层在日常业务上全部以利润为导向，这是就事论事的一种表现，而强生的信念告诉大家，不必这样做事，而要坚持信念的核心追求。在某种意义上利润成为最后的追求，但是这却是实实在在可以保持的利润。

　　企业如人。我始终认为，只有那些真正超越自我的公司，才可能走向卓越最终成为伟大的公司，基业长青。这也是汤姆·邓肯在整合营销传播研究中谈到的，整合营销传播的最高层次就是公司上升为"世界级公民"。当然，每个员工都是公司的一个分子，他自身必须接受公司的这种文化并进而具备这种素质。就此看来，卖卫生巾的男孩子是幸运的，因为公司已经为他预备了舞台。我想文轩是有潜力的，他已经有了担当大任的可能，潜心学习埋头努力，假以时日必有大成。

6 巴、比盛宴 中国慈善路有多远

（2010-09-29）

> 继续用金钱来达成基因选择，对于盖茨和巴菲特，已经失去了满足感和自身的快乐感。相对而言，中国的富豪们寻求基因快乐的层级还比较低，还需要金钱符号来堆积。

就在今天晚上，我们所处这个历史时期的"时代英雄"和"社会偶像"，世界顶级富豪沃伦·巴菲特和比尔·盖茨，在北京举办一场慈善晚宴。自从数月前这件事情传出风声以来，中国媒体对它的热情就超乎了中国富豪和中国百姓对它的关注。大概除了媒体本身超乎寻常的猎奇心理和在这个物欲横流的社会中对金钱格外关注之外，还在一定程度上涉及由于贫富差异所引发的对富豪财产去向的关心。慈善是一项无上光荣的事业，因此，巴菲特和盖茨所做的当然是光辉无限的好事。但是中国社会喜欢搞简单的道德评价，比如，认为捐了并且捐得多就是好，没捐或者少捐就不好。

我喜欢从人性角度去看问题。现在看来盖茨和巴菲特的善捐，以及中国"首善"陈光标的裸捐，还有很多富豪的低调回避，除了中美两国慈善制度的原因外，还从一个层面反映了人性。我曾把这些归之为"自私的基因"，现在依然认为其中所折射的人性现实不可回避。比尔·盖茨和沃伦·巴菲特，从金钱的支配能力上来说，可谓是富可敌国，如果继续用金钱这一社会符号来达成基因选择，已经逐渐失去了满足感和自身的快乐感，所以基因选择需要一种更具有效应的方式。

相对而言，在目前中国社会背景下，富豪们寻求自己基因快乐的层级还比较低，还需要金钱符号来堆积，因此，绝大多数富豪并不是很情愿捐出自己所控制的财产。当然，从经济运营的角度看，我并不认为捐出来就是真正的好事。适当的捐一些是可以的也是应该的，但是财富贡献的最好方式并不是捐款，而是让财富不断地流通和增值，并且在流通和增值过程中为社会创造价值、提升税收和解决就业等。所以陈光标裸捐精神虽然令人赞叹，但方法却未必就是最佳。比如，陈光标今年捐出3.2亿多元，假使他多年后捐出全部财产，那么他身后可能出现的情形有两个：一个是企业没有资金，进而导致不再持续经营了；或者是企业还可以维持经营，但是他的理念对企业的影响则基本是零。如果是前者，那对社会的损失远大于慈善的收益；如果是后者，则是慈善的一种悲哀。看来不论是哪种情况，估计他的慈善追求都很难维持，所以说他的方式并不一定最佳。

中国的慈善事业做得不好，很大意义上是因为这件事情往往被政府管理部门把控着，还没有成为整个社会的事业，而政府部门操作的慈善很多时候也不规范。比如，曾有媒体曝光某慈善管理机构提取一定百分比（数额达亿）的捐款作为管理费，这本身就是管理部门的不慈善。你自己都不慈善还希望人家慈善，难怪慈善效果要打折。看来制度建设重于道德感召，因为人性亘古不变，慈善也必须给出合乎人性的理由。

7 争夺控制权：达能火拼娃哈哈
（2007-04-09）

> 在娃哈哈和达能的争夺战中，宗庆后看上去更像是从雪山草地过来，又在延安窑洞中成长壮大的那支队伍路，而对方则俨然是经过正规训练、美式装备武装起来的国军。

娃哈哈引进达能合资的时间是1996年，那时候我已经离开该企业调回大学教书。此前因为曾经担任宗庆后的助理，负责市场营销和广告策划，使得我有机会近距离接触这位卓越的市场营销大师。记得离开公司之后，有一次小学三年级的儿子写作文，题目是《我最崇拜的人》，他问我最崇拜谁，我回答是宗庆后。10多年过去了，在我的印象里宗庆后依然像是面前永远仰视的一座高峰。我在和娃哈哈的昔日伙伴以及自己的朋友谈起他时，依然保持着当年的称呼——"老板"或者"宗头"。

那时候每年公司的销售和利润额都是大幅度提升，但是飞速发展的企业需要资金支持，所以资本成了公司发展的瓶颈。最初老板把希望寄托在上市融资上面，但因为娃哈哈的性质比起那些真正的国有企业，有点像是后娘养的，所以尽管各方面远不如娃哈哈的企业都上市了，娃哈哈却一再无法上市。资金的制约就像是卡在脖子上的绳索越勒越紧，就在这个时候法国的达能和香港的百富勤来合资了。其实在娃哈哈的发展中，这并不是第一次合资，所不同的是这次合资涉及的面比较大，而且所合资的是娃哈哈集团下面的核心赢利企业，合资方共计占了51%的股权。在当时谁都认为宗庆后是一个胜利者,因为在合资经营过程中,他不仅获得了自己开出的条件,而且牢牢掌控了公司经营大权。合资的那一年企业的销售额是10亿元,此后10多年娃哈哈一直保持着高速发展势头,如今公司销售额已经达到了200多亿元。而法国达能前后投入娃哈哈的1.7亿美元,如今除了分得3.8亿美元利润外,其资产也翻倍上升,达数10亿元,从而使它成为其全球投资中最有价值的资产。据宗庆后公开介绍:合资公司成立10年来,达能总共投入15亿元(其中有10亿元还没有到位,收益是38亿元)。所以这些年它虽然想插手娃哈哈经营,但派来的人总是被宗庆后赶走。记得有次一个被招聘到娃哈哈达能部分的人员和我一起吃饭,对方告诉我自己并不隶属于娃哈哈,而是隶属于某某经理(名字好像是洋文的)。其实从内心来说我对这个刚从另一家同行企业跳槽的年轻人并不以为然,凭着她打那个外方经理的旗号,就知道她底气不足。吃饭间我不经意地说,如果单纯从企业经营角度,达能的人没有能力搞好娃哈哈。她问我原因,我说是市场环境、企业历史和文化。我问达能那帮人现在搞什么,她回答在搞一个饮料,已经有半年多了。我告诉她这就是个简单的例子,娃哈哈推出一个产品,从推出到市场开发从来不用半年时间。后来知道这也是宗头为了试试达能的人到底有多少能耐。

  应该说,相对于达能在中国的其他控股或合资企业,诸如乐百氏、光明和正广和等,娃哈哈是一个真正下金蛋的母鸡。这是因为娃哈哈有了宗庆后和一批真正的市场精英。如今达能提出要用40亿元并购娃哈哈非合资的那部分资产,自然宗庆后要坚决反对了。并且可以看得出这次是宗庆后有意挑起战火,其目的在于尽快从根本上解决达能对娃哈哈的控制。用宗庆后的话说,就是再过10年自己就没有精力对付他们了。宗庆后是1945年10月出生的,如今已经62岁了,耗下去他等不起。这些年娃哈哈这部赚钱机器就像他当初对我形容的那样,"赚钱像扫树叶一样简单"。但娃哈哈在发展,他心里也在窝火,依靠当年资本优势的达能,不仅坐收丰厚的回报而且可以通过合同对自己加以限制。娃哈哈集团拥有商标所有权,却不能自主决定商标使用权,一切都得经过合资公司同意。为此宗庆后发展过童装,还曾经想重返保健品领域,那年在大学教书的我也曾经参与其事,但是这些比之于他在饮料领域的成功简直就像是毛毛草。

所以这次他必须和达能摊牌，这是因为他认为时机已经基本成熟。宗庆后显然拿捏住了达能的软肋：达能的股票需要娃哈哈业绩支撑，娃哈哈的"作战部队"都是宗头自己带出来的，他们绝对忠诚于宗庆后，而达能没有能力掌控娃哈哈并保持发展。为此宗庆后甚至做了最坏的打算：自己另起品牌，让达能去经营娃哈哈，如果经营不好几年后品牌拥有人再收回品牌。这有点像达能当时给他的条件，不改品牌，让宗庆后作董事长全权经营，但是每年必须保持增长15%—25%。

宗庆后认为达能的目的是控制企业，最终甚至是在资本市场上出卖企业获得更高回报，这不是在做企业、做品牌。当然也许这仅仅是他的说法，但是有一点我们可以肯定，对于这个企业和这个品牌，没有任何人比他感情更深。所以不论他做什么，都可以毫不怀疑他是为了这个企业和这个品牌更好地发展。许多人在讨论娃哈哈和达能的是是非非，褒贬不一各有说法。其实不论外人怎么讨论，很多看法都是幼稚无稽的。企业竞争是一场残酷的战争，对外是市场竞争、品牌竞争，对内则有股权和控制权的争夺。显然在国际资本市场上"长袖善舞"的达能也不是等闲之辈，宗庆后在经营娃哈哈20年后要和自己合资10年的伙伴摊牌，这有点像是当年国共合作抗战胜利后的局面。依着一贯的做派宗老板看上去更像是从雪山草地过来，又在延安窑洞中成长壮大的那支队伍，而对方则俨然是经过正规训练、美式装备武装起来的国军。宗庆后受到了企业的拥戴显然更得人势，如今他也在争取舆论上的主动；达能则搬出法国政府，已经由法国驻华大使出面向中国政府方面斡旋了。此战各有各的打法，鹿死谁手尚不可知。

这件事情到了这个地步，很多人都喜欢追究过去，其实娃哈哈合资的过程也是一个辛酸的过程。当年娃哈哈无法享受很多国有企业的优惠，包括上市融资和银行信贷。在这样的情况下，"兵临城下"签了那么一份合约，这虽说不像是西太后与八国联军的条约，也有点像是早些年康熙当政与俄国沙皇的条约，总之是咱中国人吃了亏。现在强大了要改变条约，无非就像是毛泽东宣告"中国人民站起来了"，然后废除过去和列强签订的一系列不平等条约。市场以成败论英雄，因此，它不相信任何纸上谈兵的解说。如果有人要骂，那最好骂咱们的市场机制不成熟，咱们的管理部门比较势力。就说当年上市吧，它硬是不让你上。一个曾经在证券管理部门任职的朋友曾谈及此事，他也不无愤慨地说，这么好的企业就是不让上市，证管部门太黑暗了。难道上市也需要"敲门砖"？偏偏这个小气的宗庆后老是要惦记着，钱是辛辛苦苦的每瓶果奶0.595元卖出来的，所以尽管后来三峡竣工他作为企业代表发言时，直接向总理参了一本，但最终还是有所得罪具体部门而未能上市。假如那时候娃哈哈有更多的资金，也许今天就不需要付出这些代价了。

　　事已至此，箭在弦上不得不发。狭路相逢勇者胜，我相信宗庆后一定会赢得这场战争。如今最大的祈求就是，不论怎么打但最好不要伤及企业和品牌。

8 宗庆后对我说哀兵必胜
（2007-04-23）

"哀兵必胜！"多年前宗庆后亲口对我说。这是娃哈哈竞争的核心法则之一，不但贯彻到娃哈哈的公关策略中，也深入到娃哈哈的产品策略、市场策略乃至于管理策略之中。

10多天前娃哈哈发表声明，暂停与达能的口水战。企业都表示要沉默了，旁观者自然也无话可说。事实上，不论怎么说，最后要有个结果，还是需要彼此坐下来谈的，所以停止口水战是必然和理智的选择。然而有趣的是树欲静而风不止，岂不见这些天有关这场争战的议论仍旧不绝于耳，尤其是一些网络不断挖掘娃哈哈非合资公司股权的问题，或者讲一些有关公司治理的事情。看上去似乎很有点抖落内幕的意思，不过总觉得有点像是作娱乐新闻的招数。今天达能又发表了一个"致娃哈哈企业全体员工和经销商的公开信"，似乎也在有意想从公众舆论中捞一点什么。前两天也有媒体和我谈及这场纷争，都不约而同地提到了娃哈哈非合资部分的股权，还有关于对娃哈哈集权管理和骨干构成的疑惑。

达能发表公开信显得有点苍白。不论是从出招还是从措辞看，都让人哑然失笑。比起它起初的记者见面会和抖出合同与法律程序来，这封公开信看了让人感觉有点硬的不行便来软的。显然在第一回合的过招中，达能没有占上风，所以它要改变招数。不过这招实在不够高明，因为达能的公开信发表之后，愈发暴露了它的承诺有些虚伪。达能摆出了自己跨国公司的资产优势：有多少多少钱，如何珍惜娃哈哈品牌，可以对娃哈哈员工和经销商做出多少多少承诺，等等。这真有点自欺欺人，还是这个达能，就在它搞砸了乐百氏，无情地裁减员工的时候，为什么不这样承诺呢？说穿了它之所以摆出这副友好的面孔,是因为它知道娃哈哈的员工和经销商对达能无所以求,而达能要想保住娃哈哈则不能没有这些人。但是它不能理解,如果没有了宗庆后,这些人即便是都给了达能,因为没有了主心骨,最终会成为一盘散沙,这一点员工和经销商都比它明白。所以合同也好、情理也好、舆论也好,最后还是那句话:得人心者得天下。达能也许在一定程度上拥有娃哈哈商标权,但是它并不真正拥有娃哈哈品牌,说穿了,就是娃哈哈并不需要达能,但是今天的娃哈哈却不能没有宗庆后。显然达能也明白这一点,在暂时无法和宗庆后取得平衡的时候,只好拿出这一招:离间计——在中国的36计中,这属于第六套第33计"败战计",实在算不上什么高招。

因为与达能的对决让娃哈哈成了大家关注的焦点,于是这些天很多地方热衷于抖落娃哈哈非合资企业的股权。我总怀疑这也是达能所用的第33计的一部分。有媒体就此事问及我,我觉得再去跟风谈这个实在算不上明智。这次争战很明确,就是达能与宗庆后代表的娃哈哈之间的争夺。至于这个企业、这个品牌应该归属于谁,我对记者开玩笑:"给你给我甚至给国家、给希望工程,这些肯定都不好。因为娃哈哈和宗庆后共为一体,这就像说比尔·盖茨就是微软一样。"我从不隐瞒自己的观点:我们这个社会的财富,交给那些有能力、有社会责任的个人,远要比交给大而化之的国家强。因为由他们代表社会管理这些资产,远比我们全民所有实际上却一无所有要强得多。从这个意义上讲,这个问题实在不能算是问题。于是又有人提出宗庆后管理公司的独断专行,数万人的公司就他一个董事长兼总经理,连副总都没有,这岂不有点太那个了吗?对于这个问题,我的基本见解就是,每个成功的企业都有它不可复制的成功基因,看看世界500强哪一个是相同模式打造出来的?所以由宗庆后创建的这个企业,采取这个模式是否适当只有他们自己最清楚,这原不关旁人什么事,合资10多年的达能不也没有异议吗?于是乎又有人提到了娃哈哈的中层骨干,其实这些骨干大多是多年来随宗庆后征战至今的,有时候连我也吃惊,昔日的那些同事尤其是女同胞们,在一次次的市场搏杀中,竟然这般的渐次炉火纯青,她们的决断力和执行力令人叹为观止。所以每当此时,我总要笑着回答更多是来自女记者的疑问:你不觉得这样一个团队在宗庆后领导下,保持了娃哈哈的持续高速发展，这不就是最好的解释吗？

　　拉回来说，这一仗虽然还没有见着最终分晓，但是不论结果如何，宗老板都不会输。因为最差的底牌也就是对方开出远高于40亿元的条件，更何况还有许多更加有利的选择——毕竟达能也不是傻子，它有资本但资本的本能是逐利，所以在娃哈哈还能够给它带来大把大把票子的时候，它当然不至于头脑发热，也不至于像冷却乐百氏那样冷却娃哈哈。所以最终结果还是需要回到如何达成新的利益平衡上来。这一仗到了这个关口，我敢说宗庆后已经胜券在握，至于大胜还是小胜，胜利的代价如何，那是另一回事。到了这个份上，回顾半个多月来宗庆后的作战手法，我禁不住想起他10多年前的教诲：哀兵必胜。曾经有许多的文人墨客写宗庆后、写娃哈哈，但是从没有看到有人提起宗庆后的这套战术。其实"哀兵必胜"和"战略上藐视敌人，战术上重视敌人"一样，都是娃哈哈的核心战略战术，这一切不但贯彻到娃哈哈的公关策略中，也深入到娃哈哈的产品策略、市场策略乃至管理策略之中。"哀兵必胜！"多少年前宗庆后就是这样亲口对我说的，我想这是他作为一个杰出的经营大师，多年来深刻的市场感悟和人生体会，绝不是随口宕宕的。

9 兵不厌诈：达能的阴险与危险（2007-06-08）

当企业家把企业追求与社会追求相统一时，他所体现出的使命感和责任感就超越了狭隘的利益要求。相对于达能，宗庆后更考虑娃哈哈长远的品牌利益及其所凝聚的员工和社会利益。

"巧言令色鲜矣仁！"这是2 000多年前孔子说的，意思是说那些花言巧语、伪善面貌的人，往往是缺少仁德者。智者明鉴，真理千百年来颠扑不破。达能与娃哈哈的争战已经持续了一些时日，这期间媒体和网络众说纷纭，许多都是推断与揣测，甚至是无端的臆说。这两天随着达能向瑞典斯德哥尔摩商会仲裁院提出仲裁申请，与此同时娃哈哈创始人宗庆后公开声明辞去与达能合资企业的董事长，事态有了实质性的发展。而此前许多朦胧的悬念，也渐渐地露出了端倪。透过世俗和流言的帷幕还原真相，我们发现娃哈哈正在奏响一曲雄壮的悲歌，而它的对手达能多年来与其说合作，倒不如说是一直在玩弄着阴险的把戏。

最近一个时期，网络和媒体上关于宗庆后本人和家人的说辞很多。其实不论所渲染的是否为事实，世人都确信这无疑是达能所施展的伎俩。据说达能雇用了某公关公司专司此事，这个从他们的操作套路和传播要点中就可以看出。达能的目的似乎很清楚，它要把矛头对准宗庆后，因为它明白娃哈哈作为一个商标，本身并没有那么大的威力，只有宗庆后才是它的灵魂所在。因此单纯拿了娃哈哈商标而宗庆后没有就范，那无外乎只是得到了一个空心汤团；另外，达能也在处心积虑地打着自己的主意，即希望在压制宗庆后的同时，能够继续从娃哈哈获得利益。然而达能的做派实在是让人不敢恭维，从它把这场商业之战引向对宗庆后的个人围攻，我们至少会产生这样一些疑惑：首先，达能似乎把企业竞争看作是个人恩怨，不是正面交锋而是使出暗器阴招，作为一个跨国公司其竞争境界令人感到很是有点低下；其次，达能根本不了解中国人，而对娃哈哈的企业文化简直一无所知，它不知道伤害宗庆后其实就是在伤害整个娃哈哈，包括它的员工和上下游企业，以及所有的相关利益者，在某种意义上就是在伤害中国人民；最后，达能在中国的代理人范易谋的一系列行为，恰好表现了他只是一个缺乏使命感和道德感的经理人，他一切行为的出发点都是个人既得利益，根本没有考虑娃哈哈群体利益和品牌利益。由此我想到，达能的做法其实很是阴险，这种阴险最早在它搞阴阳合同、设计合同条款陷阱时已经埋下伏笔，现在从宗庆后公开发表的辞职信中又一次得到了证明。君不见重金雇用保安公司暗中跟踪监视、私下许以重利挖销售人员墙脚等，这些手法都和它聘用公关公司造谣诬蔑、人身攻击如出一辙，其行径之阴险毫无光明正大可言。

"君子喻于义，小人喻于利"，这话也是孔子说的。深思达能的一系列做法，我们发现它的一切行为出发点都是基于极端的自身利益追求，为了自身利益最大化，它甚至可以抛弃一切共同价值和人类关怀。撇开与娃哈哈的纷争不说，看看最近的依云矿泉水，明明中国政府职能部门检查出了问题，它却还是要声明无害人体。循着这个思路再看范易谋对娃哈哈的苛求，为了达能的利益他们想廉价收购娃哈哈而不搞合资企业，并试图私下收买宗庆后，以便不动声色地出卖娃哈哈的员工。说穿了，在达能和范易谋的视野里，只有自己的利益才是至高无上的。而宗庆后及其娃哈哈与达能的根本分歧也是在这里，我始终认为宗庆后的抗争，是娃哈哈群体抗争的体现，是娃哈哈作为一个谋求卓越的品牌与狭隘的私利竞逐的抗争。因此，范易谋所设置的个人攻击圈套，要不就是一种处心积虑的阴谋陷阱，要不就是出于他们自身狭隘的个人利益追求。

"道不同不与谋"，这也是孔子的教导。当一个企业家把企业追求与社会追求相统一时，他所体现的使命感和责任感就远超越了狭隘的利益要求，也许这可以解释为什么宗庆后断然拒绝达能的个人收买和40多亿元的收购请求。因为他更多考虑的是娃哈哈长远发展的品牌利益，以及这个品牌所凝聚的员工利益和社会利益。正是这一点决定了宗庆后必然要和达能分道扬镳，现在也有些人书呆子般地搬出什么契约精神，其实他们忽视了一个核心问题，那就是任何契约作为特定时期的产物都受到了历史的限制，因此，契约的持续不可避免地要求相互平等基础上的调适。娃哈哈因为与达能有着太多的分歧，无法达成最后的平衡，所以宗庆后的做法完全可以理解，因为他符合品牌利益和社会利益，这正是一个具有使命感和责任感的企业家崇高精神价值之所在。

得道多助，失道寡助。现在看来倒是达能很危险，虽然它以为有什么条款法宝，但是它没有道义和正义。而那些条款本身的不合理性同样也给它带来了风险，何况达能本身的行为也具有可疑之处，这就像是如果有人关注一下范易谋的个人问题，略加挖掘肯定能抖出什么猛料一样，达能的阴险也必然留下阴谋的痕迹。如果说当年达能与乐百氏的合资败笔，还可以犹抱琵琶半遮面的搪塞一番，那么这几年它的做派正在受到更多的疑问。何况对于这个巧于资本并购，并不擅长品牌经营的跨国公司来说，一旦失去了对中国踏踏实实企业家们的控制，靠它自己大概很难再支撑多久。在以前的文章里我早就说过，这场战争达能输定了，因为从一开始达能就是在打一场两败俱伤的战争。对于他来说，这场战争最好的结果就是索取巨额赔偿，但是不论怎样它都会因此彻底失去娃哈哈的团队、渠道、企业精神和灵魂。到那时结果也许真和有人预料的一样，达能将遭遇拿破仑当年的厄运，娃哈哈成为它从中国市场消失的滑铁卢。

10 娃哈哈沉重胜利的反思
（2007-12-09）

> 这个夜晚宗庆后依然像当年那样，夜色越深，情绪越高。实际上企业之间的争夺，本质上都是利益争夺。虽然它以法律的面目出现，但商战本质上从来都不是法律战。

这篇文章得从6个月前的2007年6月19日写起。原因是那天晚上应约去见了宗庆后，见面前先是和几个当年的同事碰头，久别相聚问宗庆后近况，说道这些天很疲倦，人显得有点憔悴，听后很是有点感慨。不成想到了公司看见宗庆后依然那样意气风发，一点儿也没有62岁的样子。看他谈笑间仍旧是一副指挥若定的神态，真正是大将风度，应了毛泽东说的那句话："不管风吹浪打，胜似闲庭信步。"我想起自己在一本书的后记中对他的描写："他纵横商场，大气磅礴，充满领袖风范。"过来的路上先前同事杨部长讲，"这次和达能老板有百分之百获胜的信心"，此刻则深信此言不虚。

这天晚上一直到深夜12点半，宗庆后依然像当年那样，夜色越深，情绪越高。我说，有一天我要给他写一本传记，大概只有和宗庆后近距离接触过的人才会真切地认识到他。想起当年出差我和他住在一个房间的情景。那次在北京宗庆后带了几个部长住在首都宾馆，我住在央视的梅地亚，他打电话让我过来住，因为其他部长都有意躲开宗庆后自己住了，我只好和他住在一个房间。现在说来谁也不相信这么大的老板，那时候也是很有钱的公司了，出差在外还要和下属住在一个房间。这还不算，没两天已经离开娃哈哈的孙建荣来了，孙是娃哈哈早期的市场部长，一个在市场中拼杀出来很有实战经验的家伙，他来北京好像也是为娃哈哈奔波。孙起先也住在梅地亚，后来宗庆后觉得他是为娃哈哈做事情，还是不要自己花费住宿吧，就让我打电话找他。原以为孙来了我们俩可以住在一起，正好可以躲开令人敬畏的宗庆后，让他独自享受孤独，没承想孙来了后依然是3个人住一个房间。晚上睡觉的时候，宗独自一张床，我和孙建荣抬一张床垫下来，一个人床上一个人床下。直到几天后分头办事，我和老板住进了钓鱼台国宾馆。不过接待单位安排的还是住在一个房间。记得在钓鱼台住的第二天早晨，宗庆后醒来时已经8点半了，我从食堂给他打了早餐放在那里已经全冷了。这么多年他很少这么迟起床，所以醒来后直说醒得太迟。可能是国宾馆的环境太好了，窗外鸟声啁啾，商场征战哪有这好的休息机会呀。

如今和达能的争夺又到了白刃阶段，他的气概和信心无疑最能鼓舞大家。不过也正是在经历了这天晚上之后，虽然一直关注此事但却基本上没有再写文章。因为那天晚上，娃哈哈决定按照达能的套路奉陪到底，法律的事情交给法律来办，自己的专业并非法律，那么再说三道四似乎显得非常外行了。不过那个晚上在娃哈哈最早的清泰街办公楼，我更加坚定了一条信念：娃哈哈终将获得胜利。在经过了还差10天就整整半年的今天，娃哈哈在对达能的商标诉讼中获胜了，其实对我而言这原本就是一个并无多少悬念的结果。

这半年作为一个对此事关注度很高的人，要做一个冷眼旁观者，确实需要很大的耐心。然而耐心使我有了静观思考的机会，也再次让我审视伴随着这场官司所上演的形形色色的活剧，尤其是达能这个号称尊重法律、重视社会责任的跨国公司，虚伪狡诈蔑视法律的丑恶表演。其实从这场争战开始，这个挥舞着法律大棒的强权掠夺者，包括它所雇用的公关公司，甚至是少数中国知识界、法律界的"砖家"，就一直在玩弄法律。事情进展到中国法律和仲裁机构的判决已经明白无误地宣告了结果，按理说尘埃落定，剩下的应该是达能和娃哈哈坐下来，冷静地探讨如何分家。然而就是这个达能，在中国法院宣判后它还要声明对"中国法律的信心"表示怀疑。

娃哈哈像一个倔强而又自觉的孩子，当大家言必称法律的时候，它迅速回到法律的轨道。然而法律胜利了，达能却仍不罢休，这不仅让我们反思，也许这不仅是一个法律问题，因为达能从来没有把它当作法律问题。从所谓的契约精神，到否定国家商标局的回复函；从躲避中国各地法院传唤，到上演状告国家商标局的闹剧；从斯德哥尔摩仲裁申请，到所谓离岸公司追踪；从法国大使的出面斡旋，到法国总统会见中国国家主席时提出此事……历数一下在这个过程中，达能哪一条是希望通过法律达成双方都满意的结果？把公司之间的利益争夺，引向对中国杰出企业家的人身攻击，甚至雇用非法侦探跟踪；为了混淆视听牟取达能私利，不惜雇用公关公司花费重金收买枪手造谣中伤；一个口口声声打着法律幌子的跨国公司，却无视平等竞争的法律调节和市场调节，搬出所在国政府甚至是总统施加压力，这像是尊重法律吗？

实际上企业之间的争夺，本质上都是利益争夺。这一点宗庆后说得简单明白：它想收购娃哈哈非合资公司，娃哈哈不肯所以它就搞出这一套。显然打着法律幌子的达能所作所为，无非是想用法律迷惑世人，以便在利益分割中捞到更多好处而已。说穿了，在利益之争的天平上，从来就没有什么绝对的道德法理，这一点达能和它的法律打手的内心比谁都清楚。

如今达能和娃哈哈法律战的第一回合娃哈哈胜利了，当然我深信最后的胜利还是娃哈哈。我想提醒的是，这场争战本质上从来都不是法律战，虽然现在以法律的面目出现，但是法律只是利益分割的一种方式。当中国企业在市场竞争中寻求自己的公正时，那些试图简单瓜分的财富掠夺者，为了既得利益必然要用各种方式反抗、挣扎。但是在市场竞争过程中，利益所遵循的就是实力政策。实力来自哪里？来自企业和企业对市场、对社会的尊重，来自它为社会贡献所得到的回报，这就是我断言娃哈哈必将获得最终胜利的前提。

【补记】经过国内外大小29场官司，娃哈哈全部获胜之后，2009年9月30日，双方对外宣布达成和解——达能以30亿元人民币出让其合资公司51%的股权并退出娃哈哈。一个达能以40亿元收购娃哈哈的商业故事，最后以娃哈哈反收购落幕。

第三章

营销无所不在地环绕着我们

置身在商业社会中营销无处不在，不仅有林林总总的产品和品牌，还有各种各样的价值和观念，所以洞察营销和营销传播，应该从我们的身边着眼，从自己作为营销角色的个体出发设身处地思考。营销和营销传播不仅是有形的也是无形的，从思维方法而言，人与之间所形成的所有交换形态，都包含着营销和营销传播的观念。

1 土家烧饼天津包子及营销传播
（2006-05-17）

> 很多产品往往是从炒作开始的，这种炒作在市场开发导入阶段虽然很有效果，但对于市场维护和建立品牌关系却帮助不大，因为后者更强调一种稳定的消费认同。

社区附近的街道上鳞次栉比地排列着各种饭店，有沙县小吃和兰州拉面，以及现在已经没有踪影了的土家烧饼和天津包子。几家小店改换门面几经起伏，从中颇能看出一些市场的真谛。

记得前些年土家烧饼曾经热闹一时，那时候这个打着土家族特色、号称"土得掉渣"的烧饼店，每天门口都有人排队买2元一个的烧饼。走在街上不时会看见妙龄女子、白发老人拿着土家烧饼边走边吃。于是烧饼店开始连锁扩张，2个月下来竟然开张了80余家连锁店。后来土家烧饼渐渐冷落了，在门可罗雀没有人光顾时，曾经买来一个尝尝，吃上去味道有点独特，但是感觉似乎有点怪怪的腻，香味也不太自然，这也许是冷落的原因之一吧。烧饼店像是一阵风吹过，没多久大部分连锁店便关门歇业了。市场就是这样真切，前后不到100天时间，就通过一种MBA式案例教学，给大家上了堂生动的营销和品牌传播课程。无独有偶，就在土家烧饼风光不再的时候，它旁边的一家"天津包子"又慢慢热了起来，于是"天津包子"也开始了它的连锁业务。报纸上也在介绍天津包子，显然这是一种经过策划的媒体公关。一个早晨专门去买包子，买天津包子也要排队，想来现在那些排队买包子的人，大概以前也是烧饼店的主顾吧。这么快就喜新厌旧，可见如今产品或者品牌的生命周期实在是太短了。

由土家烧饼、天津包子想到了市场营销和品牌传播。营销学的经典模式是麦肯锡的4P理论，传统营销从产品开始，任何营销都必须先有个好的产品。这些年市场营销的新把戏、新概念不少，但最耀眼的就是4C了，它在强调需求第一的同时，特别强调传播沟通。似乎土家烧饼、天津包子从产品本身来看都符合这一点，而且他们也十分注意营销传播。小本生意自然没有钱在大众媒体上做广告，但是却很好地运用了公关宣传和人际传播的手段。不少人是看到报纸电视上的鼓吹，以及身边熟人的口口相传才慕名去买的。而小本经营门面本身不大，有这么多人来买，一下子肯定供不应求导致了大家排队，于是有意无意也采用了饥饿销售战术。很多时候市场就是这样被炒作起来的。不过这种炒作在市场开发导入阶段虽然很有效果，但是对于市场维护，也就是现在时髦的品牌关系建设却未必有多大帮助。因为后者更多的是强调一种稳定的消费认同，尤其是像烧饼和包子这样极其简单和容易替代的产品，很难设想有多少人会一如既往地热情下去。这也许就是曾经红火一时的"南方大包"销声匿迹的原因。当年杭州延安路上那个既有传统又有规模的大饭店，为此还申请专利并北上京城扩张，虽然产品还不错，媒体也炒作过，但仍旧没有最终造就一个有生命力的品牌。

原因在哪里？当时媒体记者分析说是烧饼店连锁扩张太快，其实这是只知其一不知其二。前面提到产品生命周期这个概念，产品生命周期越来越短这是当今市场的一个规律，不要说简单的烧饼和包子，就是打着高科技和信息技术的移动电话也是这样。记得多年前摩托罗拉曾在中国移动通信行业独执牛耳，但没多久便被其他品牌超越，被诺基亚远远抛在后面。后来摩托罗拉的老板高尔文，一个极具涵养温文尔雅的绅士，曾在中央电视台讲自己公司的一个重大失误，就是没有看到移动电话的生命周期也很短。《财富》杂志曾推崇诺基亚手机之所以快速发展，原因是现任总裁的创新眼光，曾经在一年之间推出了几十款新手机。所以，市场营销在把握产品概念的同时，还要把握产品创新，借以不断为品牌注入活力元素。而传播也不只是简单的产品信息传达，还是一种与顾客的交流和对彼此关系的维护。炒作固然重要，但更重要的是，在炒作帮助建立知名度和初次购买尝试后，还需要延伸出更进一步的认同，也就是所谓可持续性发展模式。但这一点不论土家烧饼还是天津包子都没有去做，或者是没有开始去做便结束了生命。

　　当然营销失利可以总结出的市场因素有很多，但说到底在一个供过于求的市场格局中，任何产品或者品牌如果想凭借炒作获得成功，这种营销优势只能是暂时的。与前面所讲的几家小店不同的是另外两家小饭店："兰州拉面"和"沙县小吃"。这两家不起眼的小店连锁店似乎也不少，相信很多人都进去过。它们两家虽然没有像土家烧饼和天津包子那样让人慕名竞相排队的风光，但其产品却不像烧饼和包子那样单调，所以在一定程度上可以满足人们日常就餐需要，而不仅是为了新鲜好奇的冲动购买。这两家和前两家很大不同的是，虽然经营模式很统一，但其本身却只是一种松散型的连锁。这就保证了它在控制餐饮标准的同时，有足够的空间给予每个单店发挥自己优势的机会，同时也避免了小店餐饮连锁在管理上的欠缺，以及统一管理所带来的经营风险。民以食为天，其实餐饮业作为一个行业而言，原本是最少风险的行业，大多数情况下都是现金交易、资金回收快，每日采购又减少了仓储和资金沉淀风险，它最大的成本压力也就是房租和装修。所以对于餐饮经营，不论是大酒店还是小餐馆，其秘诀在于培养忠实顾客的同时，借助人际传播保持营销生命力。兰州拉面和沙县小吃以自己的特色坚持下来，虽然在街上的小餐馆中，它未必是最火的，但始终是顾客不断。这也许透露出市场营销和品牌传播的真谛，大到跨国经营的全球品牌，小到烧饼包子，营销传播的本质是没有区别的。

2 国际营销学界的八荣八耻

（2006-05-23）

> 营销理论界无聊的事情真不少，搞出几个问题稍微提炼一下，最好再弄几个首字母相同的词汇，折腾一下就号称一个法则。现实中，千万不要迷信这些字母游戏。

大师之所以是大师，很大程度上就是因为他们能够超越凡俗，对普遍性具有更高的把握。与此同时，再将这种把握能力通过一种极大的概括力加以体现，那可就十分了不得了。倘若能够再进一步，把这种能力转化为一种引导人类思想和行为的基本法则，那必是圣贤无疑。古往今来真正有此能力的当然不多，不论何人一旦拥有此种能力，也就必然同时拥有了指导群伦之风范。政治家、军事家、思想家概不例外，孔子是这样的，秦始皇是这样的，恺撒是这样的，牛顿也是这样的。巨人之所以是巨人，就在于他们具有常人不及的超越之处。

讲一个突如其来的专业联想。营销学上的问题免不了要谈到什么 4P，4C，记得有一次讲整合营销传播时提到了 5R，但歧义也就出在这个 5R 上面。我谈的是科罗拉多大学汤姆·邓肯的那个 5R，说的是整合营销传播系统中消费者与品牌的互馈模式：消费者寻求追索（Rcource）、认可（Recognition）和响应（Responsiveness），公司则为了强化（Reinforce）消费者支持，必须采取尊重（Respect）的态度展开对话。不曾想西北大学丹·舒尔茨在他的著作中也提了个取代 4C 的 5R 模式：相关性（Relevance）、接受度（Receptivity）、响应力（Response）、识别度（Recognition）和关系（Relationship）。因为两个 5R 有所不同，于是便有爱好整合理论的学生问我怎么一回事，当然我也不知道是怎么一回事，便扯开说是邓肯和舒尔茨似乎在较劲儿，大概美国人也跟咱们中国人一样互相不服气暗中较劲儿。难怪美国整合营销传播研究有"西大学派"和"科大学派"，看两位大师的著作，互相引用的可是很少很少的。

这种事情在营销学界也不少见，有时候觉得外国人也挺幼稚。提出一个观点为了所谓模式化，硬是要搞得很约略的样子，这点连被誉为营销之父的科特勒也不例外。就说当年麦肯锡提出4P之后，随着市场营销变化科特勒曾想有所弥补，但搞来搞去还是5P，6P，甚至10P，结果仍旧没有超越这个"P"，感觉就像是掉进了"P"陷阱，直到后来4C模式提出。学术权威们喜欢搞几个字母，为的是概念化、模式化以便更有理论性。

现在看来这似乎是世界性通病。说来营销理论界无聊的事情真不少，搞出几个问题稍微提炼一下，最好再弄几个首字母相同的词汇，折腾一下就号称一个法则。记得我曾经给企业咨询，告诫那些已经有所成就的企业老板："一个人能够成功必有其超越之处，企业能够做到现在的水平肯定有你自己独特的竞争优势。千万不要轻易相信那些咨询公司的鬼话，什么流程再造，什么价值重构。东方通信和乐百氏可都是花了几千万元请他们作规划的，结果谁规划谁见鬼。"后来在使里斯和特劳特成为营销大师的《定位》一书里也看到了这个意思，他们说的是企业竞争的陷阱："忘记了使他们成功的根本（Forget what made them successful.）。"这两位因为"定位"理论而声名鹊起，不过这里他们也玩起了字母游戏，这个表述硬是被称作"FWMTS规则"。

不管货色怎么样，我想说的是，千万不要迷信这些字母游戏。其实市场营销的最高法则根本没有那么复杂，现在看来最有价值的也就是4P和4C，万变不离其宗。还是那句话，大师之所以是大师，就在于他的浓缩更加具有普遍意义，现在流行叫普适性，这点可不是泛泛之辈轻易能得到的。

3 蓝海、定位及疯狂的石头

（2006-11-03）

所谓蓝海战略其实并不能说是一种横空出世的绝伦之思。尽管"蓝海"的作者认为它是对以往战略理论的超越，但是我们在它身上仍旧可以看到以往理论的延伸。

看过电影《疯狂的石头》，见有读者博客留言问及："'蓝海'的核心与定位的核心有何区别？我个人觉得'蓝海'的构想局限性很大（适用范围很窄）而且似乎是定位的另一称谓。"对于这个问题，我是这样回答的：

定位是 20 世纪 70 年代以后由两个年轻广告人艾尔·里斯和杰克·特劳特率先提出的一种广告策划观念。定位观念的核心观点是，对于一个产品来讲最重要的是产品在消费者心目中处于什么样的竞争地位，而广告的主要任务就是完成产品在消费者心目中的地位塑造。它所强调的是把握消费者的心理需求空间，着力打造出相应的产品或者品牌特征，并使之在消费者的心理版图上占有突出地位。定位观点确立的背景是，在当今这个传播和信息泛滥的时代，公司太多、产品太多、品牌太多，市场上的干扰和噪音也太多，因此，一个产品或者品牌如果要想取得市场认同，最重要的就是在人们头脑中确定它的位置。而进入头脑最容易的办法就是争做第一，如果当不了第一，你就得针对已经成为第一的对象（包括产品、政客和人等）来给自己定位。这是因为，在我们这个传播过剩的社会，人们已经学会了在头脑中的小阶梯上给所有商品打分排级，如果一个商品或者品牌能够进入这个头脑阶梯并占有位置，那么就可能得到注意。显然，最早提出定位虽然是基于产品，但却不是要产品有所改变，而是要改变人们对产品的认识。

相对于定位而言，由 W. 钱·金和勒妮·莫博涅提出的蓝海战略，则是一种基于现代营销背景下的战略管理模式。蓝海战略的思维基点是价值创新，它认为企业战略的侧重点应该是摆脱与现有对手的竞争，努力寻找为顾客和企业自身带来新价值的途径。找到了新的价值实现途径，也就意味着开辟了新的市场空间，这就是"蓝海"。所以蓝海战略提出了许多富有启发的思想，它要求抛弃现有成见重新界定市场边界，从以往红海竞争的认识局限中脱身，甚至是超越狭隘的需求细分，最终合乎情理地制定自己的战略。当然，实施蓝海战略也必然涉及组织创新和一系列的协调问题。

这样说似乎"蓝海"还是很抽象，倒是想起了《疯狂的石头》。这部小制作电影据说成本只有 200 多万元，但是上映后所获得的"疯狂的炒作"一点不亚于张艺谋、陈凯歌动辄数以亿计的鸿篇巨制。媒体和娱乐界对"石头"的成功，极尽褒扬和赞赏，搞得你不看以为真是吃亏似的。看了之后想想也就是这样呀。当然考虑到 200 万元带给观众的欢乐程度，比之上亿元没有多大差异，于是大家还是很能体会出它的成功所在。据说买下这部片子的刘德华公司，票房收入已经超过 1 200 万元。看来这部片子真的很能体现"价值""创新"这两个基本元素。在一定意义上，"石头"确乎是对电影市场边界的重新审视，根据消费者最宽泛的娱乐需求合情合理地获得了成功。它知道观众喜欢幽默，但是没有走《天下无贼》的明星戏；它知道观众喜欢视觉刺激，但没有玩大片的华丽场景，结果降低了成本却同样获得了收益。说穿了"石头"的"蓝海"，就是颠覆了张艺谋、陈凯歌以及冯小刚们所制定的电影市场红海法则，对电影制作的投入产出比做了一个重新设置。

回过头看蓝海战略的提出，其实并不能说是一种横空出世的绝伦之思。尽管"蓝海"的作者认为它是对以往战略理论的超越，但是我们在它身上仍旧可以看到以往理论的延伸。定位当然也在其中。不过也无须讳言，相对于定位而言，"蓝海"的模式局限就像作者指出波特、科林斯等人理论的局限一样。事实上，任何一种理论都有它一定的适用性，也有它一定的局限性，而理论和理论之间的承继也是以正反形态相互并存的。

4 卖书和当年的营销记忆（2007-02-10）

> 新书推出没有及时实施市场占位，而先前的书已经无法和后来的同类产品竞争，其品牌效应很可能就会削减，别人就很可能替代你，久而久之先前的基础也会失去。

书一向被称作是一种精神食粮，所以过不多久就要去书店。去书店或者买回一些自己喜欢的书，或者即便不买也把书架上的书翻翻，走马观花，浏览一番。突然想很多时候都在感叹书太贵，其实比起我们往日呼朋唤友饮酒吃饭的花销来，这精神食粮的开销实际上算不了什么。如果从成本收效或者投入产出比上来说，应该是很有效益的。其实人对书的需要，或者说书给人带来的长远好处，肯定要远大于大家海吃一通。当然这说的是好书，好书就好像营养好、口味好、包装好的食品，只要好自然会受到青睐。在营销类陈列架上看品牌方面的书，真是汗牛充栋，但能够自有新意的却很少，这有点让人失望，自然便打消了要买品牌书的念头。于是联想到书的销售，都说如今书太多就好像产品过剩，其实书多并不意味着好书的比例在上升。

有本讲打造畅销书的书，提到书籍成功的元素，按照调查结果罗列了 10 个理由，编辑和书商两方面的评价并不完全一致。但是两者之间却不约而同地有一个明显靠前的元素，这就是"作者上本书成功"。从营销的角度看，这就是品牌效应。可以说在一定程度上，一本成功的书为作者建立了相应的品牌认同，也造就了相应的传播效应和读者忠诚。自然而然想到了自己写的书，想起第一部书稿出版的艰难，但是所幸出版后获得了成功，于是后面的书也有所得益。不过不满的是，第一本书在经过 5 年之后才修订重版，只是这部书重版半年多，书店里却迟迟不见踪影，原因是出版社的营销人员为了把库存的一点旧书卖掉，迟迟没有把新版推向市场。其实这些出版社的营销人员正在犯一个简单的营销错误：他们也许并不清楚产品生命周期理论，不知道那本6年前的书稿宛然一个落伍的产品，没有再一次赋予它创新元素必然要失去本来已经建立的消费倾向。而新版的书如果不进行推广，想单凭自然销售，其结果也未必乐观。

　　联想到10多年前的营销经历。那时候大家去卖娃哈哈，品牌声誉和市场网络远不如今天。每去一个地方开拓市场，常常是先和媒体谈好广告。谈广告也很有技巧，合同不是签1个月而是签1年，这样可以压低广告价格。所以广告合同上常常是"全年播出30秒广告1 000次，播出时间按照厂方播出计划"，这是为了掌握主动权，根据产品推出时间安排广告；同时也要求1个30秒可以换算为2个15秒，这一转换可是大占便宜。至于付款则是"广告播出后凭播出单办理托收"。然后拿着广告合同再去找经销商，老板规定不能只找一个，要2个或3个，免得经销商制约你。广告播了、经销商好了，再看货有没有铺好。为了促销，一帮营销人员住在宾馆里，不但要自己动手策划广告写文案，而且还时常要搞一本电话号码簿，给商场打电话，装模作样地说想买广告上的娃哈哈，问有没有货。三下两下市场就这么打开了。当然这只是小把戏，其间的营销招数远非这些。后来我也曾经把这种招数改头换面，看见书店里自己的书卖完了，便向营业员说需要这书，于是书店便会及时补货。只是想来这个大学出版社卖书的，似乎市场意识还是不够，比如我的前一本新版书没有想到要做"市场占位"。新书出来没有及时实施市场占位，而先前的书已经无法和后来的同类产品竞争，那么你的品牌效应很可能就会削减，别人就很可能替代你，久而久之先前的基础也会失去。

5 定位大师对话中国企业的歧义（2007-11-26）

> 定位只是一种发现而不是发明，它的提出不过是理论化过程而已。当特劳特试图用他的理论说服中国企业时，他并没有意识到定位在实质上已经超越了简单的商业范畴。

中央电视台《对话》栏目请著名的定位理论创立者杰克·特劳特与中国企业家对话，参加对话的有格兰仕常务副总俞尧昌等和一些咨询界人士。印象比较深的是，在这次"对话"中，有关格兰仕企业品牌的讨论中特劳特与俞尧昌的不同看法。仔细想来，这种认知分歧其实就是双方对定位的理解歧义。其实，定位本身是一种非常具有超越性的观念，虽然这个概念最先是由艾尔·里斯和杰克·特劳特一起提出来的，但是经过30多年的发展，这个观念早已超越了他们最初的概念限定。因此，即便他们本人在使用这些概念时，也面临着对理论延伸和应用现实的适应。

我始终认为，人世间的道理都是相通的，定位本身只是一种发现而不是一种发明，它的提出只不过是理论化过程而已。这点几乎不需更多的说明便可以证实，谁能说罗斯·瑞夫斯的USP理论、大卫·奥格威的品牌形象理论没有定位意识？谁能说早在定位理论提出之前，威廉·伯恩巴哈所做的那些广告，诸如"我们只是第二"（Avis is only No. 2 in rent a cars. So why go with us?）以及"想想还是小的好"（Think small），不是定位方法的巧妙运用？也许正是这个原因，曾经因创作著名的"牛哥"广告而与杰克·特劳特合作过的乔治·路易斯，这位被称作是麦迪逊大道极具叛逆精神的广告奇才，才会在其所著《蔚蓝诡计》中，以貌似不恭的口吻不屑地调侃道："定位是个屁！"他认为："定位的道理非常浅白，就像上厕所前，一定要把拉链拉开一样。"早在"1950年晚期，在DDB服务期间，有才华的人能在公司成就他们既有创意又能攻陷敌人阵地的作品，其实那时定位及策略就几乎是无意识地被百分之百地认为是创作过程的第一步"。

事实上，37年前"定位"被正式作为一种理论观念提出来之后，当时并没有很快得到风行，真正使之大畅其风的还是接近20年后。究其原因无非是因为市场环境发生变化之后，定位成为市场细分化背景下的最为有效的营销方法。大概定位最大的好处便是有利于实现差异化，而这个创造"差异化"，说到底又与品牌形象的追求大同小异。2004年，我在所著的广告书中谈及"定位"时有过这样一段论述："广告观念的演进是一个不断发展和丰富的过程，每一种新的观念都是对过去观念的总结和继承，在此基础上有所扬弃。任何一种新观念的产生，都不是突如其来的，而是在渐进过程中逐步明晰化。之所以这种观念在明晰之际特别具有爆发力，很重要的一个原因，就是催生这种观念的基本动因成为外在环境的主导力量，在此背景下，这种观念就具有对环境的最大适应性。"但是特劳特显然并没有意识到这一点，虽然他们早在那个时期就意识到定位甚至超越了商业的界限。

再回到特劳特与俞尧昌的不同观点。俞尧昌说："应该说定位理论在某些方面对我们企业有相当的帮助。"但是在谈到格兰仕进军空调领域时，大师和企业家发生了观念交锋。特劳特认为，空调不应该再用"格兰仕"品牌名称，俞尧昌显然对此并不认同。俞尧昌不完全同意定位建议，只能说明这个善于价格战的市场"杀手"缺少理论思考，他还没有理解格兰仕的成功根本上就是"价格定位"的成功，因为低价形成了"总成本领先"，这才使得它成为消费者心理上的微波炉第一品牌。于是格兰仕以这种方法切入空调行业，但是并没有获得显著效果，归根结底是因为它无法在空调行业真正完成"价格定位"，所以微波炉的定位优势就不能得到有效延伸。糟糕的是我们的定位大师，虽然执着于"所有的企业都应该采用定位理论"，但他对格兰仕现象的解释却拘泥于品牌命名，其实品牌命名不过是定位过程中最低级的外显手段而已。中国企业由于缺少资本积累，所以从市场进入成本考虑，往往喜欢在扩张产品链时采取简单的品牌延伸，这点本身就不能一概而论，但是由于特劳特拘泥于"格兰仕"微波炉品牌运用于空调的影响，所以他无法说服俞尧昌。实际上不仅是俞尧昌，很多中国人都很难理解，为什么微波炉用"格兰仕"品牌，换了空调就一定要改一个品牌？西门子、松下这些国际品牌权且不说，即便中国的家电品牌——海尔做电冰箱的不是照样也做空调吗？做电风扇起家的"美的"现在不也成了空调第一吗？说来说去俞尧昌和特劳特都没有弄明白，格兰仕的定位本质上并不是品牌名称定位，而是微波炉"低价"所达成的世界第一定位。

当年读里斯和特劳特的《定位》，最为疑惑的就是他们关于"品牌延伸的陷阱"部分的论述，总感觉说得并不到位，这次特劳特的对话无疑也是反映了其认识的局限。美国营销学会评选有史以来对美国营销影响最大的观念是"定位"理论，看上去这个评选结果似乎有点令人吃惊，但是如果脱离简单的营销理论框架，从市场变革和社会思潮发展中审视一种观念对市场营销及人的行为的影响，那么"定位"可以说当之无愧。确实，自从定位被提出以来，已经逐渐超越了最初的广告和营销领域，它甚至成为一种哲学理念和社会行为模式。广告历来被当作一种世俗的功利诉求，充满了物质主义色彩，与柏拉图以来的那个玄妙的形而上哲学境界判若两个世界。然而对于人类而言，广告本身却不无价值，所以广告观念的发展也具有哲学意义上的突破。也许就广告在哲学意义上的贡献而言，定位理论是广告学对人类思想和行为模式的一个巨大贡献。

6 预言史玉柱引发人生原点思索

（2007-12-17）

> 每个人在其生命和追求过程中，不论是否意识到，实际上都在经历一场宿命般的回归，无论身在何处抑或思在何方，都是由"原点"出发最终回溯原点。史玉柱的经营轨迹，就是对心结的回归。

多年前，史玉柱是我很推崇的企业家，他经营的巨人脑黄金和巨人大厦的轰然倒塌，引起了我对这个时年35岁的年轻企业家的关注，直到几年后脑白金重新崛起，这个传奇英雄又回到了舞台的中央。在给研究生班上课时讲，隐约有种感觉，从最初的巨人高科到脑黄金，从复出的脑白金到巨人网络，史玉柱正在宿命般地进行着一次"回归原点"。于是我提出在今天当史玉柱手上的个人金融财产已达200亿元，在中国没有一个民营企业有如此多的现金或现金等价物，这甚至比他参股的这家全国性华夏银行的净资产还要高出近四成的时候，我们不妨为这个创业英雄再作一次预言。

谈起史玉柱回归，突然生出一个感叹：每个人无论怎么想实际上都是在经历一场宿命般的回归。人生活在一个三维的空间中，无论身处何处抑或思在何方，都要由一个"原点"出发。当你遇到挫折的时候，你可以选择继续前进，也可以选择回到"原点"，因为"原点"可能是你最安全的地方，是你的避风港。而"原点"对很多人来说，实际上是一个"心结"——不知道和弗洛伊德的那个"情结"有没有什么共同点——"原点"作为心结具有一种宿命般的引力，就像是太阳对地球、地球对月亮的引力。即便你再向外发射,最后还需要一种回归。

小时候看一本书上介绍说,在东北荒山野岭中有一种动物好像叫作"罕达犴",猎人捕杀它的时候往往第一枪很难命中,但这个奇怪的动物在脱离危险后,不知为什么总要回到第一声枪响惊跑它的地方看个究竟,就在它回来的时候,静候着的猎人不慌不忙地瞄准射击,于是罕达犴宿命般地死在了它的"原点"。同样的事情还有很多,比如,大海的入海口有种鱼,从其出生就开始一种使命,要溯流而上回归大江源头,穷其一生都在逆流而上,回到了源头其生命也就终结了。不知道这是不是也是一种回归"原点"?"原点"也就是"圆点",世间万物相对于宇宙来说都可以简化为一个圆点,无论你怎么挣扎,也终逃不出圆点的宿命,因为相对于宇宙人简直是太渺小了。

回来说史玉柱。总感觉史玉柱有一种无法了却的"心结",那就是对"原点"的回归与确认。巨人软件—巨人网络,脑黄金—脑白金,这中间什么键特生物科技、什么参股华夏银行、什么黄金搭档,这些都不过是他回归原点的一种手段。他的"原点"是什么?当然并不是保健品营销,也不是网络这个行业,至于"巨人""黄金"命名则只是一种符号而已,象征着对原点的标志性确认。从这个意义上说,史玉柱回归"原点"所包含的就是"心结",就像是短信段子所展示的哲理一般:人生于床死于床,欲生欲死还在床。人生的原点宿命相伴与生俱来,人生的目的其实都是围绕着这个原点,你所做的一切无非都是在证明这个原点,辉煌沉沦、波峰浪谷最终都需要回到原点。史玉柱当然也摆脱不了心结,同样需要证明这个原点。正因为这样,我在课堂上又一次对史玉柱做了个预言:他的目的绝对不会是网游甚至是网络,他要做的就是通过财富和成功证明自己的"原点",所以哪怕有一天他退出这个领域另觅新境,我们也一点都不觉得奇怪。因为就像是寻找源头的鱼,他要不断地寻找原点。

7 "病毒"营销、火炬传递与汶川地震

（2008-05-26）

> 网络和手机是病毒营销最便捷有效的工具，其传播力远超越了传统传播的范围和力度。病毒营销中如何有效地设计或把控网络和手机信息，是一件很有价值也很艰难的工作。

进入2008年便进入了一个多事的季节，几乎每件事情的发生都举国关注，百姓广泛参与程度空前。一个在网络和手机上广为流传的段子是："好好过个年吧闹雪灾了；好好上个网吧艳照门了；好好传递火炬吧遇'藏独'了；发展农村医疗吧发手足口病了；买点股票吧大小非减持了；坐火车吧还出轨了；在家待着吧又大地震了。"中国人在2008年几乎前所未有地把自己的感情和关注，与这个国家所发生的大事紧紧联系。究其原因，一方面是因为事关重大，另一方面也是因为这个时代的媒体变化，在一定意义上打破了昔日的大众媒体霸权，芸芸众生有了更多的自我表达空间。各种信息和大众关注的话题，通过网络和手机得以实现更具影响的传播。信息思想的传播本身也是一种营销，而这种借助于网络口碑效应的急速扩展，就是"病毒"营销。

"病毒"听上去是一个很可怕的词，正常情况下人们对之唯恐避之不及，但是"病毒"营销却是一个新的概念，望文生义便可以感觉到它指的是营销信息像病毒一般大量复制型传播。在这里，营销

又一次突出体现它对信息传播的极大依赖。可以说"病毒"营销不仅带来了营销方式的变化，而且带来了营销观念的更新。维基百科所做的解释是：病毒营销是一种市场营销技巧，通过预先存在的社会网络，借鉴类似电脑"病毒"的自我复制和蔓延肌理，从而增加品牌知名度或达到其他营销目标。可见，"病毒"营销就在于它可以通过互联网等网络手段以口碑传播的方式，使信息像病毒一样传播扩散。这里有一个非常重要的特点是，公众可以把信息进行廉价复制，并快速传向数以千计、数以百万计的受众。

如果要讲活生生的例子，那么这个多事的2008年，很多热门都是通过病毒营销的方式实施的。最为明显的就是年初的艳照门，以及随后的"藏独"和火炬传递事件，乃至于正在进行时中的汶川地震灾难。艳照门虽然不是什么很光彩的事情，也没有什么明显的利益诉求，但是传播者却把握了网络特点实施"病毒"营销，以至于虽然政府和法律部门禁止，它仍然传播甚广。而火炬传递中所出现的问题，更加折射了"病毒"营销的价值，这主要体现在中国年轻一代，尤其是海外青年学生运用网络这个开放平台，对西方主流媒体乃至西方国家的信息斗争上。表达中国人爱国热情的信息和对事实的本来还原，经过大规模的网络复制在互联网世界迅速流传，最终在与西方主流媒体的舆论交锋中获得了草根性的胜利，这些无疑都是"病毒"营销的生动案例。相对而言，汶川地震虽然有所不同，政府在第一时间实施信息公开，这在一定程度上降低了网络和手机"病毒"营销的程度，但是有关地震的各种信息还是在"病毒"营销链中不断地延伸。最著名的就是关于捐款的网络议论、对赈灾过程中一些不和谐声音的质疑，等等，都可见"病毒"营销的力量。一个小女孩为了提供直升机的降落点，通过QQ的数十万个传递节点，竟很快把这个消息传达到决策层。在这里，"病毒"营销不仅体现出网络快速复制的特性，而且实现了对单一信息有目的地迅速传递。

显然，网络和手机是实施"病毒"营销最为便捷有效的工具，通过这个工具所实现的营销传播远超越了传统传播的范围和力度。从营销传播的角度看，"病毒"营销至少有几大好处：第一，有力拓展了营销传播空间；第二，实现对营销传播终端的积极占领；第三，降低了营销传播成本。好处显而易见,这样一来,这种形式无疑是新媒体时代实现营销追求的重要方式。当然,头疼的事情也在所难免,与这种新的营销传播方式相伴随的也有它的难以把控性。有一点就是,如何进行"病毒"营销的信息设计,这一点相当重要。如今电子商务大多偏重技术平台和物流及支付方式,很少有人重视电子商务中的信息流,其实是否实现营销很大程度上取决于信息传递。比如,"病毒"营销中,如果没有很好的信息策划,则无法实现信息的自觉复制和"病毒"性传播。这样一来,咱们的专业就显得很有意义了,因为它给电子商务和"病毒"营销注入了生动的信息价值。另外一点必须注意的是,"病毒"营销作为一种不可控的营销传播方式,有时候很难保证其在传播复制中不会遭到信息歪曲,而从社会角度看这种歪曲有时候甚至会反过来成为一种营销障碍和压力。比如,大地震发生后救灾捐款纷纷不断,一个关于阿里巴巴的马云只捐款1元的消息在网上广为流传,一时间莫辨雌黄。马云解释再三还是无效,最后拿出2 500万元捐款证明才渐渐平息议论。万科的王石更加具有实证性,捐出200万元受到责难之后又宣称捐出1亿元免费参与重建,还是要受到各种怀疑。其实不管马云也好王石也好,捐款只是他们和他们企业自己的事情,但是由于网络"病毒"式的营销传播,使之成为一种社会性的压力,这在一定意义上也许违背了其原始的捐款初衷。这些都提醒我们,在运用网络或者手机"病毒"营销时,如何有效地设计信息,或者对信息实现良好的把控,是一件很有价值也很艰难的工作。

8 企业战略要走出大而无当的玄虚

(2008-07-16)

> 所谓"百年战略"完全是一种谎言,做企业不要迷信那些著名的咨询公司和咨询专家。一个企业能够获得成功,总有它的特别之处,而这些特别之处也就是你的竞争优势。

报载某著名宣讲师受邀在浙江大学经济学院的MBA高级研修班上讲战略管理,当然侃侃而谈不乏真知灼见。浏览之下,记住了两件事情:一件是说某保险公司1997年前后花"4 000万元买了四个字,却是很有价值的四个字,而不是夸夸其谈和纸上谈兵,企业总体战略的价值就在这里"。这四个字据说是"寿险华东"。另一件是其忠告企业家:"一个企业如果想做大,至少要想好几十年,甚至上百年的战略规划。"读罢这段报道,想象到那种指点战略的气概,大约还是很有忽悠性的,心有所感一吐为快。

且不说这家保险公司的战略构想如何,单单是在1997年前后花了4 000万元,得到了这么一个寻常专业人士用脚趾头就可以想出来的发展定位,假如这是真实的事情,那只能证明这家保险公司的愚钝。中国保险业进军寿险早在20世纪90年代前期已经十分明确了,诸如平安保险这时候早就以自己的成功为大家做了典范,这时候还花大价钱求这几个字,除了证明自己缺乏市场眼光之外,再就是显示保险公司的钱来得轻松花得随意。其实中国企业找国外著名咨询公司作顾问搞流程再造、玩战略定位,那些国外咨询公司看着中国公司容易忽悠，也就狮子大开口，最后大多数情况下中国人都难免花一些冤枉钱，至少是完事后觉得很没有性价比。有两个企业的案例就很能说明问题：一个是如今几乎销声匿迹的乐百氏，还有一个是辉煌之后归于沉寂的东方通信。乐百氏在1998年花了1 200万元，请以战略咨询著名的麦肯锡公司为之规划，麦肯锡派了6位专家常驻乐百氏，办公室就设在乐百氏的老板何伯权对面，半年后提交了一份300页的报告，何伯权看了报告踌躇满志地说，这1 200万元的投入很值得。有趣的是大约只过了一年多的时间，按照报告路子勇往直前的乐百氏，在和娃哈哈的竞争中节节败退，最后不得已只好把97%的股权卖给了法国达能；又过了一年多，何伯权等人因经营失利，不得不离开了乐百氏，直到今天，乐百氏一蹶不振。杭州的东方通信也是这样，这是个我曾经比较熟悉的企业。自己作广告公司时，就为东方通信策划并执行过公关宣传。这个企业在20世纪90年代中期成了中国信息产业的明星，尤其是移动通信在国内堪称老大。那时候它的领导人施继兴在中国国有企业中是少有的杰出企业家，后来在中国普天的强势之下，老施被迫下课了。大约在2001年的时候，东方通信决定请著名的安达信来做咨询，据说东方通信本来是要请麦肯锡做的，但是由于麦肯锡当年的计划已经排满了，所以请了安达信。那时候虽然东方通信已经开始露出疲惫的端倪，但作为杭州第一个销售达到100亿元的企业，在中国通信制造行业独执牛耳，财大气粗，一出手就是3 000万元的咨询费。不管咨询结果如何，事实是自那以后东方通信就渐渐地江河日下，昔日的辉煌一点点地黯淡，直到最后在证券市场上沦落为ST股票。

我曾经对浙江慈溪的宁波兴业集团老板胡长源讲，不要迷信那些著名的咨询公司和咨询专家。大约1997年初，我接手兴业集团的CIS规划业务，我以为其中最重要的是MI和BI。第一次与胡长源接触，长谈几个小时直到深夜。其时兴业集团年销售额大约是6亿元左右，这在中国铜业中处于行业第三位。胡长源初中文化，从乡镇作坊起家一步步壮大，那时候已经算是很成功了。交流中我对他说："一个企业能够获得成功，总有它的特别之处，而这些特别之处也就是你的竞争优势。"后来在为兴业集团干部讲课时，很诚恳地说：其实我们所要做的工作谈不上是搞什么创造，因为在这之前我们并不了解这个行业和这个企业。而且在座诸位也没有人比胡董事长更加了解这个企业,所以我们的工作其实就是对公司的各种规制加以考察和总结,在此基础上去粗取精、探索规律、形成规范。这一步完成了,我们也就找到了兴业集团竞争取胜的根本之道。这一点直到今天仍旧是我保持不变的信念,也是我长期以来对那些模式化规划不敢苟同的思维基础。

至于说到所谓"要想好几十年,甚至上百年的战略规划"云云,这更是一个毫无科学依据的伪命题。且不说我们都没有活到百年,无法观察百年企业变迁,今天的中国企业几乎没有什么百年企业,更何况活跃的企业绝不是什么百年战略的产物。学院式思辨也许没有意义,看看国外的事实和研究结果也许不无启发。大家可以自己检索资料,就比如在 20 世纪 50 个著名的汽车品牌中,今天依然坚持销售的大概不到十家了;在美国 1990 年公布的 10 大产业集团中,现在依然能够维持自己地位的,大概只有一两家。我们的战略管理研究专家也许没有注意,詹姆斯·科林斯和杰里·波拉斯在他们的伟大著作《基业长青》中所做的第一个研究结论就是:卓越的公司并不是一开始就建立了"伟大的构想","靠伟大构想创立公司可能是一个馊主意。高瞻远瞩的公司在创业时,没有几家拥有伟大的构想。事实上,有些公司创业时根本没有特定构想,也有几家一开始就错误连连。"可见伟大的公司并不是一开始就建立了伟大的战略,它们的成功也许很大意义上是在于不断根据变化调整战略。随便举一个大家都知道的例子,来自芬兰的通信行业巨人诺基亚是造纸起家的,后来又合并芬兰橡胶厂做过高皮套鞋和轮胎,再后来才与制造电力电话电缆的芬兰电缆厂合并,与电讯搭上边。难道早在 100 多年前,它的创立者就想到这个战略了吗?事实上能够存活 100 年的公司并不多,即便存活了百年,大多数公司在这期间都发生了本质性的改变,能够像可口可乐和百事可乐那样保持本色的真是鲜乎其微。搞战略管理的应该知道,任何公司都有它的生命周期,战略也是伴随着这种生命周期而"导入—成长—成熟—衰退"的。

哈佛商学院的约翰·文图拉教授,以研究企业发展和危机而享誉企业界。在对 61 209 家失败企业研究之后,他得出一个数据:有 50.7% 左右的企业寿命最多只能够持续 5 年的时间;而持续 10 年以上的只有24.7%。引用这个数据，我只是想说，百年企业是一个美好的理想，但是如果把百年企业寄托在开始就建立一个"伟大战略"之上，那是很不现实的。所以对于战略管理研究专家的断言，我不知该称之为忠告还是称之为忽悠。人无百年尚求百年战略，那何不索性求一个千年战略更加省事。还是毛泽东的词说得好："多少事，从来急。天地转，光阴迫。一万年太久，只争朝夕。"行文末了反思战略管理学家的高论，突然想到了《庄子》中的一段话："吾闻言于接舆，大而无当，往而不反。吾惊怖其言，犹河汉而无极也，大有径庭，不近人情焉。"

9 读书写书以及出版的博弈平衡

(2009-10-12)

"他们讲的问题我都解决了,我没有解决的问题他们也都解决不了"。你要想使自己的书有市场,就必须有意识地去营销它,这就像建立品牌、实施定位和推广那样。

《品牌营销》大概是我写作周期最长,而出版周期最短的一本书。从与出版社签订合同到完成将近3年才写出来,而从交稿到正式出版却只用了2个月时间。这与第一本书出版时候的情形,似乎正好形成了相反的对照。因此也想到这些年写书、出书的一些趣事,从中正可折射出读书人读书、写书、出书这个过程中的酸辛,以及图书营销中的博弈平衡。

写作第一本书的时候,还处在所谓"下海"的状态中,因为脚踏两只船,考虑到学校里的要求,就想结合专业和自己的实践体会写本有特色的专业著作。那本书的"后记"上讲自己写作前后用了5个月时间,实际上那部27万字的广告著作,真正开始动笔写作到完稿只有3个多月时间。我是那种决定了做事情就很投入并不拖拉的人,所以尽管当时还经营着广告公司,却基本上不去打理业务,专心每天爬格子。书写好后,当时的杭州大学新闻与传播学院老院长,也是我本科时候的老师委婉地告诫我,不要说只用了3个月。我明白他的意思,你说写得快人家会怀疑你在粗制滥造。于是便把后记上的3个月改作5个月了。书写好后没多久四校合并,我们的杭州大学出版社也并入浙江大学出版社了,新的浙大出版社吞吞吐吐不承认原来杭大出版社的口头协议。新社长是一个比较自信的学工科的老太太,比较严苛,似乎对我的书是否好销还有怀疑。于是算盘打得鬼精的出版社问我是否可以包销1 000册,我一口回绝了包销,表示宁可不出。拖了很久,当然其中也有周折,那本书最终是在交稿之后将近两年才得以付梓。有趣的是书出版时,先前写的后记所署时间是1999年中秋,责编说为显得不过时,时间要往后写。于是便把后记所署的写作时间改为2000年。好在这部书稿出版之后各方反响不错,销路也比较好。有一次责编和我讨论为什么这本书卖得还不错,认为是与我提出在书上介绍作者有关。我想这大概是一个原因吧,我在娃哈哈负责广告和营销的经历,以及自己创办广告公司的实践,使这部书稿比之于一般的同类著作,更多了一些亲身体悟。后来也有其他教师说,是因为这本书的文字驾驭能力比较老练等。我想这些原因大概都有。这部书后来连续多次印刷,也曾经收到过一些读者来信,大都是一些经营广告公司的小老板。2006年,此书重新修订再版,再版后又印刷了几次,欣慰的是这本书现在还有市场。

因为第一部书的影响,陆续有几家出版社主动约稿了,好在那时候渐渐把兴趣转向专业写作,而且似乎也有资格向出版社提条件了。就书稿出版方面提一些自己的要求,虽然不是什么不合理的要求但在过去无法想象。现在想来得庆幸第一本书打响了,才有了后面的书稿出版的顺利和出版社的关注。

这些年来很少去参加各种名目繁多的所谓学术会议,现在想来疏于参加会议大概有两个原因:一个是会议上面的绝大部分论文实在很少有什么闪光点,记得多年前读研究生时,跟著名词学家吴熊和教授去济南参加辛弃疾词学术研究会,回来车上老先生对我说过一句话:"他们讲的问题我都解决了,我没有解决的问题他们也都解决不了。"大概当时我对国内广告学术研究也有同感吧。二是我也不善于应酬交际,尤其是无法胜任现在学术圈子里面的互相抬轿子,也看不惯有些人为了什么头衔而沽名钓誉。好在这几年还比较努力,虽然没有通过学术会议去混个脸熟,但却一直在用自己的著作进行营销传播。记得有一天在香港机场遇到武大一位教授,对方认出我来并且说"卫老师是搞整合营销传播研究的"。他说我们可能是在什么会上见过面，我有点不好意思，客套地笑了笑，自己都觉得自己有点虚伪。其实我知道肯定不是会上看见的，因为我几乎不参加广告专业的学术会，而且有限的几次会议，还有在外面偶然的个别交流，凡是学界人物我一般都会记住且通常是不会出错的。想来这位教授可能是看见过我印在书上的照片，依稀还有个印象吧。用书来传播学术自我营销，确实是这些年有意识的一种做法，因为喜欢写作并且从写作中获得乐趣。与此同时，从写书和出版的角度看，要想使自己的书有市场，就必须有意识地去营销它，这就像建立品牌、实施定位和推广那样。书的营销其实也是作者自身的营销，也具有一种博弈意识在里面。你必须赢得读者，当你赢得读者的时候，你的书就有了市场，书有了市场自然出版社就要对你有所照顾。每当这时候，我就想到照顾是双方的，所以我从来都很感激出版社，尽管我的每一本书都为出版社赚了钱，但是我觉得还是它们给了我机会。也许我们所讲的品牌营销和整合传播中的那些观念，消费者、产品、价格、渠道、沟通、品牌关系和利益平衡等，已经很自觉地给我构建了一种价值体系。

10 营销课竟从金庸、琼瑶扯开去

（2006-03-22）

金庸和琼瑶的小说有点像体验营销。读者在"消费"小说时，把自己投入其中，这在营销心理上称作"卷入"。金庸和琼瑶小说属于高参与度作品，因此，读者卷入得特别深。

给学生讲营销和广告策划，涉及消费者的非理性，说起人总是有一种超越现实的梦想。不知是哪一位同学提到了武侠小说，问道："卫老师如何看武侠小说？"我的回答当然十分肯定，因为20多年前我也是武侠小说迷，即便是今天也偶尔会翻出金庸的武侠书看看。不过后来经典的武侠书大都改作电视剧了，而且不止一个版本，所以看武侠基本上是在电视上看的，当年买的金庸小说只作为藏书搁置起来了。

初看武侠书始于1984年读研的时候。那时候对纯文学有一种盲目的崇拜，开始时见有同学看武侠小说，还表现出一种故作清高的不以为然。后来有同学劝我不妨一看，于是也将信将疑地看了起来。第一本好像看的是梁羽生的《七剑下天山》，现在忘记情节了，只记得书中有个人物好像叫桂仲明，他的遭际有点像是希区柯克的电影《爱德华大夫》中的主人公。小说情节确实充满悬念，一下子就被吸引住了。加上梁羽生写作中不时夹杂着一些古典风格的诗词，小说文字洗练流畅，清丽洒落之间流露出一种超然物外的意境，很快就改变了我对武侠小说的看法。

武侠书一经开看便不能停下。同学常谓梁羽生小说比之金庸更有所不及，于是到处找金庸小说看。那个时期几乎把金庸全部武侠小说看了个遍，白天看、晚上看，每天食堂里同学们一边吃饭一边切磋武侠，后来搞得自己手痒也捉笔写过个把短篇武侠，发表在当年的研究生期刊上。记得同寝室某君，如今是中文系的写作学教授，当年看了武侠告诉我，每当夜深久久不能入睡，闭目就见某大侠在眼前施展功夫。其时有同学借阮籍"青白眼"之典戏谑说："看武侠先是白眼，继而青眼，最后红眼。""红眼"当时指彻夜不眠以至于第二天两眼充血。

那两年看武侠确实给人一种充实感，谈恋爱时候借来一本武侠也会跟女朋友争着看。一次正在写作听得女朋友一旁无缘无故大笑，很是诧异，原来是看到胡斐参加比武大会时，人群里一个驼子老头怪声怪气地哭了起来，这情景实在令人忍俊不禁……后来我毕业留校做老师，先是在中文系讲授"先秦汉魏六朝文学"。有次课堂上看后面一女同学正埋头痴迷一本小说，远远从讲台看过去绿色封面，感觉是《云海玉弓缘》，为了拉回这个学生的注意力，我竟也从魏晋玄学扯到了这本小说。说到女生看小说，武侠书当然尚在其次，那时候女生们最着迷的是琼瑶的言情小说，我也看过几本琼瑶的小说。琼瑶小说跟武侠小说的共同之处，就在于同样浓缩了人生经历和感情际遇，并描绘出一个与现实若即若离的典型环境，在这样一个环境中把人的爱恨情仇、善恶美丑做一番演绎，跌宕起伏，激发感情共鸣。

回到我的营销广告课程上，金庸和琼瑶的小说有点像体验营销。读者就是消费者，消费者在"消费"小说时，把自己投入其中。这里用消费心理学的一个术语非常贴切：参与度，又称作"卷入"。金庸和琼瑶小说属于高参与度作品，因此，读者卷入特别深。为什么会这样呢？大概人在现实中总有很多无法满足的向往，于是武侠和言情就成了一种自我超越的寄托。想到马克思在《政治经济学批判导言》中讲到的话："希腊神话是人类童年时期不可企及的范本。"华罗庚先生也说起："武侠是成年人的童话。"把这两段话并在一起看，我便生出了一些自己的认识：超越自我、超越现实是人类梦寐以求的愿望，因为人类无法超越自我，所以他们总是给自己建造一种理想化的超越模型，在一定意义上金庸的武侠和琼瑶的言情正是切合了这种近乎理想的范式，于是人们通过他们的小说找到一种假想中的超越和自我实现。

第四章 营销与传播已然是共为一体

营销与传播都是从国外引进的概念,据说英语中有个新的词汇 Marcom 就是"营销传播"(Marketing Comunication)的意思。长期以来,在营销体系中,传播一直是被作为一种附属来看待的,但是现在任何营销都无法摆脱传播。舒尔茨提出"营销即传播,传播即营销,二者共为一体"。可惜这个具有划时代意义的概念,至今并没有受到相应的重视。它将在网络时代被进一步证实。

1 由研究传播从哪里入手扯开去
（2006-07-21）

> 我们的研究对象本身是一个多元的复杂的结构形态，任何一种研究方法仅仅代表了一种观照方式和观察视角。因此，几乎永远无法把握对象的本质，也永远无法穷尽其内涵。

话题是由香港城市大学祝建华教授的一篇文章引起的。前几天在传媒学术网上看到一个帖子，说的是祝建华教授的一篇文章《研究传播不要从哲学入手》。这个帖子原本在祝建华的博客上面，有好事学者把这个帖子转贴到"传媒学术网"上，但是因为祝教授提出版权问题，最后原帖被删除改为标题和祝教授的博客文章链接。祝教授是在传播学研究领域卓有建树的华人传播学权威，诸如对议程设置的研究和对量化方法的研究，都堪称楷模。看到他写的这个题目，感觉所言甚是，马上去他的博客上浏览原文。

虽然说原文并没有题目那样令人为之一振，但祝教授的用心还是很明白的，他是从历史学家严耕望那里得到启发的，严耕望讲"研究历史不要从哲学入手"，祝教授认为把"历史"改为"传播学"也很合适。对此我大表赞同。究其原因不妨也转引一下严耕望先生的回答：

问：研究历史，从哲学入手如何？

答：……哲学理论对于史学研究诚然有时有提高境界的作用，不过从哲学入手来讲史学，多半以主观的意念为出发点，很少能努力详征史料，实事求证，只抓住概念推衍发挥，很少能脚踏实地的做工作。这样工作，所写论文可能很动听，有吸引力，但总不免有浮而不实的毛病，不堪踏实的史学工作者的一击……他们的答题方式，总是大而化之，不能针对问题踏实作答，好的尚能抓住概念想象发挥，差的更似是而非，东扯西来，不知所云……（严耕望：《怎样学历史——严耕望的治史三书》，辽宁教育出版社2006年版，P. 158）

这个回答当然是颇有些针对性的，对于传播学研究的流弊也是一语中的。这两年关于传播学研究方法的讨论大行其道，讨论研究方法原本是一件好事情，因为任何一个学科都应该也必须有自己相应的研究方法，只有这样才能在体现学科特点的同时展示学科的独立价值。但是令人不解的是，对研究方法的热衷竟然会如此蓬勃高涨，而且这些方法大多是对国外研究模式的一种搬弄。寻思一番，结论大概只能有两个方面吧：一个是中国的传播学研究起步晚尚需方法的引介；二是传播学正在成为一种显学，研究队伍激增且大多数要从方法起步。

有趣的是，时下研究方法正在模式化的借鉴中被简单化和教条化。且不说祝教授不以为然的"从哲学入手"的研究，拿了一些很抽象的哲学概念云里雾里一番，虽然没有解决任何问题但却让人觉得"很有学问"；即便是一些所谓实证的研究，也千篇一律堕入新的模式陷阱。醉心于研究方法这本身对于传播学研究倒是一件好事，但把方法搞得那么邪乎就有点不好玩了。这样一来大家一哄而上，最后的结果很可能只是昙花一现，时过境迁变成了一场风花雪月的流行风尚。搞研究不要堕入概念陷阱，玩弄概念是一种无知和浅薄，就像是披着一件令人眼花缭乱的外衣，但是却不知道究竟是什么质地。

说到这里想起前面的命题，研究传播学到底要从哪里入手？就本人的研究方向而言，原本并不适合谈论这个问题，本意只不过是想说，研究方法本身并无可厚非，任何研究方法都只是仅仅代表了一种观察视角。现今讲研究方法的，大多是讲一些定量分析方法，再加上一些其他的研究路径。如果都按照这样的模式前进，那传播学的研究岂不变得很无聊兼无趣了吗？传播学的创立者施拉姆早在1963年就说过："传播学不是一个我们称谓物理学或经济学那样的学科。传播学更像是一门十字路口上的学科，有很多学科予以穿插，但没有停下来。"（施拉姆《人类传播学》）既然如此，传播学研究当然可以借鉴任何一个学科的研究方法。其实就一般社会科学而言，任何研究方法就其路径来说，无外乎两个方面：归纳的或者演绎的。也可以换一个术语表示：自下而上的或者自上而下的。关键是研究者在研究中如何把握。那些过于热衷于方法的研究者，其实在一定意义上只是方法的奴隶，因为除了方法外其研究本身没有任何新的价值。

我一向抱着这样的认识，世界亦即我们的研究对象本身是一个多元的复杂的结构形态，任何一种研究方法都是对这个对象的一种观照方式和观察视角。我们几乎永远无法把握对象的本质，也几乎永远无法穷尽对象的内涵，因为对象本身也在变化。所以我们的研究所做的，无非是从某一个角度解释对象，在对象的多重结构方式中，采用某种特定方法解构对象。这样一来似乎用哲学研究传播学也未尝不可，只是不要矫枉过正，不要用故作深奥包装自己吓唬别人。那些喜欢玩弄概念的人，大多是一些缺乏创造性的人，因为他们的研究缺少真正属于自己的见解和看法，所以便要用概念吓唬人，或者是用所谓方法模式欺骗自己也欺骗别人。说穿了这是一种无知和缺乏自信，因为任何有创造性的人都不会把某种简单的模式方法当作根本，他们往往能以自己的独立性造就属于自己的独特方法。研究的过程中形成全新的话语体系，这本身就非常具有创造性。现今比较流行讲创新能力，也许这就是价值创新。

2 品牌谎言与市场经济的不平等
（2007-12-30）

> 市场经济虽然看上去很平等，但在开始实施的时候就是站在不平等的起点之上。国家之间如此，企业之间也是如此。品牌就是这样一种包含经济强权的市场不平等的标志。

这个话题是几年前就思考过的，但是由于过于宏观和形而上，也就一直没有更深一层地探究。第一次明确提出"品牌谎言"是2004年，那年我发表了一篇文章，题目是《中国企业广告营销中的品牌误区》（原载于《中国传媒报告》2004年第6期），在这篇文章的末尾埋下了这么一个伏笔："为什么品牌和品牌探讨成为当今津津乐道的一个话题？我们感觉对于中国的广告理论专家来说，很大意义上表现的是一种盲从甚至是无知，而对于跨国企业和那些外资品牌机构而言，则似乎是一个有意之举，渲染品牌无异于是一种议程设置，其用心很可能是要为中国企业布下一个盲目追随的竞争陷阱，这也许就是我们另一篇文章所要涉及的话题。"后来因为这不属于自己研究的侧重点，对这个问题也就没有再深入思考，这篇文章也就一直没有写。

刚好那时候友人北京大学韩水法教授惠赠他的译著大作，美国马萨诸塞大学政治学教授塞缪尔·鲍尔斯和赫伯特·金蒂斯的代表作《民主与资本主义》，我是一个对政治学和民主问题完全愚盲的门外汉，但是翻阅之间专家的高见却令人有茅塞顿开之感。比如书中的基本观点："在民主乃至保障个人自由权和使权力的运用负有社会责任这个直截了当的意义上面,今天没有任何一个资本主义的社会可以合理地称为民主社会。"资本主义并不天然就具有民主性,这个令人深省的断言激发了我对许多社会和经济问题的反思,尤其是想到市场经济的平等竞争等问题。但由于自己专业所关注的问题,大多都只是处于市场营销等操作层面上的,所以也就未能进入更深层次的研究和探索。

重拾这个话题是因为讨论所谓"国家战略"问题时有人谈及,市场经济本身并不公平,它在末端是公平的,但在前端却是不公平的,而竞争中的优势却是在前端获得的,想从末端获得优势很难。正因为这样,西方国家在第二次世界大战之后对资本主义进行了根本反思,战争获取资源的成本太大,必须通过其他形式进行掠夺。而实现这种掠夺的方式往往是一些所谓规范和规则,最基本的就是商业模式、专利、标准、品牌。发达国家以"国家战略"形式,对我们的企业走出去设置很多障碍,而在其进入我们市场时还要推行他们的标准。这几乎条件反射地令我想起温州打火机在欧洲市场的遭遇,想起中石油收购美国优尼克石油公司遭遇美国政府干预功败垂成,自然也想到了达能与娃哈哈争战中所谓的"契约精神"。国家与国家的关系不管穿上什么外衣,都是一种利益关系,企业也不例外,而国家的经济利益也是通过企业利益而体现的,所谓市场经济的"契约精神",只不过是为了保证自己利益不受到侵害,彼此所设置的一种游戏方法而已。由于强者在游戏中拥有优先发言权,故此这种游戏方法大都根据强者自己利益需要而设计,用我们的专业术语说就是"议程设置"。就此而言,市场经济虽然看上去很平等,但在开始实施的时候就是站在不平等的起点之上。国家之间如此,企业之间也是如此。最简单的比如给你一个民营的电信公司,你如何和中国移动竞争?比如房地产公司在末端销售上可能会很市场平等,但是在前端拿地上却不平等,而真正的暴利则大多来自于前端。

品牌也一样。中国企业市场化最多才20多年,在品牌上当然无法和跨国企业竞争。而跨国企业进入中国之后,在一些不具有垄断意义的领域和中国企业竞争,如果单就成本和技术甚至是本土化管理而言,它没有多少优势甚至还处于劣势。那怎么办?它就设置自己的话语体系,而且还必须让你遵循它的话语体系,从契约规则上、市场理论上、思想文化上多方面劝诫你、驯化你。品牌就是这样一种包含经济强权的市场不平等的标志,因为比之于跨国企业而言,刚刚成长起来的中国企业毫无品牌优势,所以在竞争中只能远远在它们屁股后面追随。品牌不仅仅是一个简单的符号形式,还包含了一系列的标准、知识产权和创新元素。这些都通过品牌形式加以表现,通过传播在市场上和消费心理上获得优势,这些优势最终体现为经济利益。所以几年前我就怀疑品牌本身包含着陷阱,隐约意识到这个问题已超越了简单的企业之间的竞争,现在知道了还有这么一种"国家战略",真可谓是一种理性层次的领悟。联想到自己所研究的领域,所谓整合营销传播的终极价值是品牌资产,还有正在写的关于品牌的著作,确实必须好好反思这些问题,如何有效地运用品牌,并能够超越品牌谎言。

3 且说『营销即传播，传播即营销』
（2008-03-17）

> 以往在营销专家们眼中所关注的各种营销元素，本身也都是传播元素。最直接的就是产品、价格、渠道这些要素，在整合营销传播视野中无一不是传播元素。

这个命题在市场营销和营销传播领域应该具有一种划时代的理论意义。但是直到今天并没有受到高度重视，尤其是中国高校里工商管理学院的许多营销专家们，对此认识显然不足。这也许和他们更熟悉传统营销管理理论，而对传播理论的陌生不无关系。但是在整合营销传播视野里，营销与传播本身就是统一的，这在今天的市场营销现实中，已经得到确认。最早提出这个命题的是美国西北大学的丹尼斯·舒尔茨教授，他也因此被研究界称作整合营销传播之父，舒尔茨提出这个命题之后，在他的著作中并没有明确解释其含义，后来的学者们也没有具体说明这个问题，于是我便想对这个命题作一个简单的说明。

当今的市场环境可用几句话进行简单的概括：随着产品主导时代的过去，传统的依赖产品本身差异获得消费者认同的概率越来越小。在这个时代，拥有产品或者是其他销售优势也许并不是最重要的，因为赢得消费者的注意力是获得认同的先决条件。而随着产品可替代性的日益突出，获得注意力的途径已经从产品本身转化为与产品相关的信息传播。在这种状态下，实现营销价值的核心指向已经发生了根本转变，不再是传统的基于产品主体的通路促销模式，而是消费者对产品或者品牌的认同与关系。如果说传统的营销是开发出好的产品，并给予适当的定价，辅以相应的销售渠道并配合强力的促销，营销价值就可以基本实现，那么现在这些远远不够，甚至难以通行。因为消费者所面对的产品或者品牌大都很少具有差别性，它们在功能和使用价值上同质化的程度，与其促销和广告上的雷同模式无出二致。消费者也许注意到了产品或者品牌的信息，但是在购买的最后一刻有可能又放弃了这种产品或品牌；也许消费者已经购买并且使用，但是使用经验和接触感觉却导致再次购买时的重新选择。甚至有时候依靠大量广告和促销所建立的消费者认可，会因为消费者亲友之间轻描淡写的一句话而改变。种种迹象揭示了一个现实，按照消费者需求形成产品、价格、通路和促销信息，这些似乎都不难完成，但是如果没有与消费者实现良好的沟通，仅仅凭借这些，营销价值也无法实现。因此，营销在很大意义上取决于传播，正所谓"营销即传播，传播即营销"。

"营销即传播，传播即营销"还意味着，以往在营销专家们看来的各种营销元素，本身也都是传播元素。最直接的就是产品、价格、渠道这些要素，在整合营销传播中无一不是传播元素。汤姆·邓肯的整合三角中提到整合信息的三种存在方式：计划内信息、计划外信息、产品服务信息。计划内信息是"言"，属于企业的自我宣传；产品服务信息是"行"，是品牌见诸实际的行为；计划外信息是"肯定"，属于外在对于品牌信息的肯定或者否定。可见产品、价格、渠道不仅本身具有信息构成，而且也是一个传播通道。就像一个产品的款式包装是一种传播一样，它采取什么样的价格定位，运用什么样的渠道，这本身也传达了一种品牌信息。

更进一步认识，"营销即传播，传播即营销"还揭示了，在营销传播过程中，如果没有做到二者的统一，即便是有意识的"营销传播"，也很可能无法达到促进品牌的营销战略追求。这是因为以往消费者由于缺乏比较和参照，常常处在一种目光短浅的盲从之中。市场一体化和选择多元化正在把人们引向一个更加广阔开放，同时也更加具有竞争性的时代，它导致营销中的差异化越来越难以创造，至少从几个方面可以看市场环境与消费者变化所带来的明显变化：

其一，以往以大众媒介作为主要载体的传统广告模式效益日渐下降。广告边际效益递减的主要原因产生于媒体和信息的多元化，而一体化的市场格局中，众多品牌在共同市场上处于平等竞争地位，品牌与品牌之间的信息干扰也减少了消费者的认同度。

其二，消费者对信息由驯服趋向怀疑。大众传媒统治时期，由于信息不对称和绝对的传播主导地位，营销组织和广告商运用资金操纵媒体发布相关广告信息，如今这些信息往往受到消费者的潜意识抗拒。

其三，从语言接受转变为视觉接受。相对于传统媒体所采用的语言传播符号形式而言，可视性媒体采用视觉传播符号使得信息具有更进一步的清晰性、可感性、轻松性和愉悦性，它更适合人类的接受习惯。人们生活与思考的方式发生的变化，对广告和营销传播而言就是更加注重直接诉诸感觉的信息表达方式。

其四，认知的重要性远远超越事实。过去的习惯是以事实为最终决策依据，把客观对象作为判断的标准，所谓"要知道梨子的味道必先尝一尝"，但是现在那么多不同的"梨子"你能每一个都尝吗？由于信息和竞争多元化使消费者在做出购买决定时，越来越依赖于认知而非事实。

所有这些也提醒我们，即便是那些原本属于传播范畴的要素，在新的背景下也需要重新审视。比如许多广告，虽然在进行信息传播但是未必就是良好的沟通，所以谈不上是营销与传播的统一。我们可以引用著名的BBDO广告公司董事长、总裁艾伦·罗森极的一段话来说明："BBDO公司很清楚地知道不能进行理性推销。我们认为广告实际上是消费者与品牌的一次接触。我们很谨慎小心地使这一接触尽可能愉快、温暖、富于人情味，而从营销战略的角度上看还很恰当。"

4 房产泛滥令开发商变得弱智
（2008-06-11）

> 房地产的暴发令开发商变得不那么细致，玩广告玩概念，根本上是开发商在大好形势面前变得越来越浮躁，而那些喜欢卖弄的推广公司也越来越肤浅的故弄玄虚了。

中国的房地产商一向感觉很好，即便如今宏观调控银根越来越紧，这10多年来培养出的自信还是惯性般延伸。不过我总是觉得房地产业虽然多年来呼风唤雨，也造就了最多的富豪群体，但是这个行业中真正的英雄并不多。因为房地产行业与其他行业相比，诸如快销产品，它的竞争程度和市场复杂程度要低得多；而与那些新兴行业相比，其科技创新和技术含量也非常小儿科，所以这个行业的勃兴主要还是得益于政策和宏观背景。但中国社会特别讲究以成败论英雄，这么多楼盘竞相争耀，这么多富豪指点江山，于是在人们眼里房地产商大都成了时代英雄、市场明星。当然优秀的也有，不过在大势推波助澜下，变得弱智的也不少。别的不说，单单讲一个楼盘的推广和命名，就很能看出一点端倪。

居住城西喜欢和朋友于西溪湿地一带散步，多年老友嬉笑怒骂不见拘谨也了无隔滞。却说日前夜间散步到城西一处楼盘，大名鼎鼎号称"西溪蝶园"。却说这个蝶园的两个开发商，一个是中国头号的万科，另一个是杭州著名的坤和。本来取这个名字也无可非议，以"蝶"命名喻指小区所营造的建筑概念，只是在推广中用了一段话"亦楼亦墅亦世界"，却很让人觉得别扭。同行计君，早年求学得蒙蒋礼鸿、郭在贻教授等训诂名家提携，毕业时留校作为学术大家姜亮夫教授的助手。却说这姜先生早年就读清华研究院，与近代国学大师梁启超、王国维都有拜师之帖。计君做了姜先生助手，每日出入门下，自是与别的弟子大不相同。姜夫人陶秋英教授明确告知，计君属于亮夫先生的"入室弟子"。于是我等便常常打趣，称计君为王国维、梁启超再传弟子。后来计君虽不甘于学术寂寞，献身媒体事业声色犬马，但仍不失早年造就的"训诂"本色，寻常话语每每能道出词源语义的来龙去脉。且说这蝶园一句广告语，我立时便看出其中的破绽，联想到许许多多的房地产命名和广告语推广，上纲上线就生出了一种"集体无文化"的说法。便是这个"墅"字，通常有两种解法：一是指田野的草房，一是指家宅以外别筑的游息之所。蝶园虽然如推广所言把"别墅的居住形态植入现代高层建筑"，但说到底也只是个公寓房子，何以言"墅"？何况这"墅"定是"别墅"，在现代汉语中通常"墅"字极少单独使用，早些年也算是个比较生僻的字。只是这几年开发商盖别墅，广告商推别墅，有钱人住别墅，老百姓想别墅，于是大家对这个"墅"字变得一点不陌生了，不像我年轻时很多人发音出错，把"墅"（shu）念作"业"（ye）。估计这"墅"古代读音大概与"业"差不多吧，岂不见唐朝做过右丞相的王维，曾购得初唐诗人宋之问的蓝田别墅，改名为"辋川别业"，晚年隐居终南山又有诗《终南别业》，很是脍炙人口。现今这个"亦楼亦墅亦世界"，望文生训推广的本意大概是想说，这个"蝶园"虽然是公寓楼盘，却俨然别墅一般，自是一个世界。且不说逻辑上和句法上是否适当，也不追究音韵训诂方面的得失，中国文字讲究音和意的谐调，单就这句直白的广告语而言，听上去却总让人感觉有点别扭。

这几年房地产暴发，开发商也变得不那么细致了。盘子太多名字难取，广告太多概念难造，这些都是原因。但是我想根本上还是开发商在大好形势面前变得越来越浮躁了，而那些喜欢卖弄的推广公司也越来越肤浅的故弄玄虚。很多开发商和推广公司把概念推广看成是法宝，其实殊不知这概念也只赚取眼球营造噱头，到头来老百姓最关注的还是性价比。暴发往往自我膨胀，自我膨胀则会导致弱智，所以房地产诚恳一点好，这样至少在经过一个经济周期的沉浮之后，水落石出没有泡沫的还是那些平实无华者。

5 有关营销传播的网上对话录（2008-07-14）

> 一个品牌成功有多种因素，但归根结底是实现了品牌认同，达到品牌利益与顾客和关系利益者的利益统一。品牌的意义也许不在更多销售，而在于更长寿命。

间或有朋友在网上向我提问，也时有作答。博客本身就是一个公共平台，大家一起探讨也不亦乐乎。兴之所至，便把几个问答置于文中：

问：卫老师您好。请教一个问题：目前企业经常给终端店做店招，这对于销量能提升多少？什么样的企业做店招宣传比较好？整合营销传播是不是指把广告、人员推销、销售促进、公共关系进行整合，向消费者传达一致的信息？希望能得到卫老师的指点。

答：整合营销传播提倡多种接触方式传达统一的品牌信息，并通过互动性品牌接触实现与顾客的良好沟通。当然品牌与顾客的接触途径不仅仅局限于广告、人员推销、公关以及销售促进等基本方式，终端店本身就是一个比较突出的接触管道，尤其是对于那些大众消费品，更加具有价值。当然运用终端渠道实现接触的方式很多，店招仅仅只是最简单的方式之一。

问：卫老师，你感觉蒙牛在品牌宣传的成功，是不是事件营销与娱乐营销做得比较好？比如2003年航天员专用牛奶，提升了品牌的影响力，提升了纯奶的市场份额，口感香浓，适合大众口味，纯奶超过伊利；超女提升了酸酸乳的销售额，虽然很火，但总体销售还是低于伊利。现在的大众消费品品牌成长之路，从创立初开始，是不是离不开广告？没有品牌基础，简单地依靠终端推广，一个大众消费品新品是不是很难成功？

答：一个品牌的成功有多方面因素，但是归根结底还是实现了品牌认同，即达到了品牌利益与顾客和关系利益者之间的利益统一。宣传只是品牌沟通的方式，蒙牛在这方面做得比较好，这有利于维护市场对它的认同。至于一个相对较短时期的销售，并不能衡量品牌的价值。品牌的意义也许不在更多销售，而在于更长寿命。至于广告或者终端推广等，都只是一种沟通和维护手段，不同企业或者品牌完全可以根据自己的特点，找到自己最容易发挥的途径。比如，微软和沃尔玛就很少使用传统广告，不也是很有品牌价值吗？

问：卫老师，您对儿童乳饮料的市场熟悉吗？我们准备做这个项目，您对于我们整合营销传播方面有什么建议？我们如何获得消费者认可呢？产品口感/质量/包装都没有问题，在产品本身要强于娃哈哈，选择什么样的营销组合？

答：关于儿童饮料我曾经很熟悉，但是现在市场环境变化很大。从你所说的情况看，产品本身没有什么问题，关键是如何进行营销传播。我感觉现在单纯靠年龄来细分市场，似乎已经没有多少新意了，学一学"酷儿"的推广方法，大概有所启发吧。具体不知道你的企业和品牌背景，很难进一步建议。

6 相信市场的力量：也许不只是营销

（2008-09-12）

> 在中国，市场观念的确立是一次伟大的革命，它不仅彻底改变了中国的经济形态，而且这种从经济领域所形成的活力之源，也在逐渐影响着整个社会的文化和政治形态。

中国乃至于整个世界的经济都正在面临着严峻的考验。摆在眼前的就是股市大跌惨不忍睹，房地产市场在经过多年的牛气冲天之后，终于令人欢欣地开始了它的价格下跌。于是从媒体到社会，从企业到每个市场参与者，都在发出不同的呼喊。这几天最为热门的话题之一是，中国房地产行业的龙头万科集团，在全国范围里开始了它的降价策略。高高在上的房价转瞬之间几乎腰折，有买了房子的顾客闹着要退房。于是有媒体开始在渲染什么购房断供威胁，也有地方政府为了鼓励买房，居然采取行政手段给予购房者以财政补贴。在形形色色的烟幕中，总有一种感觉就是，我们的很多做法不但不符合市场规律，而且在明目张胆的背离市场。

课堂上总喜欢请学生思考一个问题：最近50年对我们的社会乃至人类影响最大的发明是什么？很多人首先想到的是科技的进步，什么光导纤维、信息技术、生物工程、人工合成胰岛素等，往往忽略了社会发明。实际上不仅是最近50年，即便是在人类历史上，任何伟大的技术发明对人类社会的促动都没有超越社会发明，比如，民主制度、中国改革开放。这里要说的是市场观念。对于中国而言，市场观念的确立是一次伟大的革命。市场观念不仅解放了生产力，彻底改变了中国产业结构和产业模式，而且也为中国社会带来了前所未有的思想解放，这种从经济领域所形成的活力之源，也在逐渐影响着整个社会的文化和政治形态，可以肯定的是最终必将推动社会民主形态的发展。因此当我们选择了市场之后，就必须要学会用市场的方式来解决问题。

回到房地产上，显然万科房产降价本身是企业的市场选择，哪怕是它赔本销售也无可非议，反而是那些闹着退房甚至是占领人家公司售楼处的做法，并没有遵从市场的法则，完全是一种个人利益的诉求。同样，当房地产业刚刚开始不景气，地方政府打着促进市场的名义动用财政补贴，显然也是违背了市场规律的。在这些行为的背后，一个明显的共同点就是，从自我利益出发干预市场的公正和市场调节的必然，即便是地方政府行为也不例外，因为地方政府包括其部分官员很多时候和房产商是一个利益共同体。因此我们呼唤要相信市场，这是因为市场本身是一个真正公平的评价模式，虽然在局部上它也会残酷无情，甚至超越道德的脉脉温情。

相信市场除了相信市场的公正，还要相信市场本身的调节能力和净化机制。股市从6 000多点跌到2 000点，这本身也是市场的必然，有涨就有跌，既然不到2年时间可以从1 000点到6 000点，那么为什么不可以1年时间从6 000点跌到2 000点？市场大跌是对狂热的报复。所以房价跌很正常，而且还要跌，因为它已经连续涨了10年了，因为它的价格早已超越了一般社会阶层的购买承受力，因为它太多的暴利和猫腻，所以只有跌才可以水落石出回归市场的理性。因此我们应该庆幸中国终于有了市场机制，很多问题可以通过市场调节来加以实现，不论是经济问题、社会问题、政治问题，甚至是民主和体制问题，都可能在市场的构架下尊崇市场规律获得解决。这或许也符合所谓科学发展观吧，因为市场规律本身就是一种科学，把握和尊崇市场规律，自然也是按照科学规律行事。正是在这个意义上，我们希望市场机制不断的深化，我们希望市场观念真正地成为我们社会的一种主导价值。正是在这个意义上，我们说要相信市场的力量，这不仅仅是一个营销问题。

7 山寨化潮流中的品牌反思
（2008-12-19）

> 从营销和品牌管理的角度而言，山寨化过程不仅是对我们产业创新的一次推动，也是对于我们品牌观念的一次促动，山寨文化具有深刻的草根创新和群众智慧的烙印。

"山寨"在成为一个时髦现象的同时，也逐渐成为一种潮流和一种文化。无论产业界和思想界怎样看待，这种起步于民间IT力量而自发生成的产业现象作为一种草根力量，却正在成为推动经济和社会思潮发生转变的动力源。我不知道在中国产业发展中，是否可以说"山寨化"是一个趋势，但是说"山寨化"是一个必然的过程，却是不无道理的。从营销和品牌管理的角度而言，山寨化过程不仅是对我们产业创新的一次推动，也是对于我们品牌观念的一次促动，它促使我们必须回顾和反思自己，对传统的品牌价值观念重新进行一次审视。

"山寨"这个源于广东话的词语，原本是"小型、小规模"甚至有点"地下工厂"的意思，其主要特点为仿造性、快速化、平民化。山寨文化在中国IT业的崛起，如同中国传统武侠小说所演绎的故事那样：先是以非常规手法游走于主流圈子的边缘，然后逐渐做大，最终向正统势力发起挑战，甚至取而代之。其实来自于IT业的山寨化现象并不是今天才有的，也不仅仅是起始于IT行业。7年前一个以生产浴室取暖照明设备以"奥普浴霸"名重一时的品牌，曾经召集了一批媒体和专业人士前去座谈。这个曾经很有创新意识的企业，此刻正面临着令人困惑的苦恼，希望通过传媒界的呼吁能够帮助企业获得良好的竞争支持：在距离杭州不远的嘉兴附近，有个叫王店的镇子正在形成大规模的"浴霸"复制和克隆的基地,它的产品在成本和价格上远远低于品牌响亮的"奥普",因此在一定意义上对"奥普"形成了强大的市场压力。恰好那年我正好在装修新房,不久前买了两个浴室取暖的设备。记得当时在杭州家电市场,"奥普浴霸"的门店就在进口处,它的"浴霸"售价是每个500元,而在里面的另一个门店里500元可以买到两个功能差不多的产品。我问奥普的人为什么它要贵这么多,回答是品牌好且技术比较过硬,但是在略作比较之后我还是选择了后者。我的考虑很简单,这种浴室取暖产品本身并没有多少技术含量,如果就其品牌成本而言,500元显然有暴利的嫌疑。因此出于功能价值考虑,我选择的是二者的平衡。现在有机会和这个公司的最高层对话了,我自然又提出了这个问题:"为什么你比人家要贵这么多?"因为在我看来企业受到的竞争压力,最重要的原因来自于其本身的价格或者是成本因素。对方老总似乎有点委屈地回答,说自己的成本比那些仿制品要好,质量也比那些产品要好,技术含量和安全系数也要高等等。在这个回答中我最关心的是最后一个"技术和安全系数",但是究竟如何高却心有疑虑。后来厂方带我们参观了生产线,参观的结果进一步强化了我的认识:这不是一个对技术依赖非常强的产品,因此它不应该以技术和品牌的名义获取过高的溢价。由此我想到了山寨化对传统品牌观念的冲击。

在品牌化的过程中,很多企业往往十分看重品牌溢价和品牌本身所拥有的利益优先权,而不适当地忽略了品牌利益与顾客之间的平衡,忘记了在经营管理中对交易成本的控制,一厢情愿地认为著名品牌的最大追求,就是从品牌中得到超额效益回报。由于品牌消费本身不仅体现为使用价值,而且还是一种心理体验,消费者在很大程度上愿意为他们的心理满足付出更多的价格。因此不少强势品牌的拥有者,往往从自我利益出发,在与消费者关系达成过程中,过于关注自身的利润获得,长此以往必然是失去忠实顾客的拥戴。实际上,山寨文化在某种意义上就是对这种品牌思想的嘲弄。山寨文化是以极低的成本模仿主流品牌产品的外观或功能,并加以创新,最终在外观、功能、价格等方面全面超越这个产品的一种现象。它的衍生物,将打破手机的束缚,而扩展到数码相机、鼠标、键盘等方面，它的副产品同样可以在相关行业引发结构性震荡。山寨文化在抄袭与超越的羊肠小道上一路狂奔，尤其是挣脱了牌照的束缚，握紧了低成本高回报的福祉之后，它摧枯拉朽的震撼力与病毒营销的感染力，彻底颠覆了传统的行业潜规则，建立了以山寨文化为基础的价值序列。可以说，山寨文化已经深深地打上了草根创新、群众智慧的烙印，它是暴利行业的撒手锏，对平衡产业发展有着关键的作用。

就此我曾经提出过一个观点，那就是一个著名品牌在同样的背景下，应该比普通品牌更加具有价格竞争力，因为它具有更多成本低廉的基础。简单地说，在企业的获利逻辑中价格是唯一的决定因素，与价格密切相联系的是交易成本，它不仅体现在与顾客的交易之中，而且也体现在与供应商、渠道商、企业员工以及各种层级的相关利益群体者的关系之中。从品牌管理角度讲，在保持一定价格幅度的同时，如果能够适当地降低交易难度、减少交易成本，则就能够获得相应的利润回报。所以在这里品牌的意义应该体现在它对交易成本的直接影响，并由此而创造的利润上。从整合营销传播角度看，一个有价值的品牌所带来的不仅仅是价格提升，相反它还可以直接导致成本的下降。任何有价值的品牌不仅具有顾客认同的优先权，而且在生产流程上同样应该具有获得优势的优先权，其内部认同延伸到管理上也必然是简捷高效，各种优势最终必然反映在它的成本之上。也就是说，一个强势品牌所带来的价值，很大程度上来自于它所提供的商品成本低于一般竞争产品。山寨化的潮流，在某种意义上就是对这种品牌思想的一个反证。

8 用促销提升品牌忠诚

（2009-01-24）

在传统广告效果受到挑战的同时，促销却不断改变着自己的面孔，表现得越来越有新意。运用促销可以帮助消费者完成与品牌的进一步接触，并有利于建立品牌关系。

促销是商家拉动市场屡试不爽的手段。今年的岁末又值经济低迷周期之中，促销自然更加热闹。看着形形色色的促销宣传，倒使我想起了一个话题：在经济低迷的周期中，我们究竟应该如何促销？多年前菲利普·科特勒在他的著作中谈到20世纪70年代石油危机所引发的全球性经济危机时曾经说道：

物价急剧上涨，收入停滞，失业、竞争更加激烈，甚至你死我活。外国货拥进国内市场，对国内企业造成危害；破产、倒闭屡见不鲜。国际金融体系的崩溃成了热门话题；有人提出推行关闭国内市场以排斥外来竞争的高保护主义，有人则建议放弃某些过去曾大量吸收就业的行业。然而，一个突出的事实是，人的需要和欲望是丰富的。经济的停滞不前并不是由于人们得到了过多的满足或停止了欲望而产生的，而是因为世界经济机制运转不灵，它蹒跚不前，就需要促使其重新恢复活力。恢复的关键不是单靠政府采取适当的财政和货币政策，工商企业必须发挥更好的作用，去识别各种强烈的需求，开发更好的产品，更为有效地运送商品，做好广告宣传，从而使消费者得以购买这些商品。过去，太多的公司把自己的任务简单地当作出售它们所制造的东西。当顾客的兴趣减退时，公司便激励他们的推销员作硬性推销。但是，推销是不能提供一个长期的解决办法的。长期的解决办法是，注意观察消费者不断变化的需求，调整公司的产品、服务和分销方式，以适应市场新的需求。

促销的本质就是让利。正因为这样，在传统营销思维里，促销（当然是指狭义促销，即 Sales promotion）的名声并不好。它往往与短程刺激相关，被认为不利于品牌形象，实际上这是一个误解。在传统广告边际效益受到挑战的同时，销售促进却不断改变着自己的面孔，表现得越来越有新意。一个简单的例子是，汽车销售商为了让消费者更好地认识产品或品牌，组织潜在购买者参加免费试驾，通过给予消费者切身体验来强化消费者对品牌的认同；同时增加免费维修保养和零部件优惠服务，增进消费者对产品或者品牌的信赖。这些促销形式不仅仅是短期行为，也有利于与消费者的品牌关系的建立。房地产销售商为了让顾客更加有兴趣，专门修建了样板房作为实物展示，并为前来看房的顾客提供免费交通工具以及免费食宿接待，这些促销措施不仅增加了潜在消费者的信任感和亲切感，而且使其更有耐心聆听房地产营销人员的细致介绍。从中可以看出，当一个潜在客户对品牌产生一定的意识和兴趣，但却不愿意刻意寻找并承担某种不确定性风险时，运用销售促进可以帮助消费者完成与品牌的进一步接触，并有利于建立品牌关系。可见促销活动已经不仅仅是一种简短的短期激励，也是一种对品牌关系行之有效的营销传播手段。有鉴于此，我们把这种有利于品牌价值的促销就称之为消费者偏好建立式促销。

长期以来，偏好建立促销并没有受到相应的重视。在整合营销传播观念中，偏好建立促销方式尤其具有现实意义。促销与消费者密切相关，作为一种整合传播工具，销售促进必须要有利于品牌关系的建设。促销的短程刺激虽然未必带来消费者的品牌忠诚，但是这种促销却可以使消费者熟悉产品或品牌，并且基于产品特性和优点的促销沟通可以建立有利的品牌形象。所以把消费者偏好建立促销用于建立一种长期品牌偏好，可以帮助公司实现最终全价销售的目的。而且随着认识的深化，营销商们开始发现，销售促进在构建品牌形象方面也具有自己的特色，而且这种基于偏好建立的促销在品牌建设方面潜力极大。有促销专家在谈到这个问题时认为："那些领会了作为一项持续战略的销售促进在建立品牌偏好上的潜力的营销商们已经认识到，促销的潜力远不止那些即时性的、价格减免上的小伎俩。促销专家通晓获得消费者参与的各种方法——比如，抽奖、特定的比赛、赠品或还款，他们懂得所设计的活动必须同长期的目标和品牌定位协调好。"比如，化妆品品牌为了鼓励消费者使用，采取一种免费现场试用方法解除消费者初次使用的顾虑。并允诺消费者如果用后效果好，可以成为该品牌的会员用户，将为其建立美容化妆档案，长期获得美容咨询和相应的优惠折扣。采取这种方法可以适当地把一些潜在消费者转化为忠实顾客，并且在此过程中还可以用顾客档案建立起完整的数据库。

相对于偏好建立促销而言，以往的促销观念和具体促销策略的运用，促销者大多专注于简单地采取一次性促销手法来完成短期目标。这种手法的目的是加速购买过程并促成快速销售增长，其无法建立品牌偏好，因此被称之为非偏好建立（Nonfranchise - building，FB）促销。在运用过程中，非偏好建立促销并不能传达品牌特性、功能等方面的信息，也不注重与消费者达成相对稳定的品牌关系，所以虽然可能实现销售但却对建立品牌形象没有多少益处。常见的减价销售、赠品附送以及摇号抽奖等，都是典型的非偏好建立促销手段。通常在属于B2B范畴的贸易促销中，价格折扣和让利都给了中间商，各种优惠并没有传递给消费者，因此大多也是非偏好建立促销。一般说来，偏好建立促销可以把普通消费者转变为忠实顾客，不但有利于品牌关系的建设，而且可以保持促销策略的连续性和长期性。而非偏好建立促销则只是作为一种促销组合形式，在长期促销策划中一定要考虑其局限性所在。

9 一个关于目的性的市场策划案例

（2010-01-22）

策划贵在简单、直接。在广告标题中,"免费"是最具有轰动性的字眼。所以我们的设计也很直接,其原则是一要保证吸引人气;二要使前来市场的人与营业摊位有所接触。

目的性在营销和广告策划中说来容易,做起来并不简单。很多时候客户或者策划的操作人员在执行过程中有意无意地都会偏离目的性。2002年4月,本人曾为一家小商品市场策划促销,深深体会到坚持目的性原则的困难。那是一家试营业半年之后的小商品市场,所谓正式开业和半年前的试营业没有任何区别,只是市场一直不景气,要找一个机会促它一把。生意冷冷落落令该市场的徐总很是苦恼,原打算要通过开业典礼,请一些领导和老同志来捧场热闹一番,整个活动的预算也不算少。但当他谈到这个形式时,我一口否定了它。

"你的目的是什么?"我问。

"市场销售不好,没有人气,商户的积极性也受到影响。"他很清楚自己的处境。

问题明确了,市场的目的也很清楚。但请一些领导来捧捧场能不能带动人气?大家都明白这个道理,所以必须根据实际做一个策划。其实这个位于杭州城北的小商品市场,在本地具有很多的优势。它的硬件建设比起那些老市场来要先进很多,中央空调、自动扶梯，市场有点像商场一般。分区布置合理，交通条件便利，周围分布着大型住宅区，市场的对面还有一个辐射浙北乃至省外的长途汽车站。小商品在价格和品种上一点不逊于其他市场，但是奇怪的是就连它周围的居民也要舍近求远，跑到其他市场去采购。为什么会这样？直观结论是因为消费者还没有认识你，所以必须要有一种方式让消费者对你有个初步认识，因此我把这个策划活动称之为"第一次亲密接触"。"五一"就要到了，利用节假日吸引消费者前来市场是一个好机会。怎么吸引消费者？一个简单明了的概念产生了——送！为什么提出"送"？事实上一切促销策划的核心都是"送"，也就是让利消费者，用利益驱动来拉动消费。这个"送"的主张提交给公司后，徐总显得有些犹豫。因为当初试营业他们已经采取过一种赠送方式了，那次也很巧妙，是采取刮卡兑奖吸引消费者来市场的。现在再送还有没有效果？当然后来的结果是我说服了徐总，但是徐总提出可不可以继续用他们试营业时没有用完的"刮刮卡"，我又回绝了。我的理由很简单，送只是手段，并不是要用"送"去制造轰动，而是以此吸引人气。"刮刮卡"虽然有趣味，但是它把大家的兴趣转移到"送"的形式上了，而不是过渡到对市场的认识。如果仅仅是要轰动，我调侃地跟他开玩笑："最好是让保安站在市场门口，手上拎着麻袋装满人民币，每个人进来发一张钞票肯定轰动。"但是这对市场销售毫无价值。所以形式要紧扣我们的目的。实际上，普通消费者欲望也是很直白的，正如奥格威所讲的那样，在广告标题中"免费"是最具有轰动性的字眼。所以我们的设计也很直接，其原则是一要保证吸引人气；二要使前来市场的人与营业摊位有所接触。一个明确的促销主题就是：

> 10 000件免费礼品任你选，挑花你的眼

为了帮助客户省钱，只是在活动前一周时间，在两家都市报上各做了3个通栏广告。电视方面选择了城市娱乐和影视频道，每晚在电视剧中插播两次。所有广告标题的衬底上，都醒目地打上"免费"两字。具体操作程序：

> 5月1日—5月3日凡前来市场者，均可以获得一张免费礼品赠券，凭赠券在市场700个摊位中，可以在所准备的10 000件礼品中任意选择一件。

仓促之下，我只能用逻辑形式对这一活动的效果进行估算：杭州市区有300多万人，假使有20%的人看到广告，那么就是60多万人；其中如果有20%的人心动，那么就是12多万人；再有20%的人从心动转为行动，那么就有可能是二三万人。设想有这么多人拥到你的市场，市场共有700个摊位，当10 000件礼品分布在700个摊位时，消费者至少要经过一番比较才会领取礼品。设想一下，如果来市场的每个人逛1%的摊位，那就是20万人次了，3天之间这该是一个什么气氛？我的描述感染了徐总和他的市场经理，于是大家拍板执行。

然而活动开始前夕，新情况不断冒出。先是市场从义乌"中国小商品城"批发来的小礼品太精致了，每件1.5元的礼品，竟被认为至少要值数十元，市场虽然向每个商户收了每件2元的押金，但仍怕素质参差不齐的经营商户会自己私藏礼品。于是市场提出一个建议，礼品不再发到每一个摊位，而是在市场集中8—10个分发地点，统一发放礼品。差错来了，这种做法又背离了目的。那个时候杭州有个主题公园正在推出"寻宝"活动，大家熙熙攘攘好不热闹。但是主题公园的目的是只要你来，每张50元的门票就是促销目的。市场却不一样，不仅仅是要你来拿礼品，而且要你在接受礼品时与经营商户"第一次亲密接触"。目的很明确，就是希望顾客们有一个感觉：原来这里的小商品一样丰富便宜，当市场附近的居民意识到自己舍近求远时，一个基本的顾客群体便有可能形成。所以赠送必须是在摊位之间完成。虽然我一再坚持但最后还是打了折扣。

策划在"五一"期间如期进行了。我没有去看但是我想一定会成功的。5月3日晚上徐总打电话给我，说"要向你汇报一下"，客户这样客气的口吻和那兴奋的语气中，肯定了我的预期。果然在"五一"3天之间，市场里人如潮涌，这个开张已经半年的市场第一次迎来了一个人流的高峰。

10 博客影响：工作生活和心路历程

（2012-03-15）

> 在工作之外，人更需要的是性情的挥洒和心绪的释放，所以每一个博客人，或多或少地在自己投身博客之中的时候，都会感受到其生活乃至生命的延伸。

之所以一定要写这篇文章，并不仅仅是因为博客已经陪伴我走过了整整6年时间，更重要的是，在这6年间，博客在一定程度上改变了我的工作和生活，甚至给整个心理带来了微妙的变化。

最早的博文是从新浪开始的。因为专业的原因，很自然地要去尝试Web2.0时代的自媒体形态；也因为专业的原因，建立博客的初衷是希望能够为自己的专业服务，所以从第一天起我就把博客定名为"整合营销传播研究"，打算在博客上写一些专业文字。尽管随着时间的流逝，博客渐渐脱离了自己的专业，现在变得越来越风花雪月——尤其是在科学网写博客之后，甚至被以写"暧昧千年"著名的东华大学YC教授称之为"风花雪月的鼻祖"。尽管如此，我觉得这种必然的流变恰恰说明一个无可回避的现实，那就是我们在苍白的专业之外更需要的是性情的挥洒和心绪的释放，用一句广为流传的话说，就是"理论是灰色的，只有生命之树长青"。循着这条思路下去，我们会发现每一个博客人，或多或少地在自己投身博客之中的时候，都会感受到生活乃至生命的延伸。所以从6年前第一次写博开始，就明确地意识到是穿上了红舞鞋，今后将永远要写下去了。

刚开始时写得很勤快，那时的频率是每天一篇。大约两个多月后，暗暗告诫自己如果要想持续下去就必须把握节奏。从那时起便有意识地对写博时间做了一些调控，不那么密集地写文字，没有那么多时间和精力，也没有那么多要说的话语和内容。但是只要你生活着存在着，你就要有所表达有所交流，所以写下去似乎也就成了毋庸置疑的必然。

前面说到最初是因为专业的原因而建立了博客，所以博客上主要写与专业相关的东西。那些文字说是论文不像论文，说是随笔又很有那么点专业味道，久而久之似乎也成了一种风格。那时候常常会把自己的一些专业感受讲故事般地诉诸博客，一些关注专业的年轻人会去看这些比教科书更轻灵、更显情趣的文字。博客本身就是一种互动平台，这么一来我也乐此不疲地写啊写，甚至还要求自己的研究生们写。刚开博那阵研究生三代同堂有10多个人，大部分都写博，挤挤攘攘感觉挺热闹的。研究生跟我说，有的导师不赞成他们的弟子写博客，说是要影响专业学习。我则不这么看，从专业角度讲，博客不仅是对一种媒体形态的把握，而且写文章也是一种提升自我的锻炼，如果一个人能够坚持不懈地用文字表达自己，其专业也一定会有所促进。这个观点来源于自己对文章的理解，我一向很相信先贤们对文章的看法，当然并不奢望"文章经国之大业，不朽之盛事"。但我一向很信服苏轼的话："能使是物了然于心者，盖千万人而不一遇也，而况能了然于口与手者乎？"所以我对研究生们讲：写博客其实就是一个从"了然于心、了然于口"抵达"了然于手"的过程。

大学毕业时我分配在党政部门，后来读研做老师后来又下海，上岸教书还要经营公司，工作性质不同但是不论哪个岗位对写文章都很倚重，所以写博客至少是对写文章有帮助的，这是自己当时鼓励弟子们写博客的最初想法。当然果真要处理好这点并不是那么容易的，就像自己写啊写，写到了最后虽然文章还是在写，但是渐渐地却越来越偏离了专业。有时博客不仅不利于专业，而且在一定程度上还影响专业。最直接的就是有点什么专业想法，博客上随手一写就了事，不再有将它整理成一篇正儿八经的论文，找一个很专业的刊物发表的欲望。显然在现今的高校评价体系中，这不合乎衡量标准。人总是这样被规则和制度所异化，所以难免要在世俗的目光和心灵的自由中做一番艰难的挣扎。

然而人更多的时候还是活在心灵的世界中，因此博客更多的时候也是心灵的折射和生活的延伸，是生命存在的一种具体形态。从这个意义上来说，博客不仅影响了我的生活，而且在对生活的参与中一定程度上改变了生活。这种改变最直接的体现就是进入科学网之后。从2008年秋天开始以科学网为主写博客，博客渐渐地由写专业文章为主而转为写一些风花雪月的文字为主了。究其原因当然和科网的酒朋诗侣相关，但我觉得这种转变其实也是到了这个年龄的一种必然。在过了知命之年后，开始自觉地认识到人不是为工作而生存，更不是为专业而生存，人在本质上是为了生命的快乐而生存。而写博客的好处就是，你可以相对性情一些地写自己想要写的，尽管我们写的那些东西希望得到别人的关注，但这种对注意力的博取也是生命快乐的需要。用博客表达自己、用博客相互交流，博客在某种程度上为我们建构了一个与现实世界并存的虚拟世界，人的生命在这个世界中得到了更多的伸展空间，也增加了更多的弹性。也许在某一天你会突然发现，你不再是那么的执着、不再那么的愤世嫉俗、不再那么的陷于无可名状的烦恼，这一切很可能都是因为博客的原因。在博客中我们想说就说，想写就写。不能说或者不想写的时候就沉默着潜水着，旁顾无人地看着别人在那儿发出形形色色的议论，没有什么力量可以左右你，也没有人可以给你压力，博客就是一种寄寓人生的方式。

到了这个份上，心底洞明眼前豁然开朗。一如既往地写博客，文字也就更加自由随意了。苏子曰："大略如行云流水，初无定质，但常行于所当行，常止于所不可不止，文理自然，姿态横生。"如此随物赋形，其所谓之乎？到了这个份上终于明白，博客之所以被称作"自媒体"，原来就是自我存在的另一种形态，而这种存在原来也可以和现实存在相融合，即便是在最最俗不可耐的世俗评价体系中，也可以获得些许的补偿。

第五章 网络和新媒体是融合的渠道

一个不可改变的现实是，我们越来越多地涉入新媒体——网络环境中，营销和营销传播也更多地依赖于网络。以数字化和网络化为特征的新媒体不仅是一种信息载体，同时也成为一种更加有力的营销渠道。虽然传统渠道和传统媒体所建构的营销形态依然在强有力地运转，但却都毫无例外地不断向网络和新媒体延伸，并且日渐成了以数字化和网络化为特征的渠道融合之势。

1 亚马逊的网络营销传播创新

（2009-12-30）

> 亚马逊与顾客建立品牌关系的起始点便是广告，只不过它的广告，跳出了传统大众媒体广告注重"推"的信息指向，而变成"拉"，就是让顾客点播它精心设计的广告。

网上购书大概是我对电子商务最初的直接接触。自从尝试网上购书以来，逛书店似乎只是看书而不是买书，往往是书店看了书回来在网上购书，这点得归功于亚马逊的网上购书。从整合营销传播角度讲，亚马逊是真正地把营销和传播达成了统一。从1995年创业以来，亚马逊网上书店（Amazon.com）在短短在10多年间，将电子商务革命的种子撒遍了世界的每个角落，成为电子商务名副其实的代言人。目前它是美国最大的电子商务商，有近1.3亿人了解它，固定的顾客群人数达1 700万之巨，占到美国上网人数的1/5，同时亚马逊品牌在世界品牌排名中名列第57位，业务遍及220多个国家和地区。亚马逊神话的背后是其创新而独特的众多营销手段，它不仅是戴着耀眼光环的网络营销第一大师，而且更为可贵的是它的网络营销手段具有专属性，竞争对手很难模仿。

自从网上购书以来就时不时地收到来自亚马逊的邮件，不仅仅是订单反馈还有意见交流。这是因为亚马逊拥有领先的客户数据库，一旦顾客与亚马逊在网上有了接触，亚马逊便会竭尽全力地以合理的方式获取顾客的个人数据，接着将这些数据归类分档，根据不同的特质，分割出细致的客户群落。亚马逊还拥有世界一流的客户服务团队，其熔现代技术、传统工厂方法与旧式手工操作于一炉。亚马逊采用类似于自动车间的"新经济"管理方式：宽广的开放式场地上设有一排排小隔间，客户服务代理人在小隔间内通过电邮回复顾客的问题。当顾客的投诉出现在服务代理人的电脑屏幕上时，备注库迅速调集有关的常规答复，并从网上发送出去，以保证下一个投诉能及时得到处理。

而在这些营销手段之外，亚马逊对传统广告的新式运用也折射出其非凡的网络营销天赋。亚马逊的广告预算远没有常人想象的那般庞大，至少与其世界顶尖的品牌资产是不相匹配的。更加奇特的是，它不但不用自己支付大笔的广告费用，还能从书籍提供商那里收取不菲的新书推荐费。尽管亚马逊是个将传统广告看得很淡的企业，它却是无可辩驳的广告专家，广告是其主要的营销手段之一，也为其带来了巨大的利润。亚马逊与顾客建立可获利品牌关系的起始点便是广告，只不过它的广告，已经跳出了传统大众媒体广告注重"推"的信息指向，而变成"拉"，用比较形象的描述，就是让顾客点播它精心设计的广告。它的广告制作成本极其低廉——为一本书撰写一篇短小而精悍的评论，或者为一样玩具设计一个平面广告，不需要太高的制作成本。而发布的渠道则更是超级省钱——一般只发布在自己的网站上，绝少会把自己产品的信息发布在传统媒体或者其他收费网站上。因此可以说，亚马逊的媒体发布费基本为零，再加之其省却了大笔的经销商费用，难怪有人称其为超级省钱的机器。

亚马逊超越传统大众媒体的广告其实很简单——根据数据库，针对顾客不同的兴趣，发送不同的电子邮件，而邮件里链接了为特定的顾客挑选图书的浏览地址。比如，某个顾客是个历史迷，亚马逊会向其发送关于历史书籍的电子邮件，邮件里会列出一些介绍最新的历史书籍的链接。当然，亚马逊深知现在的网民对垃圾邮件的憎恶，也明白虚拟空间中人们同样不信任广告，因此发给顾客的私人邮件，首先会小心翼翼地征求顾客的意见，询问他们是否愿意收到这类邮件；其次，非常注重频率，绝不过多地向顾客发送邮件；最后，它会将邮件的推销意味设计得很淡，做得更像是咨询或者购物的指南，而不是广告。由于私人邮件中的促销信息很薄弱、很隐晦，同时信息的针对性又很强，所以大部分顾客都不反感亚马逊的邮件，甚至在一探究竟的好奇中点击了链接，亚马逊也就完成了让顾客点播广告的过程。同时邮件和网站广告上明显的客服热线也时刻准备着进行另外一场隐晦的广告宣传。亚马逊这样评价自己的广告策略：我们这样做，让消费者们感到他们在购物时并不孤独。这无疑是极其出色的整合营销传播，它的辉煌成功是多方面沟通渠道根据网络特色有效整合的结果，也是对传统广告的突破。从整合营销传播的角度审视，我们可以发现其广告价值的奥妙所在。

第一，选择最佳的广告方式和载体。亚马逊广告的成功首先是方式和载体选择的成功。整合营销传播的战略实施过程中，广告通路需要创新。网络的普及使企业可运用网络广告与消费者进行交互式营销，也可以抓住知识经济时代消费者关注知识的特点进行广告诉求，还可以用科技手段刷新传统的广告方法，使消费者从手段创新中领略企业创新的风采。在传统思维模式的支配下，营销人员会把广告推向消费者，尽管营销人员殚精竭虑地在广告创意和发布手段上瞄准目标消费群体，但广告出去之后的有效到达率总是和预期的相差很多。在网络交互时代，广告的"广泛传播"模式可以向"窄播"模式转变。亚马逊网上书店已意识到这一点，与其漫无边际地在传统媒体上投放所有人都看得到的广告，不如向少而精的群体进行专属的诉求。在"窄播"思维的指导下，亚马逊运用直接邮件的方式，以此寻找对特定种类的书籍或其他服务感兴趣的小群体客户，实现了客户主动点播广告。这是一个选择广告方式和载体的过程，也是分析消费群体和市场细分的过程。

第二，广告应该有助于建立长期关系。不可否认，从与顾客建立长期可获利关系的功能看，传统广告对此并不擅长。传统广告的单向性、大众性，尤其是强烈促销色彩的诉求方式，决定它不可能让顾客产生太多的亲切感，因而也很难维持企业与顾客的长期沟通交流，在保有老顾客方面更是很难奏效。但这并不意味着经过全新理念和技术手段改造的新式广告也会落于此种尴尬。正如亚马逊一直所强调的那样，它力求为顾客创造一种全新的购物体验，将"客户主动点播广告"纳入购物体验的过程。这个新的购物体验是长期的，因此亚马逊的广告也就成为长期可获利关系的纽带之一。在亚马逊的广告运动中，原始的广告更多具有了咨询的角色，而不再是赤裸裸的促销诉求，对于亚马逊的顾客而言，亚马逊为其提供的价值不是多一种产品，而是多一种选择，类似于来自朋友的关怀。

第三，必须寻求建立互动式的广告。既然技术的发展为传播带来了空前的革命，广告也必须寻求自我的突破，追求互动就是其中之一。传统广告的互动功能相对较弱，企业难以确切知道受众阅读广告之后的真实感受，需要很长时间才能粗略估算出广告对拉动销售的贡献。亚马逊的互动广告模式突破了这个瓶颈，它通过邮件发送的广告链接地址可以测量出准确的点击率；阅读广告之后的订单也能与广告的点击率一一对应，从而得出哪些广告具有良好的传播效果，哪些广告在拉动销售方面能力较弱，需要改进或者撤换，这就形成了不断循环的反馈机制。同时又因为一个广告是专门为一本书定制的，因此产品与广告之间的关系更加清晰地得到了表达，成为亚马逊十分有价值的参考数据。

2 对谷歌退出中国市场的商业思考

（2010-01-18）

> 谷歌退出，中国的精英们往往比较坦诚且富于对美国价值的情感关怀，但总缺少谷歌的战略眼光和对商业法则的尊崇。在市场竞争中，政治口号和价值标准只是借口，或者只是附加的因素。

最近谷歌扬言退出中国的举动，不论是出于经济考虑还是炒作需要，或者是糅合了更多的超越经营的因素，但不论怎么说退出中国都是一种"以退为进"的策略。我不相信任何一个有远大目标的网络公司，会放弃这个上网人数超过美国全国人数的网络市场。据英国《金融时报》报道，对于谷歌考虑退出中国一事，美国微软公司和惠普公司的首席执行官均表示不支持，他们都坚持对中国这个世界最大互联网市场的青睐。

谷歌高级副总裁大卫·多姆德所讲的考虑退出中国的理由是：公司网站曾遭遇有针对性的攻击，导致其机密技术被窃，以及有关部门对谷歌搜索结果"审查整顿"的做法让其无法接受。谷歌还表示，遭到这种"针对性攻击"的还有另外20多家公司。但是业内人士指出，不愿接受审查搜索内容仅是谷歌退出的理由之一，事实上主要原因在于谷歌在中国长期经营不善。谷歌没有任何理由放弃拥有3.6亿用户的中国互联网市场。谷歌此次在中国的举动并未赢得微软和惠普等美国大公司的支持。微软公司首席执行官史蒂夫·鲍尔默和惠普公司首席执行官马克·赫德都否认谷歌所谓的"攻击"

给互联网安全带来大范围威胁的说法。微软公司首席执行官鲍尔默表示,这次的事件是"谷歌自己的问题","每个大公司都在遭黑客攻击,我不认为这是互联网安全环境的一个基本变化"。鲍尔默还表示,微软公司在中国看到了一个巨大的商机。与此同时,美国惠普公司首席执行官赫德也认为,中国是一个拥有巨大潜力的市场。来自中国消费者的强烈需求是去年美国技术产业的主要支柱之一。

商业竞争的法则永远是利益至上的,因此不论怎么包装最终都会露出真相。于是我们看到刚刚高调透露可能退出中国的谷歌,旋即又表示"不排除继续留在中国市场"。中国开明的很有民主气质的精英们,往往比较坦诚而且富于对美国价值的情感关怀,只是没有那些具有战略眼光的企业家脑子复杂而且转得快,咱们的关怀还没有倾注完人家就又发话了。这就是商业法则,政治口号和价值标准只是借口,或者是附加的因素。谷歌表态也好,美国官方和中国官方的一些讲话也好,都不过是博弈说辞而已。显然谷歌明白它是无法置身经济崛起的中国市场之外的,而市场的原则就是平等,即便是有什么与其特质有所抵牾,但是那是对所有企业而不是针对它一家的。这就和3年前达能在和娃哈哈那场我曾有所参与的争战一样,达能起先也是扮出一副正义的面孔大讲什么"商业道德""契约精神",还搬出法国总统说情,无非是想多得一些利益。但到了后来,连打30多场官司,从国内输到国外,最后落得灰溜溜的惨败结局。虽然我喜欢谷歌,但是我不赞成拉大旗作虎皮的商业作风。且看谷歌的CEO是怎么说的。

谷歌首席执行官埃里克·施密特(Eric Schmidt)透露,公司还在与中国政府就此事进行商谈,他并不排除谷歌继续留在中国的可能性。施密特在美东部时间1月15日接受《新闻周刊》(Newsweek)国际版主编法里德·扎卡里亚(Fareed Zakaria)独家专访时表示,比起其他公司,谷歌有其不同之处,在中国的运营对于谷歌决策层来说是个非常复杂的问题。尽管如此,施密特仍然表示,谷歌公司认为,在中国营运对每个人都有好处——对谷歌和中国民众都是如此。

在被问及为何要公开宣布退出的消息而不是先和有关方面进行沟通时,施密特说,谷歌公司虽然还在与中国政府就解决这个问题进行协商，"但是我们希望透明，不想保密。所以我们先公布了消息，现在仍在跟中国政府进行讨论"。施密特表示，现在还很难说最终结果如何，因为讨论才刚刚开始。他说："这不是一个商业抉择——商业抉择显然会是继续参与中国市场……我们试图从全球观点来寻求什么才是最好的（决定）。"施密特在受访时，也重申了谷歌公司早前在退出声明中的立场，声称谷歌公司不仅仅是被商业利益所驱动。

最后，在被问及谷歌退出中国市场后，百度是否会独霸中国的搜索引擎市场时，施密特说："这是一个可能的结果，但也许我们可以和中国政府达成协议，然后继续在中国运营。不然，可能也会有其他公司进来。要知道，我们仍会在中国保留我们的工程师、程序员和其他工作人员。我们爱中国和中国人民。这不是因为他们（百度），而是因为我们不愿意继续被审查。"

其实问题远远没有我们想象的那么严重，也没有谷歌声张的那么可怕。谷歌公司决定关闭的在华业务仅仅是谷歌中国（Google.cn），而其他的一些业务将不会受到影响。即便真的关闭了谷歌中国（Google.cn），Google.com 仍将继续提供中文语言搜索服务，中国的网民将有可能继续使用 Google.com 的域名进行搜索。

针对谷歌退出中国的时间，最新一期的美国新闻期刊《时代》（Times）在一篇题为《谷歌的中国教训：硅谷不再是王》的深度评论文章中分析说：当谷歌以坚守价值观的理由宣布退出时，不得不承认，谷歌在与百度的竞争中"技不如人"。进入中国市场以来，谷歌的市场份额一直远落后于百度，而"溃败"并不是谷歌一家美国公司所遭遇的宿命，ebay 没能竞争过淘宝网，另一大搜索引擎雅虎也以被阿里巴巴收购完成自己在中国并不精彩的亮相。文章认为，中国在网络和媒体领域拥有生机勃勃的创新能力和本土竞争力，他们的优势足以击败来自美国的对手。在这个快速成长的新技术领域，美国人应该意识到，硅谷不再有"日不落"的王者地位。

3 iPhone 会给苹果品牌带来麻烦吗

（2011-05-05）

> 苹果手机和平板电脑的领先依照的是技术和观念创新，与此相伴随的是在营销领域的"饥饿销售法"。但当技术壁垒在今天已经变得微不足道时，它还能保持自己的优势吗？

在 iPhone 和 iPad 如日中天的时候，提出这么个问题似乎有点不合时宜。这是今天在课堂上跟学生交流的多个问题中的一个，其他问题都是学生提出来的，只有这个问题是我提出来跟学生讨论的。我喜欢这种完全开放式的问题，让学生早早去想好问题，上课时候提出来，然后结合课程内容给予回答。于是便有了形形色色的问题：有问大学生手机品牌选择习惯的，有问星巴克咖啡为什么要比别的咖啡更吸引人，有问洗发水市场为什么宝洁和联合利华独大，还有很多问题忘记了。关于 iPhone 的营销是否会给苹果带来麻烦，前两天跟一位以商业传播做开题的博士生也讲过这个话题。我的看法是苹果进入手机领域，是通过技术创新异军突起的，身患绝症的乔布斯尽管无法挽救自己的生命，但却使前几年曾经萎靡的苹果再振雄风。iPhone 和 iPad 所带来的旋风令人振奋，在中国乃至于在全世界，它都成了引领时尚的新奢侈品（在谈星巴克的时候，我又对学生提及"新奢侈品"这个概念）。然而问题也随之而来了：

苹果在手机和平板电脑领域的领先依照的是技术创新先行一步，与此相伴随的是在营销领域它所推行的有限销售的"饥饿销售法"。

所有这些不仅增加了 iPhone 和 iPad 的身价，也增加了顾客拥有它所带来的精神满足感。但是技术的壁垒在今天已经变得那么微不足道，何况如今智能手机已经不能算是什么尖端技术，把 PC 与手机相交融似乎也说不上有多少困难，当联想和三星以及更多的山寨们也可以很容易的复制模仿时，由技术领先所产生的时间差最多也只有一个月的时间优势。于是苹果面临着两种选择，这两点既是它的品牌机会也可能是品牌的滑铁卢（可能没这么厉害，但至少会成为品牌冲击）。

其一，为了保持它的优势，苹果必须持续不断地推出技术领先的新产品，而且适当加快其推出速度。这带来正负两个方面的效应：正的方面是维护品牌领先，并引导智能手机潮流；负的方面是，智能手机在短时间里很少会出现革命性的变化，新产品推出充其量只是一些细部的革新，而随着新产品的推出老产品价格的大幅走低，也许会影响已经建立的消费者信赖。正如 iPhone 和 iPad 成为新奢侈品那样，很难保证最先消费新奢侈品的消费者，不会像是扔掉一双袜子那样轻易抛弃他们抢先获得的前一代产品。那么这些苹果品牌最坚定最狂热的拥护者的品牌感情会受到伤害吗？

其二，苹果从电脑领域进入手机领域，它要重新定位自己让自己成为像诺基亚、摩托罗拉那样的专业公司，未来当人们提到手机时，进入消费者大脑的领先品牌苹果位居其一。那么它就要放下自己的身段，不仅仅局限于高端市场，还要走中低端路线。但是中低端在扩大其市场份额的同时，还会依然如故地让它保持"饥饿销售"那样强劲的动力吗？回顾 15 年来在手机市场上此起彼伏的品牌兴衰，摩托罗拉、诺基亚、索爱……哪一家不是有喜有悲起起落落的？如果这样苹果会遇到新的品牌麻烦吗？从整合营销传播的角度看，这麻烦主要来自于品牌利益与顾客利益的平衡，如何把握好这个度很重要。

传说苹果伟大的创始人乔布斯也许将不久于人世，乔布斯之后蒂姆·库克（Tim Cook）还会这么风生水起吗？

4 关于网络、民主与市场的随想
（2010-06-10）

> 网络直达每个终端，网络信息民主正在推动社会民主。在这样一种民主和市场不可阻挡的趋势下，那些漠视终端、漠视市场、漠视民主的行为，还能持续多久？

两件关于网络的事情值得关注，一个是昨天由中国政府公布的《中国互联网状况》白皮书，一个是前一天的关于三网融合试点方案终于通过并即将展开。前一个文件表示中国政府充分认识到互联网对于加快国民经济发展、推动科学技术进步和加速社会服务信息化进程的不可替代作用，同时也表示中国坚持管理互联网，强调其互联网主权应该受到尊重与维护。后面一个关于三网融合的文件，其实是长久以来不同主管部门，主要是工信部和广电总局博弈平衡的结果，最后无非是广电控制内容，电信控制技术。

对于前一个报告我更感兴趣的是一些数字：1997 年至 2009 年，中国投资 4.3 亿元人民币建设互联网基础设施，建成辐射全国的通信光缆，网络总长度 826.7 万公里。至今中国 99.3% 的乡镇和 91.5% 的行政村接通了互联网，3G 网络基本覆盖全国。（反思：与这么巨大的成果相比，4.6 亿元的基础建设投资实在是算不了什么，几乎还不如上海世博一个大场馆。看来政府以后在这方面多投一些，比花钱搞其他基础建设的投入产出比肯定要高。）另外，截至 2009 年年底，中国网民人数达到 3.84 亿，互联网普及率达到 28.9%，超过世界平均水平，手机网民达到 2.33 亿。中国互联网发展与普及水平居发展中国家前列，国家将努力在未来5年使互联网的普及率达到45%。与此同时中国网上交流活跃，现有上百万个论坛，2.2亿个博客用户。抽样统计显示，每天人们通过论坛、新闻评论、博客等渠道发表的言论达300多万条，超过66%的网民经常在网上发言。（这些数据表明，网络已经给接近1/3的人提供了新的表达和沟通方式，如果考虑到网络使用者的文化和年龄构成，几乎可以说超过70%的社会中坚阶层都是网民，在某种意义上网络和网民更加具有社会引导意义）

由此我想到的第一个问题就是：网络信息民主正在推动社会民主。这一点几乎不需要怎么举例加以说明。尽管政府表明要依法管理、科学管理和有效管理互联网，"主张合理运用技术手段"遏制违法信息传播，遏制违法信息对国家安全、社会公共利益和未成年人的危害，但是网络毕竟提供了前所未有的舆论和公共沟通平台。网络如潮汹涌，如果还像大禹他爹鲧那样采取"堵"的方式，似乎不会有好结果的。在这样的趋势下，网络信息民主必将推动社会民主。

回来再说三网融合的事情。这件事情在中国一直难产，半个多月前某一天吃饭间，我请教坐在旁边的省广电局局长对"三网融合"的看法，他说三网融合其实只是"二网"，广电网和电信网。此话一出顿有恍然大悟之感，互联网其实不存在融合的问题，说穿了所谓融合并不是一个技术问题，而只是一种管理部门的利益博弈。电信经过10多年的行业整合之后，虽然仍旧几家垄断但是毕竟市场化了，而广电则一直是由宣传部主导的，不但在渠道上高度垄断而且在内容上高度控制。正因为这样，连IPTV这样的简单模式，由于广电自身的技术和市场适应能力不足也很难顺利推开。令我感到意外的是，局长虽然是主管广电的但思想却很开通。他讲道：这种分割实际上没有考虑到技术和社会发展的需要。

从这里延伸到第二个问题：实际上三网融合推进的艰难，就在于代表管理者利益的政策，与代表社会公众需求的市场和技术发展在进行博弈。当网络作为一种技术进步汇入社会进步和市场化的大潮中时，如果管理部门以这样或那样冠冕堂皇的理由阻碍市场发展，无疑是漠视社会进步和市场发展的行为，会给社会和百姓造成严重后果，无形之中增加很多成本。比如，家庭里上网一条线，看电视另一条线，如果想看数字电视还要再装一个"机顶盒"。当网络已经覆盖到整个家庭时，仅仅是由于两个部门的利益博弈，导致了在家里不到50米的终端却无法融合。当两家在争夺的时候，如果只考虑到自己的权力，全然不顾终端也就是用户消费者的权力，无疑是忽略了人民的权力，这正是管理部门的可悲所在。

由此想到了第三点：在这样一种民主和市场不可阻挡的趋势下，这种漠视终端、漠视市场、漠视民主的行为，还能持续多久？

5 网络控制与网络帝国主义

（2010-08-02）

> 美国正在通过网络控制世界，表面看这是自由市场中消费者的自由选择。但互联网市场是被扭曲的，它的整个体系和规则都是依照有利于美国网络服务公司而设计的。

最近有媒体报道了谷歌与美国中央情报局的合作，其实这是很自然也是必然的事情。网络本身不仅仅是最为广泛和最深刻的媒体，而且也是一个虚拟社区，并且是现代人生活与行为的记录和储存方式。现代人本身就生存于真实世界和媒体世界的二元状态下，所以通过网络控制和网络霸权，实现对人类行为的操控也是一种必然选择。对此日本应庆大学教授岸博幸7月13日在《朝日新闻》发表文章呼吁《警惕美国的网络帝国主义》。他认为：

谷歌及美国其他互联网公司革命性地改变了人们在网络上收集、传播信息及互相沟通的方式。这些网络公司制造和开发的"云计算"等网络服务以及平板电脑等工具，为顾客和企业带来了极大的便利。我们日常使用的谷歌、雅虎、亚马逊、推特等网络服务，都是美国公司提供的。这些公司在各自领域里建立起全球垄断或主导地位，使得全世界网民对他们提供的服务形成了严重依赖。这些美国公司由此建立起全球化的系统，从而在互联网上大把吸钱。所谓"网络帝国主义"，指的正是美国对全世界网络市场的统治。

一些国家的中央及地方政府机构，还有那些企业，是否意识到了将关键数据存储于海外匿名服务器上的安全风险，他们是否充分了解服务器所在国的法律呢？事实上某些国家允许人们通过此类服务器获得机密信息。这方面一个很好的例子就是美国2001年《爱国者法》授权当局可以自行获取服务器数据。智能机构（通过服务器）获取各种各样的信息，很多人无须掌握黑客技术就能做这些事。对一个公司或组织来说，在毫不了解内情的前提下，将机密信息交给掌握"云计算"服务器的人是不计后果的行为。你使用这些服务时，根本无法排除有人未经许可接触数据的可能性。美国联邦政府立法规定，为联邦政府提供"云计算"服务的公司必须将服务器设置于美国本土大陆，即使夏威夷都无法避免风险。

美国网络公司还深刻改变了图像、音乐和文章等内容的传播方式。这些公司自身并不创造内容，但通过向市场免费提供别人的内容产品获得快速增长。这些公司通过掌握庞大的用户群吸引了越来越多的网络广告投放，从中获得巨额利润。目前在英国，一般企业在互联网的广告开支已经超过电视广告费的总量。传统的文化和媒体等内容产业的经营，需要投入高额成本，广告原本是其重要的收入来源。当用户习惯了免费的网络服务时，就不再愿意为内容付费。这种运营模式使全球内容制造商及传统媒体遭受重大打击。在21世纪的"网络帝国主义"中，形成了新的剥削者和被剥削者。

表面看这是一个自由市场中由消费者做出的自由选择。在市场理性的前提下可以这么说，但互联网市场是被扭曲的，它的整个体系和规则都是依照有利于美国网络服务公司而设计的。一个典型的例子是，美国知识产权保护法规定了要"合理使用"内容产品，美国法律也规定网络商必须通过设置于本土的服务器提供服务。而谷歌公司在未事先获得授权、未支付相关费用的情况下，大量拷贝链接全世界报纸杂志的内容，吸引了大量用户。在互联网上非法下载和内容共享司空见惯，而在真实世界里，这就是偷窃行为。自由竞争是很重要的，但目前这种市场形成的竞争环境是被扭曲的。

6 在网络时代用梦想成就品牌
（2010-08-11）

> 在信息技术环境里，尤其是对于网商而言，已经不是要不要做品牌的问题，而是要想更好的生存和发展就必须要做品牌，因此剩下的就只是该怎么做的问题。

给阿里巴巴的网商们讲品牌，自然会讲网络营销未来将更宽阔，在整个营销领域将占有更大份额，今后营销的主流将逐步转向电子商务。因此实体营销应和电子商务一起构建整个营销平台，并为电子商务服务。所以必须尽快建立网络品牌，对于网商们来说，品牌是必然而不是选择。给网商们讲品牌营销时第一句话说：阿里巴巴是一个伟大的企业。这不是因为它的历史也不是因为它的规模，而是因为它为年轻一代创造了梦想。没有梦想的企业成不了伟大的企业，在今天这个社会，企业成就梦想已离不开网络，所以网络已成为创建品牌的最为重要的领域，对于现代企业尤其是网络企业而言，成就品牌的最佳路径就是网络。

听课的对象都是经过挑选的中小型网商，它们的营业额在2 000万元到1亿元之间，这些网商通常已经在自己专注的领域里崭露头角。但是网商是一个很特别的商业群体，尤其是在淘宝网上，他们大多数是每天窝在网店里对着电脑来回巡梭，很少像传统企业那样展开经营活动，所以很多人并不知道进一步要不要做品牌，如果做又该怎么去做。因此开宗明义便对他们说，在今天这个环境里，尤其是对于网商而言，已经不是要不要做品牌的问题，而是要想更好的生存和发展就必须要做品牌，因此剩下的就只是该怎么做的问题。

很多网商出于自己的营销模式都会有一个误区，尤其是受到传统品牌观念影响，认为品牌只是在某一个阶段才可以做的事情。这实际上是一种错误的认识，这些年尤其是在以奥美为代表的4A广告公司诱导下，这种错误认识好像变得天经地义了。认为做品牌就是要多花很多钱，而这些钱投下去又很难得到确切的回报。以宝洁为代表的传统品牌模式，成为很多中小企业难以企及的范本，所以很多中小企业不敢做自己的品牌。其实这里有一个观念误区，也是这个误区曾经导致了早些年中国多家"广告标王"一夜成名，几年之后又销声匿迹。实际上，在新的媒体环境和市场背景下，那种以大众传媒创造"名牌"，进而推动市场的粗犷的品牌营销方式，早已无法适应需要。这种方式不仅不是最好的方式，而且有可能是风险最大成本最高的方式。所以新的品牌经营法则就是要在练好内功的同时做好外交，要特别关注品牌与顾客及相关利益者之间的关系。在品牌传播上摒弃以往以大众媒体为主的传播方式，注重选择自己的最佳接触点和接触状态。对于网络和电子商务企业来说，更有一个别人所不具备的得天独厚的优势，那就是数据库和互动传播，这是成就品牌的两大法宝。

　　已经很成功的品牌当然是很强大的，但是伟大的企业和伟大的品牌则一定是正在走向成功的中小企业。因为只有这些企业才有梦想，才有为了梦想奋斗的精神。网络时代是制造梦想成就梦想的时代，当诸如可口可乐和宝洁这样的传统品牌，用百年跋涉塑造出品牌辉煌时，网络和新技术企业仅仅10多年甚至几年，便飞快地超越了它们昔日的辉煌。如今在世界品牌排行榜上，位居前20位的主要是微软、Googl、Facebook、苹果、惠普、亚马逊、英特尔等，新技术产业几乎与传统企业平分半壁江山。更让人振奋的是，这些新兴企业比传统企业更加具有梦想和对未来无限的憧憬，在中国阿里巴巴就是证明。

7 忽略媒体成本 回归创意本身
（2013-03-10）

> 网络和新媒体对广告业的一个很大影响是，也许媒体购买价格未来会低到几乎可以忽略的地步。这是广告业回归主体涅槃重生的一次契机，创新创意将真正凸显出价值。

很久不关注传统广告也不再写广告书了，不写的原因是觉得传统广告已经乏善可陈。该说的基本上都说了，没有说的则不是说了也没意思就是没有意思可说。实际上理论研究本身最重要的是解决方法论和主导观念的问题，而这些本质性的问题只要想通了，往往不需要很多陈词滥调便可以概括清楚。所以新的观念和理性思维需要的是进一步的贯彻和延伸，随着网络和新媒体的发展，以前关于广告和整合营销传播的思考，自然地都汇聚到了这里。

记得去年在走向教室的路上，想到课堂上要和学生们讨论一个问题："传统媒体广告会消亡吗？"当然这个消亡并不是说它将毫无踪影，而是说它在未来的市场营销和品牌建构过程中，将越来越无足轻重，直到有一天可以被忽略不计。似乎当时我对此是抱着肯定的态度，但那批刚进入大二的学生们感觉不到，他们的阅历和知识似乎还不足以和我讨论这个问题，于是问题也就没有深入下去。如今又想到一个与此相关的问题，那就是我们的广告甚至广告产业将走向何方？

一个不能回避的现实是网络和新媒体。网络和新媒体不但带来了营销传播方式及其环境的改变，而且彻底终结了以往大众传媒的霸权时代。因此建立在大众传媒基础上的传统广告模式,也必然面临着严峻挑战。它的问题很多,首先是成本问题。传统的大众传媒广告,不仅不是最有效的营销传播方式,而且很可能是最浪费的营销传播方式。如果核算一下投入产出比和资金效益,估计传统的报纸电视广告在今天是最不划算的推广手段;其次还有一个是媒体的可得性问题。在网络和新媒体时代,传播渠道充分多元化和成本低廉化,形形色色的社会化媒体基本上都是无成本传播,因此传播效果的获得更多是取决于传播内容而不是传播渠道。而长期以来我们的广告理论,几乎都是建立在大众传媒广告基础上的,这招致了全部广告经营中绝大部分的投入并不是创新和创意投入,而是媒体刊出和播放投入。2012年,中国广告业营业额3 000多亿元,其中电视广告投放费用1 000多亿元,加上报纸以及其他媒体投放超过2 500亿元,而真正留给广告产业本身的创新、创意以及进一步的延伸所占不到1/6。这实际上是一个很可悲的现象,对于广告业来说是本末倒置,走向了尽头。但是任何一种极端都意味着物极必反,所以我预想未来广告业将会出现新的转变,这就是回归创新、创意本体,通过创新、创意而不是通过大众传媒播出实现其价值。我用微博和微信发布了这个预言:

网络和新媒体对广告业的一个很大影响是,它正摆脱以往的媒体依赖思维,最终从重发布走向重创意。随着大众传媒的式微,也许媒体购买价格未来会低到几乎可以忽略的地步。这是广告业回归主体涅槃重生的一次契机,创新创意将真正凸显出价值。广告产业园区要鼓励企业把握方向,从传统广告公司向创新创意公司转变。这也是实现园区效益跃升的最佳路径。

8 关于创新及著作论文发表的随想（2013-08-16）

> 把握新媒体发展趋势，创新创意回归广告的结果是，未来的增长点和规模化的赢利，将不再是媒体的贩卖和垄断，而是创意的辉煌和超越的开始。

两位北京的学者就中国学者学术成果问题进行商榷。中国科学院研究应急管理的安博士针对中国学者在国外发表文章的问题时说，一个很重要的原因是国内期刊对一些方法性论文的偏见。他的这个观点我比较认同，这些年来我们的学术界陷入了一种技术性的怪圈，片面地关注一些所谓数据和定量分析，搞一些图表和模型，把简单的问题复杂化。对于这个问题记得两年前李小文院士曾经带头讨论过，我也热心参与写过两篇文章，讲"伪科学的陷阱"和"数据崇拜的创意贫乏"。实际上，安博士所说的这种国内期刊论文的现象，正可归结为伪科学陷阱与创意的贫乏。上个月在清华做品牌战略营销讲座，曾对着听课的那些老总们攻击，如今的很多搞品牌管理的专家学者，缺少真正的思想和真知灼见，搞了一些模型数据糊弄企业。我对朋友推广的一个"中国品牌竞争力指数"表示不看好，我的意思是说你搞了这么多的数据，看上去太复杂，最大的用处是可以拿一点到政府的相关报告中，但是对那些想做好品牌的企业却没有什么用处。企业需要的是你对品牌问题的诊断，到底是哪些因素对品牌发生作用了，操作这些因素的路径有哪些？而且千万不能把简单的问题复杂化，复杂是企业自己在品牌操作中所面临的事情。学术首先应该关注的是本质性问题，当然在能力允许的情况下，也可以把本质问题再延伸到更具体的方面。所以我关注到了小文老师留在武夷山老师博文下的评论："请教武老师和安哥：当你们处理这么多因素的时候，用PCA（主成分分析）吗？"感觉到武老师的回答似乎没有理解小文老师问题的初衷。

  回过头来再说创新和专著论文。没有悉心去思考安博士和武老师观点之不同，只是感觉他们都是就同一个问题展开不同层面的论述。实际上所谓创新，本身就是一个很宽泛的概念，虽然创新研究专家们会有不同的解释，但我觉得创新似乎应该分为几个层次，包括思维观念的创新、模式方法的创新、技术手段的创新。几个方面并无高下之分，要做一个排序的话，我觉得最重要的是思维观念的创新，其次是模式方法的创新，最底层的才是技术和手段的创新。而我们现在的问题是过于关注最底层，而忽略了其他两个层次。这也许是导致我们的刊物论文过于强调模型和数据，也是导致我们这个国家包括科网众生们更注重所谓"技术"的主要原因之一吧。多年前，我给研究生上课时，每次开课前总是喜欢问一个关乎思维方法的问题。其中一个是："大家思考一下，过去50年人类历史上最伟大的创新是什么？"大家会回答很多诸如航天技术啊、互联网呀，还有什么人工合成胰岛素之类的东西。然而我觉得这些创新虽然很有意义，但是并非最伟大最有影响的，它们任何一项比之于市场经济、民主体制这种由思维和观念创新所引导的社会创新，都无法望其项背。因此伟大的创新首先是观念的创新，而不是应用模式和技术层面的创新，应用和技术都需要观念和思维引导。再如，习总书记提出的"中国梦"，从观念层面上说就是一种创新。为什么这么说？因为它是一种对以往GDP主义和维稳思维的矫正，所以具有思维和观念的创新价值。观念创新一定具有某种本质性，而且往往简单明确并不复杂。

  多年前，我在自己的书里谈到创意与市场需求时写过这么一段话：创造需求作为一种能动的市场营销导向，并不是盲目地操作。它是把人朦胧的知性和潜在的欲望加以明晰；把人由初级的眼前的利益追求引向高级的长远的利益追求；把对需求的不满因素造成的否定引导到满意因素所促成的肯定。在这个意义上，我们所宣称的创造似乎并不是一种发明而更近乎发现，就好像哥伦布发现新大陆并不是因为有了哥伦布才有了新大陆的存在，而是因为有了哥伦布才使得新大陆存在于我们的生活中。

多年过去了，我觉得这仍旧可以算是一点真知灼见，中国学术研究目前的状态似乎有点陷入技术主义的繁缛，过于关注手段而忽略本质。因为这个原因导致了论文专著和研究成果缺少创新和思想火花，不能真正给人以启迪。而那些喜欢拿出数据和模型装模作样的专家学者，往往也是因为缺少创新思想，这才弄出很多眼花缭乱的东西，用鲁迅的话说就是拉大旗作虎皮，裹着自己吓唬别人。可悲的是学术和整个社会一样，往往是由平庸组成一个神圣同盟，于是乎这种缺乏创新的平庸就变成了世俗的标准。其实很多时候很多人心里也明白这些，但是处在这么一个体制的网中，自己无法冲破，于是只好随波逐流，想以此博得体系和秩序的青睐，这不能不说也是国人之悲哀。处在信息社会中，也许很多人畏惧创新，尤其是网络如此普及，随便搜索一下应有尽有。但是应该看到，即便是搜索时代同样也创造了更多的创新机遇，对于人文社会科学研究而言，创新的契机似乎更可以从"发现"中去获取。当大数据呈现的时候，你会发现精确性不再那么神圣，因果关系不再那么重要，重要的是相关联系。你会发现技术层面的问题似乎早已具备，缺少的是模式和方法的变革，更进一步说是缺少一种新的思维和观念的统帅。

不知不觉写了这么多，也许是创新所激发的思维发散性原因，许许多多的浮想联翩而来。还想写下去的时候恐怕又会陷入把简单的问题复杂化的陷阱，使文章稍有的一点创新也被冲淡。为了创新的精神，也为了使这篇文章不至于不忍卒读，收回信马由缰的思路，就此打住。

9 超越苹果三星甚至 Google 和 Facebook 吗

(2013-09-13)

> 把握新媒体发展趋势，创新创意回归广告的结果是，未来的增长点和规模化的赢利，将不再是媒体的贩卖和垄断，而是创意的辉煌和超越的开始。

这个学期，新课程开始的时间是 9 月 11 日。这前面的一天是"教师节"，这是一个教师自己为自己感动的节日，我写了一篇文章：《致我的学生们》。文章末尾写道："人生秋色渐浓，渐渐会生出越来越多的眷恋。你走了那么多的路，你过了那么多的桥，那么多的沉浮，那么多的波澜，到头来你无怨无悔的还是一个老师。当一个人以教书为生，什么是他的自豪和职业理想呢？也许最欣慰的是教过那么多的学生，而且看到学生有所成就，他们令你感到自豪。"不久看见我的文章下面，来自美国北卡的贾师兄评论说："人生秋意渐浓，内心亦渐趋平淡，偶尔泛点小涟漪，就来篇小博文，不亦乐乎？"确乎其事，有点感触便随手写出，也是一件快意的事情。

如今讲课多少有些不羁，总是喜欢联想一番。说起应广协之邀给广告公司老总们讲课，原本计划讲的是"广告业面临的挑战与营销传播的趋势"，不料讲课中间老毛病重犯，前面一部分挑战和应对的事情还没有讲尽兴，更来不及讲后面的一部分，就到了晚饭时间，只好收场，可惜的是没有了和这些广告公司老总们的互动时间。这对我是一个损失，这些年来，我一直把讲座中与业界互动作为自己实践更新的来源，每次讲座在输出的同时也在收获。现在越来越会"吹牛"了，每次讲课都像是讲故事，在故事里面包含了我要讲的道理和观点。似乎这样听者更有兴趣，我讲的也放松。记得我给学生说起过，再也不会那么一二三大点下面四五六小点的分析了，要那样干脆去看我的书或者论文。

联想过后自然还是回归课堂，于是我跟学生们说9月11日真是个有意思的日子。当然我说的不是因为12年前的这一天，在美国纽约两架喷气式飞机在空中划了一道美丽而残酷的弧线。我要说的是这一天，苹果的iPhone正式新发布，而在两年前的2011年5月5日，我曾经撰文《iPhone会给苹果品牌带来麻烦吗?》，很有点预言的意思。今天恰好课堂上从iPhone案例说起，再一次对学生预言：iPhone正在抛物线下行，乔布斯已死，蒂姆·库克的路子似乎不对。

给广告传媒公司老总们讲课也说到了IPhone的发布，于是回溯到了诺基亚，回溯到了摩托罗拉。说起这些曾经辉煌的企业和品牌，它们都曾耀眼地位列于世界500强的前排，如今却如此黯然的落幕。我想到了10多年前在诺基亚超越摩托罗拉的时候，摩托罗拉的全球主席高尔文，那个让人景仰的温文尔雅的金发绅士，他当时对媒体说摩托罗拉没有想到手机的生命周期会这么短。而仅仅几年之间，这个老大的位子便一再转移，诺基亚从坐上这个宝座不到5年，就让位给苹果；而苹果也不过5年又让给了三星。我甚至预言，三星在这个位置上也坐不了多久，也许随着竞争周期的缩短，三星在这个位置上甚至不会有5年。那么，下一个超越它的将是谁？我的视线收回到了中国，会是华为、联想，还是小米？我想不论是谁，这个企业一定是中国的……所有这些都昭示出新的市场对企业的挑战，而企业品牌的生命周期也在不断地缩短。同样，随着传统大众广告模式边际效益的递减，建立在这种模式之上的广告业也面临新的洗牌，市场对创新和转型在迫切地呼唤。广告业要想发展就必须转型，然而怎么转？把握新媒体发展趋势，从创意创新中寻找突破。创新创意回归广告的结果是，未来的增长点和规模化的赢利，将不再是媒体的贩卖和垄断，而是创意的辉煌。

末了我调侃说，多年前有一个在职研究生曾问我应聘策划公司总监一事，我回答说：你如果有志于进入福布斯，那么就不要选择这个行业。但是现在我要告诉在座的诸位，当创意创新成为我们这个行业的核心价值和生命所系的时候，在我们中将会诞生出新的 Google 和 Facebook。大家看一下 Google 吧，它本质上就是一个媒体广告公司，它的获利来源不就是广告和数据吗？这是一个多么伟大的榜样啊，但是要想追随这个趋势我们就必须让自己转型，从传统的大众传媒思维向新媒体的创意创新转型。兴奋和激越有时候会让人忘乎所以，海阔天空的结果是课末没有了互动时间。

10 五年之后我们的生活会这样改变吗

(2013-11-16)

> 电视和电话渐渐地在我们生活中变得无足轻重,手机却成为我们最为重要的生存伙伴。既然如此,未来我们会为这种媒体形态预留更多的延伸空间吗?

这话得从几天前说起。话说 11 月 12 日是中共十八届三中全会闭幕日,照例是要发表全会公报的,这次全会之前有一个很明显的感觉,无论是媒体还是整个社会,包括周围许多人都期盼会有一个大的变革开始启动。然而开会的几天,议题和相关报道杳然无迹,搞得大家很是吊胃口。总算是盼到 12 日会议结束,早早就打开电视准备收看全会公报——我要说的变化就是从这里开始的。

毫无疑问,这次会议所规划的蓝图将开启中国社会经济新变革的历程,不过这是社会前进的必然,用习总书记的话说就是"问题倒逼改革"。我的思考却是一个小细节:我已经好久没有这么认真地守候电视了,每周除了周末的晚上几乎不会再看电视。如今电视似乎已经成了老人和小孩的专用家电设备。这个想法闪出的时候,我又一次深刻地意识到:如今正在凋零的不仅仅是作为纸媒的报业,电视作为传统媒体也在日渐失去它的光辉。次日一早上课,课堂上要跟学生讲品牌营销的媒体接触形态,便问了学生一个问题:"你们还看电视吗?"这些 93 后的学生们大部分已经基本不看电视了。我跟学生说，老师也基本不看电视了，每周花在电视上的时间大概也就3小时吧。我笑着问学生，你们每天花在手机上的时间是多少？肯定不止3小时，上课的时候也在不断刷手机。接下来讲了一个故事，两年前曾装修过一次房子，客厅里的电视背景墙由一块约莫5平方的浅米色石材切割而成，这种被称作洞石的大理石纹理自然清晰，温和古朴而富有质感，挺好看，但装上去却很不容易。装修的时候，石板上打了两个圆孔，为的是走电视线路什么的。不想大电视送来的时候，安装电视的工作人员说，人家客厅小为了节省点空间才把电视装在墙上，你的客厅这么大还是直接放在电视柜上吧。他这么一说我恍然大悟，马上意识到自己的思路出现了问题。由此联想到，当电视成为我们家庭生活的一个重要内容时，我们的客厅甚至房间布置，无形中都考虑它、围绕它，为它预留了很大空间。然而电视正渐渐地在我们的生活中变得无足轻重，这种情形会在一定程度上改变我们的生活方式吗？我甚至有点惋惜，再过一些年如果电视退出了我们的家庭，家里墙上打出的两个圆孔现在被电视机和电视柜遮住，到那时会不会破坏洞石的美感呢？

  再后来我又问了一个问题："电话会淡出我们的生活吗？"这个问题有点匪夷所思，学生显然比较茫然。其实我说的是传统的电信电话，包括我们今天一直在用的每个人都有专属于自己号码的通路电话。学生们七嘴八舌议论纷纷，大部分觉得电话不会消失。我问学生，你们有几个人还在"煲电话粥"？你们互相之间联系的时候还主要是电话或者短信吗？很多同学显然还没有从我的大胆猜想中回过神来，有几个喃喃地说：跟其他网络联系方式相比，电话更加直接而且随时可以通达，何况现在跟家里父母联系都是用电话，大家已经习惯了电话。他们以此肯定地回答，电话不会消失。听罢学生的回答，我又问现在其他网络通信方式可以完全代替电话的所有的功能吗？比如，微信不仅可以代替所有的电话功能，而且拥有比电话更多的优势。那么我们担心的是什么？是不能时时刻刻都在线应答会因此错过即时呼叫吗？实际上这是一个误区，是长期以来传统通信行业给我们制造的一种虚假印象。它所采取的模式就是通路收费。比如，我们寄信还有通过有线或无线拨号打电话等，传统通信行业都是为你开路然后向你收费。事实上在这个过程中，我们的需求并不是通信线路而是通话交流，也就是说如果能够达成通话交流的需要，人类并不在意它是采取哪一种方式来实现这一目的。而互联网则彻底颠覆了这些传统的习惯，它无视这些规则却能帮助人们更好、更亲密地保持联系，同时这种联系可以通过更低的成本加以实现。所以在未来的信息技术世界，不仅传统的有线拨号电话可能不再存在，就连无线移动的手机号码或许也没有存在的价值了。因为世界需要的不再是电话号码而是WIFI信号，而当WIFI完全实现无缝覆盖之时，电话号码也许将会如同更早一些时候的电报一样，成为人类电信历史的记忆。这一天正在越来越快地向我们走来，复旦大学已经研究成功用电灯传送WIFI信号，也许更多更低成本的传送方式不久将会出现。那时候的世界将会是什么样子？也许人类进入物联网的时代，通信在新技术中延伸，我们的对话将不再是人与人之间，甚至是人与物、物与人、物与物的通信。传统的电话还有存在的意义吗？

言及此，我满是温情地带着一种格外具有长辈关怀的语调对学生们说：孩子们，也许5年或者再稍远一点时间之后，你们将会结婚成家，将会装修自己的房子，还会有自己的孩子。不知道那时候你们的装修还会那么在意电视机吗？你们和自己的孩子通信还会采用电话吗？我知道现在很多年轻人是不看电视的，也深刻意识到不仅仅是年轻一代甚至是我这一代，如今电话的使用也越来越少。所以我们有必要反思，既然不看电视我们还有必要在家里为它留下一个专用的大空间吗？如果不要这个空间，我们将会用什么来代替它？同样我们已经越来越习惯于不再打电话，既然不打电话今后还需要这个电话号码吗？如今手机和网络已经在我们生活中占据很大比重，我们把这个每天形影不离的玩意叫"手机"，而不是像过去那样叫"移动电话"，这是一种截然不同的观念。"手机"意味着它不仅仅是电话，还是一个手掌计算机，一个移动互联终端。毫无疑问，它将是我们最为重要的生存伙伴。既然如此，未来我们在自己的生活和家庭中，会为这种媒体形态预留更多的延伸空间吗？

第六章 广告曾经的辉煌渐渐衰落

回顾以往那些经典品牌，几乎无一例外都是广告的辉煌创造。作为典型的营销传播手段，广告曾经具有无与伦比的优势，这种优势很大程度来自大众传媒对传播渠道和话语权的绝对掌控。市场的分化和媒体的变化，直接导致了广告边际效益递减和对广告投入产出效果的怀疑。在网络和新媒体时代，也许传统广告不仅不是最佳选择，而且很可能是最为浪费的一种营销传播手段。

1 迷惘的可乐：品牌神话与文化标签

（2006-04-25）

> 由可口可乐续写的经典神话，在与百事可乐的商战中表现得淋漓尽致。于是可乐被神化为美国文化的象征，而在中国的可乐们开始涉足时，竟然把文化看成是简单的标签。

可口可乐是一个经典的品牌神话。1886年，美国亚特兰大一名叫约翰·彭伯顿的药剂师，在后院配制一种打算用来治疗胃疼和消除情绪忧郁症的糖浆药水。一天有人错把这种药兑入苏打水中，一种特别的饮料在这次不经意的失误中产生，这就是最原始的可口可乐。也许这只是一个传说，100多年来许多化学家都想弄清其中的奥秘，经过化学分析，查明它的成分中99%是溶于气体的水、干炒的糊糖、磷酸、咖啡因、可可树叶和可拉果提炼出的果精，但除了上述成分外，还有1%的神秘物叫"美汉迪斯——7X"，这种物质的成分无论如何也化验不出来。全世界掌握这个配方的只有10个人，而这绝密的配方就藏在美国乔治商业银行最深层的地下室，封存于一个上着7道锁、封着7个火胶印的又厚又大的保险柜中。要想开启保险柜必须10个人一起来到乔治商业银行，还要经过银行正副行长联席会议讨论批准，并请本州官方代表参加，不能提前也不能延迟一分钟。所以这个保险柜直到现在也不曾被打开过。

我一直怀疑这是可口可乐有意杜撰的一个品牌神话，多年来可口可乐也一直用广告续写着自己的神话。然而就在它封存了99年的时候,这个玄妙的神话却差点破灭。要说起来故事的起因可以追溯到1893年,就在美国专利局裁定可口可乐总注册商标这一年,凯莱布·布拉伯汉把他在北卡罗来纳州纽伯恩药店里出售的一种叫作"布拉德的饮料"改称为百事可乐。其后几乎半个多世纪,两家可乐公司相安无事,可口可乐大致以5:1的销量领先百事可乐。但是到了20世纪50年代,百事可乐的销量增加了两倍,随之百事可乐把它的广告交给了著名的BBDO广告公司。BBDO把火力对准了可口可乐的"传统"形象,通过种种努力把百事可乐描绘成年轻人的软性饮料。他们在全国推出的第一个广告是焕然一新的路牌广告:"为了那些思想年轻的人们。"而可口可乐却多年保持不变,它的市场份额不断在下跌,当它试图对百事可乐瞄准青年人的广告做出反应时,可口可乐对百事可乐的优势已经衰减到了2:1。从1975年开始,百事可乐对可口可乐开始了新的挑战,公开采取不看商标的品尝试验,在全美展开了大规模的广告战。广告中表现可口可乐的忠实顾主选择百事可乐,而可口可乐却无人问津。虽然可口可乐指责这种挑战不道德,并且怀疑实验的可靠性,但这种吹毛求疵并没有妨碍百事可乐。广告宣传达到了预期的目的:百事可乐对可口可乐的份额到了2:3。此时,《商业周刊》已经开始怀疑可口可乐是否有能力抵御来自百事可乐的进攻。

1985年3月7日,统治可口可乐长达半个多世纪的罗伯特·伍德拉夫去世。少壮派继承人罗伯特·戈伊祖艾塔立刻意识到他必须做出决定,他知道伍德拉夫不会容忍对可口可乐秘方的改动,所以他的逝世加速了可口可乐公司董事会改变传统配方的工作。可口可乐公司希望用新产品取代"老的"可口可乐,一旦在美国市场站稳脚跟,就立刻推向国际市场。这种"新可口可乐"出笼前,耗资400万美元进行品尝试验和市场调查,结果鼓舞人心。百事可乐从可口可乐公司的市场调研判断,它的对手可能也找到了一种新的配方,所以从一开始百事可乐总裁恩里科就意识到,要瞄准可口可乐行动背后的真正原因——显然可口可乐已承认了百事可乐一再宣称的事实:消费者更喜欢百事可乐的味道。然而接下来新产品所引起的公众反应程度和性质,对于双方都出乎意料。在此之后的10个星期里，大约1.5亿的美国人品尝了新可口可乐。调查表明，有75%的人打算继续购买。但少数人对可口可乐放弃有99年历史的秘方愤慨不已。在西雅图，一位退休的旅店老板还组织了一个"美国老可乐爱好者协会"，争取恢复7X秘方。戈伊祖艾塔认为，这只是一种感情用事，新可乐取代老可乐，并且一劳永逸地击败百事可乐的前景让他兴奋不已。

不过两个月之后，局势仍然不明朗。争论每天都在继续，可口可乐公司亚特兰大总部每天平均要接到1 500个电话，几乎全是要求恢复老可乐的。一些包装商反馈回来的信息是，他们的送货员苦于零售商和顾客的骚扰。5月之后在一些市场，新可乐发货量下降了15%。6月份一半以上的被调查者回答说不喜欢新可口可乐。为此不满意的包装商们还联合签名，要求亚特兰大总部拿出老的可乐。亚特兰大的另一位著名企业家、华纳公司老板泰德·特纳也劝告戈伊祖艾塔："就因为你推出了一种新的产品，便抵消了你们所有的成功。"形势急转直下，可口可乐意识到如果这种不利的宣传再这样继续下去，可口可乐无论以什么名字出现，都面临着失去市场的危险，有可能在一夜之间被百事可乐夺走大部分市场，那时想要恢复就困难多了。明智的可口可乐公司在戈伊祖艾塔领导下，很快做出了一个抉择：恢复老可口可乐。这次短促而又影响面极大的市场推广就此结束，可口可乐公司总经理唐·基奥公开承认：3个月来所发生的事件，并不像一些抱有怀疑态度的人所猜测的，是为新可乐上市所做的精心策划和大规模广告宣传。他把形势的变化告诉了美国的千家万户，并且坦率地对记者承认："一些评论家会说可口可乐在市场推广上犯了一个错误；另一些批评家则会说这一切都是预谋。事实上我们既没有那么愚蠢，也没有那么聪明。"其实可口可乐所做的一切既是那么愚蠢，也是那么聪明。戈伊祖艾塔和他的公司自始至终都十分清楚，老的可口可乐最后总要恢复销售，但他们确实没有预料到形势会急转直下，立刻逼迫他们这样做。

广告是营销战略的直接表现，在这次几乎酿成灾难的市场危机中，广告的诱惑十分明显。最初是百事可乐的一个伟大的广告运动，它持续数年声势浩大，直接导致了可口可乐对自己的怀疑，终于不知不觉地落入百事可乐的广告圈套。从20世纪80年代末期，可口可乐进入中国以来，曾经有许多模仿者试图在可乐市场瓜分一点余额，如河南的少林可乐、四川的天府可乐，稍后一些的乐臣可乐、蓝剑可乐、九星可乐、粤冠可乐、银鹭可乐等，但在强大的可口可乐、百事可乐面前，一个都没能"乐"起来。直到1998年又有两家本土可乐横空出世，来自娃哈哈的非常可乐和来自广东的汾煌可乐。就在当年非常可乐扯出"中国人自己的可乐"大旗时，汾煌可乐的推广口号是"大家齐欢乐"。想当年，汾煌可乐初出茅庐之际，它的大规模推广和高频率广告，着实曾经掀起一阵旋风。只要看看1999年的广告投入，就可以看出汾煌可乐当时的豪气：

汾煌可乐广告投入15 754万元，可口可乐11 750万元，非常可乐8 885万元，百事可乐7 361万元——汾煌可乐以成龙作为形象代言人，广告投入在当时位居第一，然而仅仅两年之后，就在非常可乐与两乐继续鏖战，从而基本奠定了中国可乐市场三足鼎立的局面时，昔日那个令人振奋万端的汾煌可乐，渐渐退出市场，销声匿迹难觅踪影。从市场角度也许可以解释许多，但是就产品概念而言，汾煌可乐无疑犯了一个自说自话的定位错误。

1999年3月，成都全国糖酒商品交易会广场上，长35米、高20米、重7.5吨的"汾煌号"龙船，引起世界吉尼斯总部和上海吉尼斯总部的关注。龙船、龙旗、龙伞，组成所谓"龙文化"节目套餐，加上著名影星成龙所拍广告，汾煌可乐确实冒出一股"龙"气。然而，汾煌可乐并不明白，当它把自己定位于"龙"这个空洞的文化概念时，所进行的一系列策划，其实都是一种牵强附会。整个策略一开始，它便陷入了一种由可口可乐和百事可乐所编织的圈套之中。"可口可乐就是美国文化"，这个多年来极具欺骗性的谎言，曾经蛊惑了无数消费者，以至于汾煌可乐真的以为生产可乐首先是要生产一种文化，所以把培育"可乐文化"与市场营销推广紧紧联系起来，试图树立自己独特的文化品位。

在汾煌可乐看来，由"两乐"孕育和培养的可乐文化，已经远远超出"碳酸饮料"的范畴，而是一种文化精神的扩张。可乐代表了青春、活力、生命，是那些倡导反潮流、反传统的青年人的最佳饮品，因而都将目标定位于颠覆传统、个性张扬的青年一代。可乐消费本身代表了一种时尚，一种深邃的文化内涵。对于广大目标消费者来说，那种深褐色液体已经不仅仅是一种普通的碳酸饮料，而是自己所追求的一种精神诉求与可乐文化的一种吻合。通过这种方式，"两乐"为可乐文化构筑了进入壁垒。在它们的经营中，把可乐产品及其文化的内核、外延、载体、传播、延伸以及可乐市场的游戏规则定好了。不拥有这样特质的就不能称之为可乐了，不承认这种文化就不会被市场承认。所以卖可乐就必须融入文化，并且在其中添加自己的因素，才能获得一线生机。

　　汾煌的策略也是基于这样一种认识，汾煌的品牌文化就是以成龙为符号的"龙"文化，龙舟、龙灯、龙伞、龙旗、龙的传人……好像只要贴上了龙的符号，就自然成了某种龙的象征，也吻合了中国文化的传统。事实上，把中国传统文化归结于龙的文化，这只是一种象征式表达而已。但是在具体产品的推广中，用龙这个张牙舞爪的图腾来象征饮料，那种繁缛缺乏现代感的形式，与现代味十足的可乐似乎并不吻合，也不知会带给时尚新潮的消费群体什么样的心理感受，更何况那一句"大家齐欢乐"的口号，很难让人明白其附着在哪里。在饮料中张扬一种文化本身并没有过错，只是一种文化的形成不可能在这么短时间便立竿见影。所以虽然从产品策划之初就试图建立某种文化属性，但是汾煌可乐并没有带给大众明确的可乐文化信息，看不到能够承载可乐文化的有效载体。汾煌可乐号召"大家齐欢乐"，但是又不知道用什么来让大家齐欢乐，没有相应的概念、理论支撑，更没有品牌传播运动的支持，简单地说就是定位不明确。在这样一种背景下，再加上它在其他营销因素上的欠缺，最终归于沉寂是必然的。

2 剥落的光环:谁在神话宝洁
(2006-10-09)

> 伟大的企业有时候也像是一种宗教,它的力量往往让人难以置信。宝洁是一个用传统营销方式堆积起来的品牌神话,如今在中国百年神话虽然令人向往,但毕竟老了。

宝洁公司的校园招聘一向是最受毕业生们追捧的。这个用梦幻光环笼罩着大学生们的品牌神话,就是这样一年又一年蛊惑着意气风发的高才生们。早在20世纪90年代初,当P&G和它那个魔鬼一样的标志看上去还陌生的时候,宝洁就开始通过广告讲述一个个美丽的故事。海飞丝、飘柔、潘婷、沙宣、护舒宝、舒肤佳、玉兰油……电视里反复播放着宝洁的广告,超市的货架上夸张地陈列着宝洁的产品。无论从产品的品质还是从广告的水准来说,宝洁都无懈可击,它的成功就在于不仅仅贡献了一个个令人难忘的品牌,而且还由此带来一种时尚的生活方式。于是在宝洁们的夹击下,中国本土产品节节败退。宝洁以它骄人的业绩不仅赢得了市场,而且也赢得了中国白领的心。市场的成功反过来又促动了理论界的推崇,宝洁自然成了有史以来最为典范的品牌神话。我们不能不叹服这个运用传统营销方式堆积起来的品牌神话:它的品牌经理制度,它的启动终端方法,它的掌控渠道手段……曾经在课堂上、在自己的书里,不止一次地给学生讲述它的定位策略,以及它的广告经典。不知不觉,连自己也走进了这个神话的晕轮之中。

伟大的企业有时候也像是一种宗教,它的力量往往让人难以置信。很多人无法理解，这家著名跨国公司在挺进中国市场时，它的生意主要就靠两种人在支撑着：一种人是大学应届毕业生，他们毫无营销经验，更缺乏处世经验；另一种人是外方管理人员，这些人虽然训练有素但是对中国却不了解。可以说它的成功在一定意义上是精神上的成功，对于许多中国人尤其是白领和年轻知识阶层来说，宝洁这个品牌的意义似乎要大于其产品的意义。产品只是满足简单使用的需要，而这个品牌却给予了精神的寄托。年轻学子们热衷于加入宝洁，这跟它那种半强制式的信仰灌输、严密的循序晋升制度和精英主义追求不无关系。宝洁的传家宝典叫《展望明天》，描述宝洁是"美国历史密不可分的一部分"，具有"精神传承"和"始终稳定不变的性格……"20年前的1986年，宝洁的CEO约翰·斯梅尔在一次公司聚会上说道："全世界的宝洁人拥有共同的锁链，虽然有文化和个人的差异，可是我们却说同样的语言。"这听起来就跟今天世界各地的伊斯兰教民，用不同声音念诵同样的经书一样。宗教不仅确立自己的价值观，更重要的是它能够通过精神控制落实这种价值观。也许正是这种近似宗教的精神，才最终造就了宝洁唯我独尊的品牌神话。

任何一个能够坚持100多年的品牌都会成为一个神话。然而神话同样也要受到挑战，这是市场竞争的法则。我曾经在《构建可获利的品牌关系》的论文中谈到了中国本土品牌对宝洁的挑战：

以品牌著称的宝洁公司，在进入中国市场之初曾经凭借品牌优势，不适当地提高产品价格。而正是这种对品牌与顾客之间利益平衡的忽视，导致其在与本土企业的竞争中受到极大冲击。以洗衣粉而言，曾几何时在宝洁公司和联合利华的夹击之下，中国本土品牌纷纷丢盔弃甲甚至是改换门庭。但是2000年以来，浙江民营品牌纳爱斯以价格为主导迅速崛起，正面和两大品牌企业形成决战姿态，其新推出的洗衣粉只用了一年时间就登上销量第一的宝座。纳爱斯的成功很重要的一点，就是它认识到对消费者来说洗衣粉并不是一个高技术附加值的产品，而且也不具备明确的社交意义，因此不论如何神话品牌，所带给消费者的心理补偿，都不应该使其价格远远背离消费者的需求认同。就品牌与顾客的关系而言，纳爱斯在竞争中所坚持的低价策略，恰好就是保持了与消费者之间的利益平衡。

最近以品牌著称的宝洁公司接连遭到市场的冲击，受到了消费者的质疑。尤其是护肤化妆品牌SK－Ⅱ遭遇到全国性的信任风波，而宝洁在处理这起危机公关过程中的傲慢和对消费者的漠视，在一定意义上暴露出这个用传统手法创造的品牌神话，正面临着新的市场环境的考验。从整合营销传播角度看，我们认为如果一个品牌在创立或维持顾客关系过程中，试图把自己的主要追求或者多余成本转嫁到顾客身上，那么最终结果只能是失去顾客。所以必须注意的是，可获利的品牌关系必须要与顾客保持相应的利益平衡，否则便无法持续。

纳爱斯的胜利在中国消费品行业具有象征意义，但这种意义却不能过分高估。因为洗衣粉在整个洗涤品链条中更多处于低附加值一端，宝洁并没有真正感到有多大威胁。但你如果逛超市时再细心一点，就会发现宝洁真正的危机正在渐渐升起，因为在买洗发水的时候，你会发现已经不像过去那样很轻易便可以分出哪些是宝洁的品牌了，无论名称还是外包装，宝洁的产品都被淹没在一大群类似的品牌海洋之中。宝洁在中国的优势很大程度上建立在品牌基础上，在于成功地通过广告传播其"时尚理念"，但本土品牌正在通过对市场领袖的近距离追随，逐步地模糊"宝洁"神话般的形象，而且追随者不止一个。百年神话虽然令人向往，但毕竟老了。

3 广告死了,曾经的辉煌在加速衰落

（2007-05-14）

广告这个五光十色令人感到眼花缭乱的行业，在新的市场环境下正在面临着严重的挑战。传统的广告理论是建立在大众传媒创意逻辑起点之上的，如今创意正在演变成为一种游戏。

涉足这个行当多年，无论怎么说都该称作是资深人士。这些年在这个行业里从负责企业广告策划到自己经营广告公司，从大学课堂上讲授广告到多部广告著作的出版，广告已经成了一种职业性的代名词。然而我自己却十分清醒地意识到，自己正在摆脱这个用五光十色折射出虚假繁荣的行当。尽管仍旧在大学里讲授广告，但是广告的招徕却仿佛飘逝的流云——渐行渐远，渐渐地模糊。

我给浙江大学的本科开设的专业课是广告策划创意，这个课程通常安排在大三的第二学期。大概从两年前开始，突然有种感觉，似乎这个课程如同迷茫中的孩子一般，既无路径也无目标。虽然只要些许用心，你仍旧可以讲得天花乱坠甚至满堂喝彩，但是自己却总有点似乎越来越乏味的感觉。已经好多年没有像以前那样备过课了，曾经很羡慕有些老师上课有一个精彩的开讲模式，每一届学生都那么套一遍模式，自己却一直没有打造出这么个模式，所以每年讲的都不一样。依稀记得这一次开场讲的是广告的困惑，讲这个学科的困惑和这个行业的困惑。显然学生们一下子无法理解，他们的

专业老师竟然会这样轻蔑地谈论自己的专业。

广告这个专业目前在教育部备案的大概已经有 300 家左右了吧。这个学科的兴起与市场经济蓬勃而起的背景有关，但是中国高校这种跟风式的大跃进，不仅迅速从整体上降低了广告专业的学科质量，而且很快就使得这个专业出现了供需上的饱和。广告专业的学生该干什么？都去广告策划公司吗？若以每个学校平均每年毕业 50 个学生计，广告专业每年的毕业生就有 15 000 多人，加上可以随时转入这行的应用设计和营销专业，广告公司根本无法接纳。而且令学生感到郁闷的是，中国的广告公司虽然数量庞大但是规模却很小，那些以私营性质为主的广告公司，无论在待遇或者稳定性上都令人失望，于是跳槽就成了这个行业的最普遍现象。这不论是对个人发展还是职业追求来说，都是一件很糟糕的事情。

更不可思议的是，广告这个五光十色令人感到眼花缭乱的行业，在新的市场环境下正面临着严重的挑战。一个简单的数据可以说明问题：从 1997 年中国广告业的总营业额 460 多亿元，到 2003 年中国广告营业额首次突破 1 000 亿元以来，广告费用的增幅一直在降低，如今每年增幅只有个位数。这不仅大大低于国内企业销售额的增长，甚至也低于国内生产总值的增长。如果剔除了物价成本等各方面的因素，或许近几年广告营业额处于一种负增长状态，由此可见这个行业正面临着严峻的考验。一方面是大规模的专业人才源源不断走向社会，并且还有被其他专业轻而易举替代的可能，比如，中文、管理等长线专业毕业生就很容易上手广告；另一方面，行业性的收缩导致了广告专业毕业生的某种专业失业状态。10 年前在给学生上课时曾问及学生的职业追求，有不少学生充满信心地要做广告人，要建立自己的广告策划公司，如今大概很少有人这样想了。我对学生们说，广告并不是一个很乐观的职业，无论是从行业前景还是个人发展上来说都是如此。环视一下那些房地产公司、制造业公司，即便最小的，其业绩往往也超过最大的广告公司。这就是行业的差异，广告是一个受到发展限制的行业，其产品具有不可复制性和对个体资源的依赖性，因此它无法形成规模经济。我笑着对同学们说，如果志向高远想进入福布斯排行榜，那最好不要进入这个行业。因为这个行业中从来没有人出现在财富排行榜上，不知道创造分众媒体的江南春该不该算是广告业人士？如果算也是偶然。

要命的是就在这个行业形势如此严峻之际，为这个行业培养人才的学科理论也越来越无法适应现实。传统的广告理论是建立在大众传媒广告创意为核心的逻辑起点之上的，多少年来不论是罗斯·瑞夫斯、大卫·奥格威，还是李奥·贝纳、比尔·伯恩巴哈，从早年的各种广告观念到形形色色的广告评奖，都把杰出创意看作是广告的追求。然而遗憾的是，创意的魔力已经渐渐消失，在很多时候正在演变成为一种游戏。很多的广告主会怪罪广告商没有做好广告，而广告人则在绞尽脑汁地希望策划出有效的广告。但是所有的努力并没有得到预期的回报，于是广告主和广告人又一次陷入了彼此怀疑的循环中。实际上不能怪广告人，很多时候他们的创意已经很精彩了，只是精彩的广告创意却并不能保证可以达成营销。问题就出在这里，广告可能很好，但是受众却并不为之所动。不是不为你的广告所动，而是不为所有的广告所动。"广告死了！"几年前一位非常杰出的广告专家艾尔·里斯这样说。里斯是什么人？就是提出定位理论的那个家伙，他和他的女儿一起出版了一本书，书的名字干脆就叫《公关的崛起与广告的衰落》。他说："你无法通过广告推出一个新品牌，因为广告不具有可信度。"里斯只看到了问题的一个方面，实际上不仅仅是可信度的问题，还有广告推出品牌的成本远远要高于其他营销工具。今天，除了那些超级公司之外，我们很难想象一个新兴的中小企业有能力凭借广告打响一个品牌，通常情况下这些企业都无法承受巨额广告支出，更何况广告还是一个无法保证效果和回收的支出预期。

那该怎么办？我的学生们处在一种心灵的迷茫中。我对他们讲，也许现在是开始摒弃传统广告思维的时候了，要学会否定和超越，在否定和超越中寻求价值创新。多年前看中央电视台的《对话》节目，6个诺贝尔奖得主与中国科学院的中青年科学家们对话，那天我早早地在电视前等待。最后整个节目结束了，印象最深的就是几乎所有的诺奖获得者在讲到他们之所以能够取得成就时，无一例外地认为这来自于他们的怀疑和否定。他们怀疑既定理论和大家普遍认同的现象，他们从别人的否认中发掘出全新的创造。这种精神也应该进入广告和广告研究中。我告诉学生，虽然广告营业额增长缓慢甚至负增长，但是整个促销费用却大幅度提升。这说明企业把更多的费用从传统广告挪到其他形式中，因此广告也面临着创新。所以广告策划已经不能围绕最终提出杰出的创意进行了，而要致力于如何更好地发挥营销和营销传播效果进行。我们必须建立一种泛广告思维，广告策划不再是针对大众媒体的策略创意，它包括了公关、促销、网络、口碑等多种传播途径。广告也许不再有独特的销售说辞，但是却有真诚的倾听；也许不再有绝妙的创意，但是却有良好的沟通；也许并不需要大众媒体的推波助澜，但是却有一种悄然无声的渗透。

广告死了。在加入这个行业将近20年后，我用一种挽歌般的文字为它祈祷。虽然广告依然充斥在我们周围，但是我们对它已经熟视无睹，它也早已失去昔日的辉煌。如今更多的只是像绘画一般，虽然仍旧具有观赏价值，但是毕竟没有了栩栩如生的逼真感。

4 在迷惘中失落的广告人
（2007-07-29）

> 广告是年轻人的职业。在广告这个需要体力像需要脑力一样的行业里，即使那些仍旧健康活跃的人，每当发现自己比后起之秀工作更吃力时，往往就会感到沮丧。

美国著名记者马丁·迈耶在其所著《麦迪逊大道》一书中，描写了广告人的生存状态。他写道：

事实上，广告人很少能从他们的工作中脱身。他们是在像风一样变来变去的气氛中工作，而潜伏的危机在这种气氛中是正常的，就像一位广告主管所说的："总是有人按到惊惶按钮。"从来没有一件工作是真正完成的，除非大祸临头将所有的工作都一扫而空。每个人都必须经常承受要产生新的构想、更好构想的压力。每天回家，皮包与公文包里都塞满了"工作"，因为广告人拿薪水是因为他们的创意，而不是因为他们所付出的时间，这个行业期望每个人都尽忠职守，不论他是在办公室、在吃午餐、在上下班的地铁中，或是在他家人的怀抱里！

李奥·贝纳是著名的芝加哥广告学派领袖。1935年作为广告撰稿人，他在芝加哥开设了一个具有创造性的广告店面，从此便开始了李奥·贝纳广告公司的光辉历程。万宝路香烟中的牛仔形象也许是李奥·贝纳最成功的广告创意。在20世纪前期，传统的过滤嘴香烟一般都是女性用品，万宝路（Marlboro）名称的由来就是一句针对女性的广告诉求的缩写："仅仅是由于罗曼蒂克男人总是记住女人的爱"（Man always remember love because of romantic only）。早在20年代，为了迎合女性消费群体，万宝路曾经推出了白色包装，并制作了一种红色的"亮丽过滤嘴"，以掩饰女性口红的痕迹，当时的广告口号是:"像五月的天气一样温和。"但是都没有真正成功。

针对这一传统,李奥·贝纳大胆进行了挑战,认为有必要重塑形象。他着力把万宝路发展成为一种男性香烟。重新设计包装、大胆改变颜色,最有意义的是为万宝路设计出一个具有文化偶像意义的人物——男子汉气质十足的万宝路牛仔形象。这个骑着马的著名形象,是从美国历史中挖掘出来的神话般的人物,粗犷、充满阳刚气息,他极大地刺激了公众的潜意识,树立了男性世界的一种典范,进而使之成为广告史上的一个不朽的经典作品。

毫无疑问,李奥·贝纳广告公司是这个行业的优秀代表。就是在李奥·贝纳的领导下,从1946—1959年仅仅十几年时间,便创下了业绩增长10倍的骄人成就,并因此一举跻身这一行业十大公司的行列,直到今天这一排名仍旧不可动摇。然而,李奥·贝纳的艰辛众所周知。他公司的职员在谈及这位老板时曾经说道:"他一天24小时,一周7天,一年365日,几乎一直都不停顿工作,唯一能得到半日闲暇的,只有圣诞节那天上午。"在20世纪30年代,另一个著名的广告人,号称广告界彗星的格切(J. Sterling Gechel),他的属下也曾有过这样的描述:"我常常凌晨1点才回家,正打算钻进被窝入梦之际,电话铃声突然大作,原来是老板格切打来电话,询问一些有关客户业务的问题,或者想核对一些事情。"格切就是这样过分的消耗体力,在他年仅41岁时,便因为身体透支过多而溘然辞世。

据美国《广告时代》统计,1956年广告界死亡的重要人物,平均年龄仅54.9岁,比当时美国人平均死亡年龄要少10岁。有一家叫Robert W. Orr的广告公司,曾经为自己的公司刊登过一则广告,这个广告画面是深夜两点钟公司电灯仍旧亮如白昼,以此作为表现手法,意在突出公司的敬业和对客户的负责。然而广告刊出之后,却大受一些同行的抨击与诟病。某广告公司董事长甚至讲:"这则广告的表现手法,是我所看到的广告中最差的,假如我是广告主的话,看到这则广告不但无动于衷,反而会这么想:那家广告公司如果真这么样的话,恐怕白天员工上班都无精打采,谁还能振作精神去工作呢。"据说这家广告公司最后倒闭了,不过究竟是否是这个原因,倒无从查考。但不论怎么说,广告人以及广告公司的辛苦,也可见一斑。

在广告这个需要体力像需要脑力一样的行业里，即使那些仍旧健康活跃的人，每当发现自己比后起之秀工作更吃力时，往往就会感到沮丧。就在20世纪中期，美国前任参议员威廉·本顿曾持有著名的班鲍广告公司的股份，然而就在他35岁的时候，就早早地卖掉了公司的股份，他觉得自己年事偏高，越来越难以胜任这个激烈竞争的行业了。"过去，我每年从这个公司领取30万到40万美元。小伙子能赚到钱的事业，就不是老年人该做的行业。"威廉·本顿这样解释自己的选择。

5 堕落的维纳斯：回眸性感广告
（2008-03-24）

> 在哲学家的目光中，女人处于从属地位，只是男人的配偶。但在广告主的眼中，女人是秘密世界的女皇，是私房钱的女主人和钞票的持有者，是好色之徒追逐的对象，也是金钱的支配者。

美女和性感广告的兴起与注意力吸引密切相关，它把创意表现的落脚点放在女性形象以及性感诉求的运用方面，诸如著名明星、性感模特等，都成为普遍的广告素材。运用美女或者性感广告，显然是想借助于人们潜在的对美和性感的赞赏和关注，拉近广告产品和受众之间的距离。为了最大可能地影响受众，广告中所选择的美女往往具有一种象征和暗示意义，创意人员甚至竭力把她塑造成一个公认的大众情人，就像是神话传说中的维纳斯一般。

一、性感广告的滥觞

在古罗马神话中，维纳斯是象征着爱与美的女神。在古希腊神话中，这位美丽的女神叫作阿芙洛狄忒。她诞生于大海，她名字的含义是"从海水的泡沫里诞生"。对阿芙洛狄忒的崇拜，明显地表现出群婚制的残余。在奥林匹斯众神中，她被认为是工匠之神赫菲斯托斯的妻子，却有众多的情人，曾经一次次的失节私通。《荷马史诗》中曾经提到，她常与战神阿瑞斯幽会，她最重要的凡间情人有特洛伊英雄安基塞斯，他们生了罗马人的祖先埃涅阿斯。还有英俊少年阿多尼斯，他在打猎时被咬伤而死。在古代神话传说中，这位通常半身裸露的女神被塑造成一个美丽绝色的女子，用以体现理想的女性美。毫无疑问，在隐秘的内心世界，维纳斯是整个人类的大众情人。丹纳在《艺术哲学》中写道：

> 阿瑞斯与阿芙洛狄忒的私情被撞见的时候，阿波罗（太阳神）打趣赫美斯，问他是否愿意处在阿瑞斯的地位，赫美斯回答："哦，伟大的弓箭手阿波罗，那真是谢天谢地，求之不得呢；但愿我被搂抱得更紧，但愿所有的男女神明都看见，但愿我能够在金发的阿芙洛狄忒身边。"

这种对维纳斯，也就是对女性美的崇拜和追求，在很大意义上就成为今天商业广告中运用美女模特的一种倾向。许多销售商和广告人都相信，令人赏心悦目的美女们，不仅可以创造出广告的注意力，而且能够创造出广告的销售力。这从现代广告运用美女和性感诉求模式的演变就可见一斑。

一个普遍的美女广告模式，是运用演艺界明星，这样不仅具有美女的观赏价值，而且还可以借助明星的知名度搭个顺风船。运用女明星现在流行的说法，是形象代言人。这几年在中国广告界形象代言人层出不穷，从港台演艺界的"大姐大"，到一夜走红的"小燕子"，但是真正在广告上获得成功的并不多见。与女明星相仿的，是一些公司虽然没有邀请明星，但是仍旧不知道从哪里折腾出来一些青春美女，看上去一点不逊色于明星。其实这种手法，在国际广告中早已屡见不鲜，可以说是广告的一种传统手法。

在国际品牌中，运用明星创造市场的有很多成功范例。"力士（LUX）"是联合利华的著名品牌，它自1924年创始以来，名称、包装、基本的销售承诺一直保持不变，高贵、经典，这就是国际影星信赖并使用的原因。在20世纪30年代的上海，力士曾经在报纸上刊登广告：

> 力士香皂，色白质纯，芬芳滋润。日用洗濯，可保肌肤白嫩，容貌秀丽，因此中外明星都爱用。兹将今年力士倩影及签名刊登于上，以示纪念。

也许在中国大陆，后来那些纷纷不断的美丽的女星广告都是力士的模仿者。然而，遗憾的是，我们的许多美丽明星广告都缺乏一种明星与品牌的连接点。明星虽有关注度，但是广告之后往往忘记了明星所推荐的是什么了，再加上明星们朝三暮四，今天这个品牌明天那个品牌，使得本来就缺乏承诺的广告，结果变成了美女的展示。时下正流行的保暖内衣广告就是这样的。10多家品牌齐刷刷地都用明星来吹嘘自己的产品，到了最后没有一个让人记住谁是谁，更有甚者的是还落入了尴尬的境地。

二、女性广告视点

这是一个角色分裂的时代，当男性明显地成为主宰经济运作和社会活动的主体时，女性却越来越突出地表现出对消费的热衷与支持。角色分裂在市场策略和广告表现中的符号性特征是，在男人和女人的追求中，似乎都可以找到一个潜意识的烙印，这就是朦胧的女性意识。于是，广告中的性感诉求开始大畅其风，而这种性感诉求究其核心表现，则是对女性的性感展示。

早在现代广告发轫的20世纪初，广告专家们就发现了一个很奇妙的现象。这就是随着消费型社会的出现，妇女们成了消费品的主要购买者，然而写广告的却主要是男人们，由男人们来创作出那些他们认为会影响妇女购买的广告形象。20世纪初期的看法是，妇女才是广告的主要关注者。风靡一时的维多利亚时代思潮对此作了诠释，詹姆斯·柯林斯在1901年写道："从哲学家的观点来看，女人只是男人的配偶，是处于从属地位的；从精明的广告主的观点看，女人是秘密世界的女皇，是私房钱的女主人，是一卷卷钞票的持有者，是好色之徒追逐的对象，也是金钱的支配者。"广告诉求瞄准女性，在这一时期就开始形成了它的萌芽。

著名广告撰稿人海伦·罗森·伍德沃德，从1903年起便开始了她的广告生涯。1926年，她出版了一本著名的著作《透过那些橱窗》，描写了现代广告在早期尚不成熟的状况。在书中她解释了自己的哲学："女人买东西时很少通过逻辑推理，甚至为她们的宝宝买东西时也是如此。"她认为："你甚至必须夸大（一个产品的）事实以便它们能够在普通人的头脑中形成印象，而这些普通的头脑和推理根本没有什么关系。要卖东西给男人，要经常显得像是同他们在讲道理，这才是明智的，但是你必须小心翼翼地这样做——实际上从来就不用有什么逻辑性。否则你什么也卖不出去。"广告商是最清醒不过的人，他们意识到广告最重要的顾客主要是女性。妇女们控制着家庭的主要开支，因此广告人相信："对于人类的适当研究要针对男人，但是对于市场的研究则要针对女人。"正是从这种认识出发，广告中的女性形象逐步占据了主导地位。有趣的是，这种女性形象主导的广告，经过逐渐过渡，蔚然大观地发展成为以女性为主体的性感广告。

也许走向这种模式具有必然意义，首先，女性虽然是消费主体，但是创造和推动消费的却主要是男性，同时，女性消费群体的生活坐标是处在男性的关注之中的，因此女性消费在某种意义上是对男性消费的一种延伸；其次，经济和社会发展所带来的富裕，伴随着一种对社会承认和社会赞同不安的关注，这种关注愈演愈烈。一般而言，女性在情感上比男性更容易受到伤害，所以广告通过这种对女性自我的展示，培植女性的自信和社会关注模式。当然，更不能忽视的是广告的性感展示，在某种意义上是操纵着人们深藏不露的愿望，不论是男人还是女人。男人具有欣赏、追求和占有的欲望，女人具有自我欣赏和希望被欣赏、被追求的愿望。广告商利用了这一切，并且使之进一步的放大，导致了性感广告风靡一时。这一点即便在女权主义呼声高涨之际也不例外。

有关动机调查的研究，运用心理学和行为分析的方法，对消费者购买行为做出了进一步推论。过去的调查认为，人是很理性的，消费者对自我需求十分清楚，而动机调查则进一步探求了潜意识或无意识同样在支配人做出购买选择。为克莱斯勒研究消费动机的著名专家迪科特（Dichter）认为，许多男人虽被两用汽车所吸引，但却仍旧购买了轿车，其内在原因是他们把实用的硬顶（指轿车顶）与妻子联系起来了，而把更便捷的两用车与情妇联系起来了，这很有点像当今中国，某种型号的轿车被称之为"二奶车"一样。他还解释了为什么家庭幸福总是与不断发明的家用设备有关："今天的婚姻不仅是一场浪漫相爱所到达的顶点……还是选择一个共同建立舒适家庭的配偶所导致的结果。"针对人们在内心深处的确实需要，动机调查提出了人性的两个基本动机：性与安全感。依据这一结论，广告商在进行产品宣传时，着重增加了所谓的"心理价值"，试图促使产品更有吸引力。

1953年，一家专门为男性创办的以女性为主要内容的杂志《花花公子》创刊,集中体现了广告对女性形象表现的突破,利用性感实现销售成为一种更加赤裸的广告表现方式。1955年,福康贝丁广告公司为布里斯托尔·迈尔斯公司的"克莱罗"(Clairol)染发水做了一个广告。当时在美国,只有大约7%的女性使用染发水,在一般人的观念里,只有职业女性、女招待或者品行不端的女人才染发。福康贝丁广告公司的文案撰稿人莎莉·波丽科佛却运用性感暗示开创了一个广告新途径,整个广告标题只有5个字,但却极其轰动:"是她……不是她?"(Does she……or doen't she?)广告正文是:"头发的颜色是如此的自然,以至于只有她的理发师才知道真相。"最初这个广告标题受到男性创意指导的怀疑,以至于迟迟不能通过,其理由是广告标题写得太明确了。但莎莉·波丽科佛的女同事们却极力支持这个广告标题,因为只有她们才真正明白这个标题的意图:即使这个女人的亲密朋友也猜不出她染过头发了。广告最后推出了,迈尔斯公司的"克莱罗"染发水销售狂增,6年后销售额增加了6倍,创造了增长413%的奇迹,而在美国的一项调查表明,有接近一半的女性承认自己用过染发产品。但就是这个广告当时曾被认为"太具有挑逗性"。刊登这个广告的《生活》杂志,也曾经因为"广告有一些猥亵的内涵"而拒绝刊登"克莱罗"的广告。但不论怎么说,这种性感广告销售模式却创造出了辉煌的业绩。

在今天看来,不论怎么说,性感广告作为一种诉求方式,虽然带有某种超乎传统道德的诱惑,但是从广告界来看,却受到了普遍的欢迎。究其原因,也许是因为性感广告是从人的本性出发,利用人们潜在的情欲追求创造刺激消费者的销售因子,通过广告营造人们在现实中无法大胆追求的场景,把人们日常生活中怯于表露的情欲成分或明或暗地展露出来,通过画面的表达为消费者创造进一步的想象空间。正是从这个意义上,我们说性感广告已经跨越了简单的产品题材选择,成为一种具有代表意义的广告诉求表现的方法。

三、性暗示与性诱惑

在20世纪50年代之前,运用性感广告还只是一种朦胧的尝试。那个时代,在现代商业与广告的大本营美国,伴随着科技的发展与经济的繁荣,公众的感情更倾向于回归到理想的家庭生活中,这种传统的家庭生活模式,带有一种平静的幸福与温馨。那时候广告中所描写的女性形象，也大都是一些传统的主妇和合格的妻子，即便是一些以纯粹女性为主导的产品广告，其间所表现的也是某种社会熟知的女性形象，如羞涩可爱的纯情少女、自豪的新娘以及饶舌的女邻居等。

大约在1949年，曾经被称为"调戏专家"的纺织商艾略特·斯普林斯（Elliot Springs）创造了一种新的广告手法，把典型的性感形象与幽默的销售诉求结合起来，着重使用暗语和双关手法，大规模进行品牌推广。比如，一则1949年的广告展示了一位印第安少女在一张帆布椅上熟睡的画面，标题是《在"春之少女"床单上花一美元太值了》；一张题目为《香味与寓言》的广告招贴画上，描画了一位溜冰女郎，身着超短裙，在溜冰场上闪过。溜冰女郎占据画面中间，裙摆飞扬，充满了动感，性感迷人的大腿暴露无遗，一旁观看的绅士诧异地注视着溜冰女郎。

"春之少女"系列广告刊发之后，产生了巨大的社会效应。有关研究表明，在1947年到1951年的广告竞赛中，没有任何广告比这个广告更具有回味性。斯普林斯的广告表明了公众也许更乐意接受一些直接、明确的宣传。而利用性感促销的方式，在广告注意和触动消费者内在情绪上效果非常明显。

20世纪70年代之后，广告观念进一步突破，性感广告和性感销售模式狂飙突进式的向前发展，广告由性的暗示已经进入到直接对性的渲染。今天只要打开电视，或者翻开任何一本杂志，性感广告几乎俯拾皆是，各种青春靓丽的女性形象无处不在。除了以往对性感的基本表现——"暴露"之外，更进一步的情绪感觉也加入到性感行列。有人称21世纪的性感模式是：X＋Y。X就是SEX，是传统性感的延续，诸如秀色可餐的娇媚、酥胸微露的衣衫、修长诱人的大腿、鲜艳微张的红唇、曲线玲珑的身段……内衣、紧身裤、高跟鞋，这一切构成性感模特的基本造型，并使之成为今天广告的主要角色；所不同的是今天的性感又加入了Y因素，即健康姿态和愉悦心情。性感广告从人的本性出发，利用人们潜在的情欲追求创造刺激消费者的销售因子，通过广告营造人们在现实中无法大胆追求的场景，把人们日常生活中怯于表露的情欲成分或明或暗地展露出来，通过画面的表达为消费者创造进一步的想象空间。

6 从业广告的五个行业性窘迫
（2008-04-09）

> 要想进入福布斯排行榜，最好不要选择广告业。中国广告业获得最大成功的江南春，其成功并非广告策划创意，而是来自于对楼宇电视的大量复制，模式化运作使其能够产生规模效应。

这是近几年多次谈及的一个话题，课堂上曾有研究生因应聘广告媒体公司策划总监，向我提问进入广告行业是否合适？我颇带调侃地告诫学生："俗话说女怕嫁错郎，男怕入错行。年轻时候选择进入什么职业，对于人生是一件很重要的事，虽然职业可以调整，但是基本选择非常重要，对于广告行业我认为并不乐观。"主要讲了五点。

一、广告业并不能算作是新兴的朝阳行业

我们过去习惯讲广告业是一个具有极大发展空间的新兴产业，其实这个看法并不准确。广告业是一个古老的行业，它几乎与商业交换同时产生。在广告史研究著作中，中国广告的历史甚至要被追溯到甲骨文那个时代，这样一个古老的行业怎么能说是新兴朝阳行业呢？诚然，随着经济社会和技术的发展，广告业也在不断地焕发生机，但是广告以及广告观念的更新，大多数建立在媒体技术的更新之上。从行业的角度看，广告业全然不能算是什么成长性行业。按照哈佛大学著名学者泰德·莱维特教授的说法就是："根本没有所谓的成长行业，只有消费者的需要，而消费者的需要随时都可以改变。"

二、广告的市场潜量并没有我们预想的那么大

有一个数字可以做出说明，从30年前中国开始探索现代商业经济开始，广告业曾经有过一个高速成长阶段，2001年全国广告营业

额突破1 000亿元人民币，6年之后这个数字是1 500亿元，平均年递增幅度不到7%，还赶不上GDP增长速度，更不要说企业营销增长速度了。更何况这些营业额中大约80%还是媒体广告收入，摊到广告商那里寥寥无几。1 000多亿元，与其他行业比较一下，只不过是一个海尔公司的营业额，当然和中国移动、中国石油或任何一家商业银行根本不能相提并论。所以就营业额和市场存量来看，这个行业在整体上的发展速度和发展潜力并不大。

三、广告的行业特点和生产方式限制了它的规模效应

在广告业一向推崇的是策划创意，但是策划创意很难给广告业带来更多的经济收益和利润空间。原因是以策划创意为主导的广告行业，与其他生产和服务性行业的一个极大不同是，其本身缺少可复制性因素，因此每一个出色的策划创意都只能是大量人力智力付出后的绝版产品。现在不要说高技术行业不断在进行产品复制，就连万科这样的房产商都在运用制式定做楼盘，其他行业则更不在话下。但是广告却不能，这一点限制了它无法进入规模经济，当然也就无法产生更多收益。

四、市场环境以及社会和技术的变化压缩了传统广告的空间

简单地说就是市场竞争和信息渠道的变化，导致了广告效果的下降，微观经济学的术语是"广告边际效益递减"。我曾经很坦诚地对感叹自己的创意总是很难奏效的广告人讲："你的创意已经很精彩了，效果不好的原因不是创意本身，而是广告这种营销工具的魔力在下降。"宏观上看企业用于营销的费用在增长，但是在对这些费用的分配上却出现了一个趋势：那就是更多的营销费用被分配在销售促进以及其他营销沟通方面，相对而言广告费的比例在减少。中国尚无全面的统计数据，美国的情况可以佐证：美国企业的销售促进开支自20世纪80年代以来一直处在上升之中。如1980年全美广告费用是530亿美元，用于销售促进的费用是490亿美元；到1986年促销费上升到1 020亿美元，在当年全美促销广告费总预算中占64.6%，而广告费仅占35.4%；1996年全美用于国内广告费用1 740亿美元，而促销费用则高达2 000亿美元。

五、广告业的大规模发展必须通过转型实现

我并不否认广告业的未来，这个古老的行业将永远伴随着商业

经济而存在,但是要想在这个行业中取得更大的成就,就必须尝试从传统广告思维中转型。简单地说,就是要抛弃以大众传媒广告为主导的传统创意方式,要从广告的运作手段和盈利载体上入手,追踪技术发展对广告的推动,寻求创新性的创意突破。举一个例子,如今在广告业获得最大成功的大概要数江南春吧。然而它的成功并不来自具体的策划创意,而是来自于它的分众传媒对楼宇电视的大量复制,模式化的运作使其能够产生规模效应。其实楼宇电视本身并没有什么技术创新,但是可复制性的规模效应却使它可以成为纳斯达克的宠儿。

末了开玩笑地告诉学生,曾经有一个朋友早年从业广告,他的公司那时是杭州有影响的广告公司之一。但是多年后在广告业步履艰难的情况下,他把资金投到了一家餐饮公司,几年后,这家叫作"外婆家"的餐饮公司由一家店面发展到了50多家店面。由于生意经营得好,每天饭店都食客盈门,天天都有人排队等待就餐。朋友曾经打趣地说:"当年做广告时是我们总在求人,现在变成了人家每天打电话求我帮忙,请求的内容只不过是帮助订一个餐桌。"有一次我送朋友一本自己的书,朋友说要写几个字,于是便信笔涂鸦诙谐了一句:"外婆家生意兴隆,简之兄日进万金。"这话绝非虚妄。我以此为例告诫提问的学生,虽然餐饮业对脑力劳动的要求远远不如广告业,但是考虑到"民以食为天",这个看上去更加初级一点的行业,也许比广告业更有潜力。所以如果选择进入广告业,一定要有充分的心理准备。

7 广告重复：品牌传播的双刃剑

（2008-02-17）

> 告知是广告最基本也是最大的传播功能，一个品牌在实现了基本告知之后，必须进行更高层次的传播价值提升。重复只是追求简单的品牌知晓，而不是进一步的品牌理解和信任。

恒源祥广告成了这个春节期间"艳照门"之外的另一个热炒话题，这显然是广告主和广告商最想看到的。据说自成为2007年北京奥运会赞助商之后，恒源祥一直都在苦闷，因为受众对它赞助奥运的认知度并不高。有媒体曾经让观众现场投票，在蒙牛和伊利、新浪和搜狐、统一和农夫山泉之间进行选择，看谁是奥运会赞助商，结果大多数人将票投给了非赞助商的蒙牛、新浪和农夫山泉。显然恒源祥不甘于这种赔钱不赚好，于是采用惯用的广告重复手法。让受众知道自己才是真正的奥运会赞助商，就成了一种很自然的选择，只是不料这招一出却引来了一片"恶俗"的骂声。

其实恒源祥广告的失误并不在于重复。重复是一切广告的基本运作方式，这点USP理论的倡导者罗斯·瑞夫斯早在60年前就屡试不爽，迄今中国一切通过广告获得成功的品牌也无不是重复的结果。恒源祥的失误在于把广告重复变成简单的喊叫，除了名称三个字之外，就是莫名其妙的十二生肖轮回，从而失去了赋予这个品牌更深一层的意蕴。虽然它的主画面丝毫不变，一直保持着恒源祥商标和奥运会赞助商字样，但是由于十二生肖的喊叫，使受众反感，并由此导致品牌低俗不上档次的认知。恒源祥选择奥运营销并没有错，但是当它把品牌传播简单局限在知名度之上时，就是彻底的策略错误。因为知名度传播追求简单的品牌知晓，而不是进一步的品牌理解和信任，更不要说是由此激发的欲望和行动。所以恒源祥采取这个方式，虽然可能进一步扩大品牌知晓范围，但是对于达成更高的品牌美誉度，提升和维护品牌与顾客关系，则未必有利，至少是投入产出不成正比。

事实上恒源祥的品牌知名度并不算低。就像我早在10多年前因为那个"羊羊羊"广告，已经知道这个品牌，但却一直不清楚它是干什么的。这至少说明它在广告传播中一直没有明白，需要采取什么策略进一步提升自己的品牌影响。据说这个恒源祥2006年的销售业绩已经接近50亿元，比之于当年为申奥捐献一分钱的农夫山泉来，这个数目已经相当巨大了。但是恒源祥的奥运广告所产生的品牌效果，却与当年的农夫山泉广告有天壤之别，这不能不说是广告传播策略的巨大失误。一个简单的道理是，告知是广告最基本也是最大的传播功能，一个品牌在实现了基本告知之后，必须进行更高层次的传播价值提升。而恒源祥广告所传达的品牌，10多年来不思长进，简单而缺乏美感的重复，给受众带来极大的接受反感，难怪它要被称作"恶俗"。更加恶俗的是，在广告"恶俗"了国人之后，广告主和广告商反以为成功而津津乐道，这真有点令人匪夷所思。

就像本人虽然以广告研究专家自居，但多年来却一直以为"恒源祥"是京城里一家老字号金店，直到昨天才算明白这是一家毛纺品牌。动笔之前又知道这个品牌竟然就在上海，这确实颇感意外，因为印象里在精明的上海人那里，通过广告提升品牌价值，应该是一种天性，怎么竟会出此恶俗不堪的创意？当然，也不能把它说得一无是处。如果不去计算广告的投入产出成本，不考虑品牌美誉度的积累，毕竟这则恒源祥奥运会赞助广告，还是把它早就有的知名度更加提升了一些百分比，这多少也可以看出恒源祥借助奥运营销的一些效果。

8 为什么广告创意很美却未必有效

（2010-11-02）

> 广告创意中有一种对技巧的崇拜，把创作看上去很美的广告作为追求，似乎赏心悦目是广告所要达到的最高境界。悲剧就在这里，因为美的广告未必就是最好的信息沟通。

这是一个很现实的问题。从艺术的角度来看，广告的表现具有极大的审美价值，而富有灵性的创作人员，包括文案人员、设计人员和影像摄制人员，恰恰是广告的直接创意者，这些人都具有相当的艺术素养，因此尽量艺术地表现广告，创作出具有独特个性的、令人赏心悦目的广告作品，应该是广告创意的一种普遍追求。人们也习惯地认为，广告代表了产品和品牌，高雅具有审美价值的广告，更令人喜闻乐见，也必然具有更大的市场影响力。然而事实似乎并不是这样，虽然令人赏心悦目的广告更受大众的欢迎，但是并不能一概认为这些好看的广告，就一定比那些不那么讨人喜欢的广告更具有市场效果。

最早提出这一看法的是达彼思广告公司的董事长罗斯·瑞夫斯。他曾经提出过一个很著名的广告主张，也是达彼思广告公司的理念："独特的销售说辞"（Unique Selling Proposition），并将其浓缩为众所周知的三个首字母USP。瑞夫斯在1961年出版了《广告中的现实》一书，从而建构了广告发展中第一个充分而有价值的理论。他与那个时期同样赫赫有名的其他广告大家，诸如大卫·奥格威、威廉·伯恩巴赫以及李奥·贝纳等人显得有所不同,后面几位是当时创意革命的旗手和代表人物,以创作知性华美的广告而驰名。关于这点罗斯·瑞夫斯的解释是:"我并不是说富有魅力、机智或温馨的广告不能促销,我只是说我的确见到过成千上万这样的广告没有达到目的。"后来艾尔·里斯和杰克·特劳特在著名的《定位》一书中又提及:"美国广告中的怪事不断,明显地变得越来越不令人赏心悦目,但越来越有效了。"就像许多好看的广告和难看的广告都没有创造出销售一样,而一些被明显认为不好看的广告竟然可能和好看的广告一样创造出色的销售。著名的案例有罗斯·瑞夫斯为阿纳辛所策划的一个广告运动,这个叫作"唯一销售比例"的广告,画面上是一位头疼患者的脑袋里装了三样东西:一个是不断下落的榔头、一个是卷曲的弹簧、一个是锯状的闪电。其中最令人记忆深刻的就是那个榔头,在不断敲击人的脑袋。这个广告产生了极大的销售效果,虽然其画面让人感到很不愉快。中国广告好像也是如此,比如众所周知的脑白金广告,曾多次被受众归于十大恶俗广告之首,但是其所创造的销售效果却毋庸置疑。

这个现象很值得关注。为什么一个令人不愉快甚至讨厌的广告,同样也可以带来销售业绩和引起高度回忆?对此至少有两个解释:首先,在某些背景下,对于广告的注意力和对其信息的认知,如果没有完全转化成对产品的消极情感的话,它仍旧有利于强化主导信息;其次,消费者对产品或品牌的熟悉性产生之后,也可能导致对品牌选择性的增加,尤其是对于那些低参与度的,基于意识而不是基于偏好而购买的产品。脑白金无疑就属于这一类。如何处理好广告好看与有效果的关系,从创意思想上来看,仍旧是一个极有意义的命题。人类的可悲就在于往往忘记了自己的目的,而只记得获取目的的手段。在广告中这种现象十分普遍,对手段的追求具体反映到广告思想中,就形成了一种创意技巧的崇拜,把创作看上去很美的广告作为基本追求,似乎创意赏心悦目就是广告所要抵达的最高境界。然而悲剧就发生在这里,因为美的广告未必能够实现最好的信息沟通。这涉及广告创作的一些基本要求,即广告是要表现一种灵感和意境,还是要清晰地传达策略性的信息。

王国维在《人间词话》中讲到中国古典诗歌美学时,谈及

"隔"与"不隔"这样一对表现范畴。他列举了一些作品具体说明：

白石写景之作，如"二十四桥仍在，波心荡、冷月无声""数峰清苦，商略黄昏雨""高树晚蝉，说西风消息"，虽格调高绝，然如雾里看花，终隔一层。

问"隔"与"不隔"之别，曰：陶谢之诗不隔，延年则稍隔矣。"池塘生春草""空梁落燕泥"等二句，妙处在不隔。欧阳公《少年游》咏春草上半阕云："阑干十二独凭春，晴碧连远云。千里万里，二月三月，行色苦愁人。"语语都在目前，便是不隔。

"隔"与"不隔"作为一种创作美学，实际上代表了艺术创作中意境追求的不同风格。从信息表现的角度看，"隔"虽然也有独特意境，但显然不利于信息直接传达。在广告创意中，这种现象非常普遍，为了寻求所谓美的创意，往往丧失了信息传达的清晰化、简单化要求，使原本单纯的广告变得复杂化。在这里，广告创意似乎是有意识造成一种广告与产品信息之间、创意表达与广告受众之间的"隔"。这显然不符合广告目的，因为广告创意是一种促销说服，而不是艺术表现。

然而，广告却常常处于艺术与功利的尴尬之中。早在1758年，英国文学家塞缪·约翰逊（Samuel Johnson）博士就说过："广告业现在几乎到达了完美境界，很难提出任何改进的措施。"在很大意义上，他是从广告的表现形式上着眼的。然而当一个文学家对广告提出"近乎完美"的评价时，他和营销专家们的观察角度往往是不同的，这就涉及广告的一些带有本质性的分野。这种区分用一种老套的术语就是：审美意义上的广告还是功利意义上的广告，抑或是审美与功利相统一的广告。显然如果这种划分可以很简单地加以区隔，那结论应该是很容易得出的，但是现实似乎要复杂得多。也许正是这一点导致了长期以来，广告在艺术与功利之间的徘徊。

在现代广告史上，"销售派"与"艺术派"实际上一直存在，前者是那些坚持强销观念的广告大师，诸如克劳德·霍普金斯、罗斯·瑞夫斯等；后者则以创意革命的旗手威廉·伯恩巴哈为代表。艺术派说："广告的本质是艺术"，甚至认为广告属于艺术创作范畴。在广告创作中，历来有"说什么"与"怎样说"之争，前者是指广告所要表现的主旨，后者是指广告的表现手法。销售派毫无疑问地强调前者，瑞夫斯认为，只要找到独特的销售说辞，广告创作的任务就完成了；奥格威说"说什么比怎样说更重要"。但是伯恩巴哈却认为，"独特的销售说辞只是广告的开始"，"处理方式具有决定意义"。也许正是因为这种分野，使得从过去到现在，广告可以显得很低俗甚至是很不堪，也可以变得很艺术很赏心悦目。但是不论是哪一种广告，所有杰出的广告人都知道，艺术不是广告的目的甚至不是它的最基本追求，只有营销才是它的根本所在，所以连伯恩巴哈自己也说："如果有人说广告不是为了销售，那么他就是一个骗子。"

正是基于此，当我们说"广告是一种艺术"的时候，我们实际上是在说，广告具有艺术的表现手法，广告可以借助于艺术更好地与人沟通，更好地实现诉求和说服。而许多广告艺术派大家在各自的经验范围内又体会到：广告虽然具有艺术创作的一切品格，可广告人却没有"纯"艺术创作的潇洒和超脱。"纯艺术"可以天马行空，独来独往，甚至曲高和寡、孤芳自赏。广告却不一样，作为一种"说服的艺术"，广告不仅要照亮天空，同时必须击中目标，这个目标就是销售。如果把创作比作跳舞，那么"纯艺术"是放开手脚，大显身手，而广告则是戴着枷锁起舞，枷锁就是商业目标。一旦戴上商业的枷锁，世俗和功利逼迫你不可能像艺术那样洒脱和超越，广告人又如何能够翩翩起舞呢？他们殚精竭虑地去想象、比喻、暗示、幽默、荒诞、煽情，去挖空心思、焦急流汗，去千方百计地满足老板们对"伟大构想"的欲望，去追求出人意料、令人振奋和强烈震撼，说穿了都是为了追求金钱和利益。"这是怎样的痛苦和幸福啊"，当然也许正是因为有了这样一种艰难，许多广告人才会自豪地说，这也是一种生存和表现的艺术。

9 那些陨落了的广告标王们

（2011-11-27）

当年以广告豪赌的广告标王们，几乎无一例外地都已折戟沉沙。这种其兴也勃、其亡也忽的企业现象具有一种必然性，它在一定程度上反映了中国企业在市场经济初期的幼稚和不成熟。

茅台酒夺标央视广告之后，又一次激发了对当年"广告标王"们的回顾。

其实标王是一个特定的称呼。它的发明人是原中央电视台广告部主任谭希松女士。在中国广告圈里，谭希松是一个具有传奇色彩的人物，她1993年担任中央电视台广告部主任，在其任期里中央电视台的广告收入由不足10个亿上升为40个亿，而其中最为辉煌的就是创造了史无前例的广告"标王"。然而在进入21世纪的时候，这些曾经叱咤风云的企业大都渐趋式微了，尤其是在"标王"争夺中豪阔无比的酒类企业，几乎无一例外地都已折戟沉沙。反思这种勃然而兴又轰然倒塌的企业现象，实际上标王们的陨落在某种意义上具有一种必然性，它在一定程度上反映了中国企业在市场经济初期的幼稚和不成熟。在这个兴亡的过程中，失败的种子早就种下。至少从营销的角度看标王们的行为，广告已经不是一种营销手段，而变成一种豪赌的筹码。与此同时还有一个让人颇感兴趣的问题就是，为什么那些陨落的酒类标王都来自山东？这似乎也成了一个百思不解的疑惑。

失败的种子早已播下

第一届标王是孔府宴酒。孔府宴酒原本是山东鱼台一个名不见经传的小酒厂，它当初的崛起，其一是靠对孔府家酒的模仿，其二是靠勇敢而又大规模的广告投放。早在孔府宴酒之前,孔府家酒就借着孔子的名气,在市场上走红一时。孔府宴酒瞄上了孔府家酒,对方做到哪里它就跟到哪里,完全采取模仿战略。记得1993年年底,我作为娃哈哈的代表在中央电视台开广告会议,遇到当时孔府家酒负责营销的老总,其对孔府宴酒的模仿颇感头疼,并且一再表示要拿出对策。果然没多久,为了区别于孔府宴酒,孔府家酒播出的新广告再三强调"家"字:"孔府家酒令人想家。"其最有名的就是那个由著名广告人陈汉元创意,由王姬做代言的广告,借着当时《北京人在纽约》的余热,在电视上大行其风。于是孔府宴酒也不甘示弱,不过它的广告比起孔府家酒要粗糙一点,整个广告是用电脑三维技术制作的,画面当然很一般,配音是一句"喝孔府宴酒,做天下文章",扯着嗓子大喊,由于播出频率颇高,倒也很让人不会忽视它的存在。记得当年对中国古典哲学深有研究的杭州大学校长沈善洪教授曾皱着眉头对我讲,真不明白喝这酒怎么就能做出天下文章呢?但就是这个酒,硬是在夺得标王后次年实现销售收入9.18亿元,利税总额3.8亿元,主要经济指标跨入全国白酒企业三甲行列。

孔子是中国的圣人,更是山东人的骄傲。所以山东人做酒打着孔子的名号再正常不过。先哲的神圣就在于给我们确立一种永恒的启示,正是这个被山东的酒家们拉大旗做虎皮的圣人,2 000多年前有过一句名言:"始作俑者,其无后乎!"标王大概就属于始作俑者吧。说起来最初想争夺第一个标王的是产于山东曲阜的孔府家酒,这是孔子的老家,洙泗上弦歌地,民风古朴而深厚。庄严的孔府就在这里,在孔府门前约50米的地方,是清朝皇帝的御笔题碑:文武百官到此下马!那可是中国人文化精神的圣地。借着孔子的名气和中国人对孔子的敬仰,孔府家酒从山东杀向全国,市场占有率不断提高,直逼那些多年来名震江湖的名酒品牌,当此之际孔府家酒心里一直打着如意的算盘。1994年那场广告竞标,孔府家酒也参加了,但是就因为其标底比对手少了区区几十万元,眼睁睁地看着"标王"的桂冠被孔府宴酒给摘去,只好仰天长啸。在今天看来,这个广告竞标与其说是一种营销策略,倒不如说是一场博弈更为确切。那些渴求一夜成名和毕其功于一役的企业和企业决策者,更像是赌场上豪阔的赌徒,一掷巨万,他们比拼的是谁的筹码更大。这场豪赌一直延续着，而且越来越令人吃惊。

广告如同一场豪赌

1995年11月8日，北京的深秋，风尘挟裹着寒意，就像当年易水壮别、英雄长辞一般，有一种萧萧瑟瑟的气氛。在中央电视台新闻发布中心梅地亚宾馆，一个穿着老式西装的山东汉子第一次来到这里。他叫姬长孔，是山东一家叫秦池酒厂的经营厂长。那时秦池在北方市场已经小有名气，但姬长孔和他的伙伴们并不满足于这些，他们还有更远大的理想。在这里他见到了很多名声显赫、笑傲江湖的企业大佬。饮料食品行业真可谓群雄荟萃，风头正健互相较劲的宴酒、家酒兄弟，声名卓尔出手不凡的娃哈哈、乐百氏，以地毯式广告轰炸而闻名一时的沈阳飞龙、三株口服液，还有刚刚在一场官司中败下阵来的已经有点日薄西山的太阳神，这些风云一时的英雄，在昨天还宛如神圣可望而不可即，现在他觉得自己也很快就会成为其中的一员。姬长孔带来了3 000万元，这几乎是去年一年秦池酒厂的所有利税之和。然而很快他被告知，3 000万元在梅地亚这场"豪赌"中，充其量只能算是一个中不溜的筹码，要想奋力一搏，至少要准备6 000万元。

6 000万元意味着三万吨的白酒，它足以把豪华的梅地亚淹到半腰。博弈的刺激就在于它淡化了金钱的使用价值，对于商人来说那种锱铢必争的本性，此刻在梅地亚被一个游戏筹码所取代。姬长孔连夜与临朐方面联系，并得到了当地政府的大力支持，一个新的标底终于浮出水面。竞标会上全场的目光都关注在"两孔"身上，去年铩羽而归的孔府家酒此番卷土重来，开出的标底是上届标王的两倍，达6 298万元；而初尝甜头、因加冕标王而声名大震的孔府宴酒又岂肯屈后，它的标底刚好高出家酒100万元，为6 399万元。然而他们都没想到，结果竟然是山东秦池酒厂以6 666万元竞得标王，这又是一次大爆冷门！消息传出，一片哗然，那些早先一直在预测的高手们大跌眼镜，一下子竟丈二和尚摸不着头脑：

"谁是秦池？临朐县在哪里？"

不过他们很快就清楚了。随着广告的强力推出，"秦池酒厂，山东临朐"很快便为国人皆知了，秦池酒也迅速成为中国白酒市场上的新贵品牌。夺标不但给秦池带来巨大的收益，而且大大地增加了其胆量。1996年11月8日，早已名满天下的姬长孔再次来到梅地亚，他准备蝉联标王。在当天的招待宴会上，姬长孔被安排在主座，旁边作陪的是笑容可掬的中央电视台广告中心主任谭希松。很显然她是梅地亚真正的赢家，中央台第一年广告竞标有93家企业与会，第二年有134家，第3年来了198家，而标王的价格3年里涨了将近9倍。席间在谭大姐的极富煽情的发言中，秦池被作为典例一再地引用。姬长孔也很懂得投桃报李，他接下去说出的一席话至今还在江湖上流传："1995年，我们每天向中央电视台开进一辆桑塔纳，开出的是一辆豪华奥迪。今年，我们每天要开进一辆豪华奔驰，争取开出一辆加长林肯。"姬长孔的发言让每一个与会的英雄豪杰都嗅到了一丝兴奋的血腥，所以随后的竞标从一开始就如脱缰之马。

广东的爱多VCD率先报价8 200万元。这家诞生才两年的企业，第一次亮相梅地亚就出手不凡，已经显露出一种"标王继承人"独有的霸气，这也预示了日后它将演绎一出比秦池更为惨烈的悲剧。爱多之后是生产空调器的江苏春兰，它的报价是1.688 8亿元，首次把一亿元大关远远抛在后面。然而仅仅几分钟后，广东乐百氏以1.997 886 84亿元一冲而出，价码直逼两亿。就在很多人以为今年的11月8日将属于这只来自广东的小老虎时，峰回路转风波再起，迟迟出场的山东好汉总是让所有的人出乎意料。一家名不见经传的山东白酒金贵酒厂就如同当初的秦池一样企图一鸣惊人，喊出2.009 9亿元，使中国广告报价首度突破2亿元大关，接下来又是一家从未闻名的山东企业齐民思酒厂开出了2.199 999 999 9亿元的天价。最后轮到秦池的时候，沸水般喧腾的会场顿时鸦雀无声。最大的赌徒总是在最后出场，人们似乎预感到将有奇迹发生，也许更多人要看前任标王的表现。

"秦池酒，投标金额：3.212 118亿元！"

刹那间的愕然、疑惑、荒诞、狂热、鼓噪……当记者问及"秦池的这个数字是怎么计算出来的？"姬长孔回答："这是我的手机号码。"尽管国人一向迷信口彩和吉利数字，但秦池的电话号码还是令人惊诧不已。中国企业和企业家的不成熟，在这种宿命般的赌注中暴露无遗，也许正是这个宿命般的数字，敲响了命运之神悲怆的钟声。

为什么又是在山东

在目睹了历届标王争夺后，我们发现一个很耐人寻味的事实。这就是在标王争夺中勇往直前的，大多是来自山东的企业，而且全是白酒生产企业。在力挫群雄荣膺标王之后，这家同样来自山东的秦池酒立刻实施了它的品牌提升工程。山清水秀的临朐乃齐鲁名县，《临朐县志》中对秦池古酒有生动的记载：龙湾之阴，催马潭西侧，修竹青翠万竿，杂树浓密蔽日，林间，磐石累罗，底部岩隙中，泉涌若沸，汇水成汪，名"神泉"，又名"神池"，亦称"秦池"。东周战国时，齐酿造巨匠田无忌在此酿酒，名泉佳酿，相得益彰名沸古今。也许正是基于这种理解，秦池对其广告进行了基本的定位："永远的秦池，永远的绿色。"为此秦池不仅做了很多质量方面的工作，而且还荣获了当时中国白酒行业唯一的"绿色食品认证"。大规模的广告投入，令秦池名声大噪，然而迷信广告最终也难免沦陷于广告。单纯依靠广告所建立的神话，一旦受到市场的强烈冲击，就难免陷于困境。1997年初的一则关于"秦池白酒是用川酒勾兑"的并不能算是重量级的报道，把秦池推进了深渊，从此之后便一蹶不振，最终从传媒的视野中消逝了。

《过秦论》是西汉政治家贾谊论述秦朝兴亡的著名政论之作，秦池的兴衰正应了贾谊的断言："其兴也勃也，其亡也忽也。"问及为什么是山东，浮想联翩而来，山东人的豪爽和山东企业的恢宏气概，多少让人想起这片古老大地的历史，从隋朝末年的十八路反王六十四路烽烟，到北宋后期的梁山好汉，呼啸而起，凌厉不可阻挡，大块吃肉，大碗喝酒，意气风发，岂不快哉。至于英雄失路，长歌当哭，也不失为一种悲壮。

10 超越「公益」标签去看公益广告
（2013-10-17）

> 公益广告类似于一种包含了强大社会因素和人文影响的整合营销传播，而这显然不只是一种单纯的市场营销行为，它也是一次负有更多历史使命的社会营销行为。

完全是一次偶然，浙江传媒学院文化创意学院的院长徐教授，叫我去跟他们的学生讲讲公益广告的事情，不久有学生发来短信说要网上预告，问我讲什么？说实话，我们谈营销传播一向是讲商业广告的，对公益广告似乎不怎么在意。虽则如此但总要有个说法，于是便回复说就讲"信息时代公益广告的趋向与发展可能"。第二天上午就要讲，晚上思考起来想到公益广告在本质上还是广告，所谓"公益"只是一种题材和内容的区别，其本身并没有什么理论的区隔。因此从技巧和方法上来说，"公益"和"商业"在这里并不矛盾，关键问题是如何更好地传播和影响。想到此似乎有很多话要说，想到我们传统商业广告令人生厌的强销嘴脸，也想到很多公益广告肤浅口号般的道德说教，这里面有很多无法适应于信息社会的共同误区。如何从观念上乃至表达方式和技巧上改变这些，似乎就是信息时代所提出的一些要求，明白了这个也就明白了公益广告的趋向和发展可能。

其实这个问题10年前我就谈到过，那是在书里写到"整合营销传播发展的未来"时所做的某种预言式表述。翻出10年前的文字，自觉还是颇有一些见解的，可以结合对公益广告的趋向和未来发展谈谈看法。在任何情况下讨论未来都不是一件轻松的事情，因为预言式的论证，很有一种风险的味道：它要么是一种不着边际的夸夸其谈，要么就可能坠入一种错误的假设之中。因此对一种传播现象进行理论式前瞻，我们必须将其置于社会和市场发展的趋势中加以审视。当然任何归纳都不可避免局限于一种不全面之中，但是它至少代表了某种可能性倾向。

20世纪后期发展起来的以互联网为主导的信息技术革命，将进一步对整个社会结构、文化模式以及人与人的关系产生根本性的影响。对于营销传播而言，它不仅仅是代表了一种新型媒体，而且还代表了在以需求为导向的市场趋势中，营销和营销传播之中消费者权利的最终回归的现实可能。虽然电子商务的发展已经可以使用户很容易地查看各种资料、文档、商业信息、虚拟商店、电子公告以及其他信息资源，而且也可以在互动中自主地控制信息流量，诸如运用搜索引擎、服务器、电子邮件等，但是相对于这个不断变化发展的新技术来说，我们的认识还存在着广阔的未知领域，而这些在未来营销和营销传播中都将发挥无穷的威力。显然公益广告作为一种广告传播形态，必须适应于这种新的信息方式和媒体环境。换句话说就是，我们传统的公益广告在手段上基本还是采用传统甚至古老的广告手法，无论是创意还是传播技术上都很落伍，要想更好地进行"公益"传播，就必须进行方法的革命。公益广告本身也是观念的营销，在它进入到新的传播环境中时，也必须适应这种基于信息技术所带来的营销传播发展，从整合营销传播中得以实现。正如我们所说的，信息技术的发展远远不仅仅是营销传播工具的扩展，因此营销和营销传播人员仅仅把它当作是一种网络展示广告或者宣传手册显然是不够的。网络带来了消费环境的变化，与此相联系的移动通信、3G技术以及智能控制等全方位地介入，也带来了消费者意识的变化，消费者不但可以随时随地在网上实现信息的自我选择，而且还可以通过网络完成各种交易和交换，在某种意义上所有顾客关系都构建在这个覆盖全球的巨大社区中。

长期以来，我们的"公益广告"似乎都在做口号式说教，如何把这种说教变成一种自然的认同呢？如果认识到"公益广告"本身也属于社会营销的范畴，达成这点似乎并不难。从社会营销的角度看问题，现在这个社会似乎比以往更需要社会营销。但从信息社会和市场化的角度来看，新的营销和营销传播模式也营造了新的市场环境。由于这个环境比之于现实营销具有更多的自由性和更大的开放程度，而相应的游戏规则和法律规范尚没有系统形成，因此营销和营销传播在带来新转机的同时，也为传统营销秩序中的各种诱惑提供了可乘之机。有鉴于此，在以信息技术支持的市场环境中，介入营销和营销传播过程之中的，也许不仅仅是传统的营销者和消费者那些简单角色。除了来自法律和管理层面的监控之外，各种环保压力集团、慈善机构、自助组织等社会利益群体也成为营销和营销传播中的一个干预角色，这就导致了市场营销中对社会营销观念的进一步重视。可以说在未来的营销传播中，社会营销是一个不可回避的话题。在未来的营销传播中发展社会营销的另一个理由是，市场经济的发展正在昭示着一个可能，所有社会结构的变革都是基于不断增加的财富所带来的对个人主义的重视。按照马斯洛的需求层次理论，随着整个社会和个人的更加富有，其在社会和经济生活中的安全感也不断提升，于是他们就更多地寻求自我实现，更加强调自己的个性特点。而总的人口变化也预示着年轻人的市场正在缩小，处于灰色年龄区域或者老龄区域的市场正在增加，社会分化与单亲家庭的上升等，这些都提出一个深刻的命题：公益广告，在某种意义上类似于一种包含了强大社会因素和人文影响的整合营销传播，而这种整合营销传播显然不只是一种单纯的市场营销行为，它也是一个负有更多历史使命的社会营销行为。

　　人总是这样的，思如野马，一旦放开便会自由奔驰。越想越多，想到前段时间给广告公司经理们讲到的新媒体时代广告面临的挑战，想到下周要去给广告产业园的管理层和经理们讲广告产业集聚的问题。虽然对产业集聚这个纯粹属于区域经济学方面的问题了解不多，但我感觉任何产业集聚必须找到群体之间内在的关联和互补，并在集聚中更好地实现价值叠加。也许到时候我会结合这个问题，进一步探讨广告业在新的挑战面前，如何实现华丽的转身，进而使这只美丽的凤凰再一次完成她的涅槃重生。

第七章

品牌价值是营销的终极追求

  并不是所有企业都意识到市场营销的极致是提升品牌价值，传统的惯性思维总是把利润看作企业唯一的追求，在某种意义上这也是一种营销近视症，因为维护企业利润和延续生命的根本乃在于品牌。所谓品牌的价值是由顾客及相关利益者所赋予它的价值。从这个意义上说，市场营销的目的就是培育忠诚而愉快的顾客，自然也就是建构品牌与顾客及相关利益者的关系。

1 预言的取向：谷歌、娃哈哈和第五季

（2010-03-26）

> 对市场进行预言有时候就像赌博，从预言娃哈哈、史玉柱到第五季，每一次如所预期都显示了对市场和人性的把握。所以对于谷歌，依旧倾向于从商业的角度去预言它。

紫霞仙子朱茵在《大话西游》中的精彩台词是："我的意中人是个盖世英雄，有一天他会踩着七色的云彩来娶我，我猜中了前头，可是我猜不着这结局……"早几年因为专业的原因，对于市场上比较惹眼的品牌我喜欢做一些预测。也许是因为那时候关注市场，而且比较敏锐，因而预测往往得中。这两年很少再去预言什么了，我想也许是自己的心灵开始钝化，对市场也渐渐变得麻木。

记得第一次是预言娃哈哈非常可乐。那次是 1998 年秋天在杭州的中国茶叶博物馆，同事说非常可乐肯定玩完，这几乎是当时国内营销学界的一致看法，而我偏说肯定会成功，因为我太了解娃哈哈、太了解宗庆后，甚至也太了解这个产品了。那天在场的还有当时的中国广告学会会长。那时候人还年轻，尚未到不惑之年，有点血气方刚于是便和同事打赌，我为成功设定了一个基准点：这个产品的销售额达到 2 个亿或者盈利 5 000 万元就叫成功。记得那个时候我曾经请自己当年的部下，时任娃哈哈市场策划总监来校给学生讲这个

产品的营销，下课后他对我说："你的学生对非常可乐咬牙切齿。"我可以理解我的学生，那时候更年轻些的他们最崇尚的是美国文化，而可口可乐被当作是美国文化的浓缩。为此我在课堂上调侃："难道美国文化就像是板蓝根冲剂一样吗？"

那不久，好像就在娃哈哈厂庆的前一个晚上，我喝了点酒后突然去娃哈哈看宗庆后。秘书显然认识我，打了个招呼就进了他的办公室。他正在训斥某个我熟悉的部长，之后才一边做事一边头也不抬地问我，有什么事情需要他帮忙吗？（也难怪，他太有钱了，来找他的人估计大都是求他帮忙的，我进来之前秘书说里面是某大银行的行长，似乎是在求他把钱存过去）我回答说没事，就是想来看看你。他蓦然抬起头看了我两秒钟，轻轻说了声谢谢。其实他不用谢我，是我应该谢谢他，是追随他两年让我学会了大学里永远学不到的东西。于是他继续做事，我坐在旁边，两个人有一句没一句的说话。记得我告诉他我给学生出考卷有非常可乐的案例（这个案例后来被列入哈佛商学院的经典教程），他说你的学生肯定说不成功。我说评分标准是分析可以成功的得满分，不成功的给一半分。那天像过去一样我陪着他一直到晚上11点多，直到他下班一起走出办公室走出电梯。这个打赌的预言很快便见了分晓：半年时间娃哈哈非常可乐的销售额达到2个亿，两条生产线24小时加班还满足不了市场需求，第二年生产线增加到了8条，销售额也达到了10亿元。也许是因为个人情感的原因，我对娃哈哈预言的取向总是趋于正向。最近的预言是2007年4月初，在娃哈哈与达能的争夺战爆发的第二天，我便写文章预言宗庆后"一定会赢得这场战争"。那时候在达能的公关宣传和利诱之下，不少精英都在指责娃哈哈不讲商业道德，很多百姓不辨真相跟着骂宗庆后，一时间大有国人皆曰杀的味道。我这么狂热地为娃哈哈鼓吹，也被很多人嗤之以鼻，连最好的朋友也都嘲笑我。两年半之后，这场争战以达能的全面失败而告终，如今宗庆后也以70亿美元的身价被福布斯排为中国大陆首富，并在华人世界仅次于李嘉诚和李兆基而位居第三。于是散步的时候朋友又问我：你当时不是讲宗庆后说战胜达能之后论功行赏吗？我笑笑说不好意思去要钱（想到当年自己要离开娃哈哈调回大学时，宗对我说的话"就是太清高"）。

再说第二个预言，有趣的是这次预言史玉柱重新崛起。早些年，史玉柱因为巨人系列营销失利背负几个亿的债而倒下，我比较推崇史玉柱便在课堂上对学生讲，史玉柱还年轻，经过反思肯定会重新崛起。那时候正写第一本书，但是真要写到书上时心里没有了谱，白纸黑字唯恐不应验被读者和学生笑话。于是书里写下的便是史玉柱"如果不是因为决策失误前途不可限量"。没过两年史玉柱又因脑白金而再次崛起了，上课时我对学生讲起此事。其时恰逢2002年世界杯，张海主持健力宝推出个品牌"第五季"，一个星期的时间便在央视砸了3 100万元广告费。我不看好张海和他的"第五季"，当时正好有出版社约写一本关于市场与广告方面的书，便对同学讲这次一定要明明白白预言一下，于是在书里专门写了一节"预言第五季"，说这个品牌"从产品自身讲可能有两种结局：一种是苟延残喘几年，然后在没有市场空间之后不得不死去；另一种是不温不火，只能在主流品牌之外偏安一隅"。时过境迁，如今"第五季"早已杳无踪迹，张海也已陷身囹圄，这个预言也不幸而中。又是几年过去了，到了今天却似乎再也不敢预言什么。这可能是因为已经非复当年的激情，还有更多的原因是因为自己远离市场，那种敏感的市场触觉已经钝化。不过今天我却想再冒一次险，那就是想预言一下谷歌。

谷歌的事情在商业里夹杂了很多政治和价值观的因素。尽管我也不满"河蟹"过滤了很多谷歌的信息，令本来就缺少公平和公正的百姓们，在信息屏蔽中进一步加剧了信息不对称和信息失衡。但是这件事情无论政治和道义的看法如何，我还是倾向于从商业的角度去预言它。既然是商业，那么利益是第一位的因素，从利益的角度讲谷歌虽然暂时离开了内地，但是它不会离开中国，而且在不远的将来谷歌还会回来。

2 一个品牌知名与美誉的营销悖论

（2010-06-22）

> 脑白金广告在为产品创造极高的知名度，并进而取得巨大销售额的同时，并没有为产品创造出相应的美誉度，很重要的一个原因是它忽视了对不可控性信息的管理。

有个在中国几乎家喻户晓的品牌，它的名字叫"脑白金"，其毁誉参半的广告在中国几乎人人皆知。凭借着它，史玉柱在当年珠海惨败之后迅速崛起，从几十万元起步，几年之间便创造了几十亿元的销售额，这无疑是一个奇迹。从市场营销角度看，脑白金的辉煌业绩多半要归之于广告促销的成功，它不仅给脑白金赢得了巨大的销售业绩，同时也使得脑白金的知名度远远高于一般保健品。

脑白金本身是一个促进睡眠和肠胃消化的产品，其基本组方分为胶囊和口服液：胶囊主要是褪黑素，英文音译"美乐通宁"，主要是促进睡眠；口服液则是中国传统中药，成分为玉米芽多聚糖、茯苓、山楂，功效主要则侧重于改善肠道功能。因此脑白金的功效只能确定为改善睡眠、通肠润便，但是经过宣传推广，脑白金一定程度上成为一个概念大于内容的品牌。脑白金的产品命名是产品概念和营销观念的集中体现，可以说体现了策划者敏锐的市场眼光。它不仅仅是一个产品名称，而且还代表了一个完整的保健概念，而这个概念就是其所创造的所谓"年轻态"保健品概念。直观地看，产品名称表达了两种信息：其一，该产品是作用于脑部的；其二，该产品非常珍稀可贵。脑白金三个字具有很大的识别度，记忆度也很高，容易引起人们关注。因为大脑是人体生命的司令部，而白金也是珍稀之物，二者结合当然更是贵中之重了。

为此脑白金的广告宣传定位事实上是基于两个方面：其一是产品功效定位的成功；其二是社会功效定位。前者主要着眼于作为保健产品的基本保健功能，脑白金将其归结为"年轻态"，后者则更侧重于产品所衍生出的交际性和社会性价值，也就是脑白金一直大肆宣扬的"送礼"。

> 今年过节不收礼，不收礼呀不收礼，收礼只收脑白金，脑——白——金。

脑白金播出的就是这样一个俗不可耐的广告，通过不同的电视频道，铺天盖地地向电视受众倾泻，不反感的人恐怕不多。脑白金功效的市场认可率并不高，有关网站曾经做过一个对于"脑白金效果如何"的网络调查，结果显示：46.47%的人认为"没有感觉"，20.12%的人认为"不能消除病患"。就在脑白金的生产商上海健特生物科技的网站上，关于"脑白金的疗效"的调查显示，47.79%的人认为"不好"，12.9%的人认为一般。据了解，目前脑白金仅在改善睡眠和肠道功效方面得到有关部门的认可，功效成分为"褪黑素、低聚糖"。有报道说，脑白金上市以来由于诸如此类的原因，还多次被同行和消费者告上法庭。2000年4月，济南亚细亚药业有限公司以不正当竞争为理由对"脑白金"提起诉讼；2001年11月，济南消费者王秀均在使用了脑白金产品后认为，脑白金"吹得太过分，吃了根本不管用"，于是在一怒之下，将脑白金告上了法庭。济南市历下区法院一审判决：脑白金"违反了国家工商局《食品广告发布暂行规定》的有关规定"。专业界人士也纷纷发表意见，长期从事学术打假的美籍学者方舟子指出："脑白金"在美国已过时了5年，现在在美国只是被当作催眠药卖。由此看来，脑白金只是一种极为普通的保健食品，并不具有普适性。至于对脑白金广告的非议，更是不胜枚举，几乎很少听到有人正面评价脑白金的广告。有地方卫生管理部门甚至曾禁止播放脑白金的广告。

然而就是这样一个普通的保健食品，在其推出的时候剂型陈旧包装也不见档次，其功效也屡遭专家质疑、媒体批评和消费者的非议，品位低下的广告更让人感到难受。但它却靠着广告风靡神州，创造销售的奇迹，成为时尚的礼品。仅仅2001年一年，脑白金"实现销售十几亿元，税收1亿元"。回顾脑白金的送礼广告，它所引发的销售奇迹和社会争议，从整合营销传播的角度正好值得我们加以深思。

客观地讲，脑白金虽然依靠广告取得了成功，但是广告在为产品创造极高的知名度、取得巨大销售额的同时，并没有为产品创造出相应的美誉度。有关调查数据显示：在对脑白金广告受众反映的调查中发现，90%的年轻观众在表示对脑白金广告的感受时使用了"难受""恶心""低劣"等词！中年人的负面感受率也在80%左右。这说明在一定意义上，这个产品的知名度是和它的品牌声誉相背离的。我们可以从几个方面分析脑白金营销成功和品牌受损的原因，其中一个很重要的原因就是，脑白金广告在关注可控性信息的同时，忽视了对不可控性信息的管理。

一、脑白金广告成功的秘密

脑白金广告最初是保健与送礼并行的，后来主要着力于送礼宣传，以至于脑白金成了送礼的代名词。其大肆渲染的"送礼"概念，由于缺乏更深刻的创意成分和产品理念，在表现上显得直露甚至粗俗，客观地说这个广告对建立产品形象并无多大意义。脑白金这么做无非是要把送礼的礼品选择变成一种下意识的购买。送礼作为一种普遍的社会现象，其送礼所包含的意义成分要远远大于礼品的功能成分。因此以保健品作礼品，这种原本很理性的消费品，变成消费者对产品参与程度很低的一种商品。把脑白金与礼品直接联系，形成脑白金就等于礼品这样一种下意识，这就是脑白金的追求。在消费者对产品参与程度很低的情况下，购买决策具有极强的随机性，在很大意义上是一种惯性购买，而脑白金所追求的就是这种效果。

二、对恶俗广告的客观审视

最令人困惑的是，从专业的角度看脑白金广告本身俗不可耐，而且明显地影响了脑白金的品牌形象，但是却依然创造出不可低估的销售业绩。从广告信息传播角度看，脑白金广告的可取之处就在于，它的信息定位准确而且单一。比之于很多富有创意的广告，脑白金广告的主导信息非常突出，它反复强调的就是一个"送礼"，这有利于它占领消费者空白的选择意识。但是与此同时，由于脑白金广告缺乏令人愉悦的创意因素，它的反复播出在强化主导信息的同时，又给人带来一种厌恶感，进而损害了产品的形象。这种引起受众厌恶的信息，就是一种不可控信息，它本身是广告播出之后所引起的微妙反应，所以在广告制作之初并没有被意识到。美国广告专家安德鲁·米盖尔、杰瑞·奥尔森等人曾经专门研究过广告偏好对品牌的影响，其中确认了对广告喜爱的重要性。他们认为，由于广告所唤起的愉快的情感，在某种程度上可以转化为对品牌的喜爱。但是这种程度究竟有多大，却很难做出判断，不过有一点是很明显的，这就是脑白金的广告对建立持久品牌的影响并没有多大意义。

三、不可控信息降低品牌价值

脑白金运用广告创造了良好的市场业绩，但是在获得很大知名度的同时，也招致了很多非议。这种由脑白金知名度所建立起来的市场优势，不仅没有转化为有效的品牌资产，而且随着时间的流逝潜藏在品牌知名度中的负面因素得以放大，并进而对品牌造成了某种意义上的损害。一个最简单的例证是，就在脑白金如日中天的时候，它的延伸产品"黄金搭档"强势推出。这个产品继承了脑白金的所有推广手段和推广渠道，从当时的市场背景和竞争氛围看，"黄金搭档"作为复合维生素类产品，非常符合"非典"之后的保健品营销环境。但是，"黄金搭档"却并未获得预期的成功，时至今日随着脑白金品牌光环的逐渐黯淡，这个产品本身也表现得不温不火。

整合营销传播强调品牌价值的提升，广告作为品牌信息的直接宣传，本身应该创造一个积极丰满的品牌形象。每一个广告都是品牌形象的积累，脑白金广告虽然通过强化促销信息达到了销售追求，但是却忽视了不可控信息对品牌的影响。有网络评选脑白金广告的播出效果，连续将其列为年度最差广告，这至少说明它所形成的品牌积累是负面的。事实也证明这个家喻户晓的广告，对于企业建立稳定品牌关系的贡献并不大。从品牌关系角度来看，广告作为消费者与品牌的一种接触方式，必须传达出具有长效价值的品牌信息。按照这种理解，脑白金广告虽然关注了短期的促销利益，但是却忽略了长期品牌形象。也许这可看作是脑白金获得了极大知名度和市场份额，但是却无法使品牌影响得到有效延伸的解释之一。

3 烟草品牌与人生及行业断想（2008-03-07）

> 香烟的魅力不在于它所具有的物理属性，即它本身带给抽烟者的味觉享受和生理快感，而在于它所体现的社会属性和心理依赖。香烟是人生的伴侣，烟草品牌阐释的是人的心理需要。

为几大烟草集团的营销管理高管上课，免不了要讨论香烟问题。有提问：全世界都在提倡戒烟，理由是吸烟有害健康，意思似乎是说，从社会人生的角度看，烟草行业处于道德边缘线上。由此突然觉得很多针对香烟的宣传说辞有点苍白，虽然自己不抽烟，也不喜欢别人抽烟的影响，但是仔细想想烟草工业本身的恒久力，大概很难受到撼动。且不说烟草业的经济贡献，单就全世界大概以数十亿计的烟民数量来说，这个古老而历久弥新的行业就具有无可替代性。曾经有过许许多多的戒烟宣传，还有很多戒烟产品，但是所有这些都如过眼烟云，只有香烟却依然畅销。

我对香烟作为一种畅销不衰商品的解释是，香烟的魅力不在于它所具有的物理属性，即它本身带给抽烟者的味觉享受和生理快感，而在于它所体现的社会属性，诸如交际属性和心理依赖。所以当云烟公司一位老总问我"如何看待香烟与人的关系"时，我几乎是脱口而出：香烟是人生的伴侣。之所以这么回答是因为很多人抽烟不是出于生理需要，更重要的是出于心理需要。早年也曾经抽过烟，那时并没有烟瘾但是仍旧抽，往往是一个人孤独时候抽，或者是和别人交际时候抽。现在看一些抽烟的朋友也是这样，有些人是说话间歇中抽，思想空白时抽，香烟就像是音乐间的休止符一样。香烟不仅成了具有社会意义的交际工具，而且成了人们寻找自我依托的方式。很多时候，抽烟是人类排解孤独的一种方法，这就和养狗养宠物一样。常常不理解有些养宠物的人，如今工作忙生活累，有时间何不休息一会儿，干吗要养条狗？其实每个人都有孤独感，都需要有不同的方式排解孤独，有的人抽烟，有的人养狗，有的人喝酒……何况在中国人的社会生活习惯中，香烟的交际属性远远超出一般产品和品牌。老板们抽烟，官员们抽烟，普通百姓也抽烟，很多时候一个人抽什么烟，甚至比他开什么车还显示身份。曾经看到有温州老板津津乐道一定要抽中华烟，而且要软盒的中华，并且还要检验香烟上标出的阿拉伯数字……这时候香烟的功能早就超出了其本身的自然属性，完全成为某种符号化的品牌象征。

有数据可以说明这个问题，据说1987年美国《福布斯》（FORBES）杂志专栏作家布洛克曾经对万宝路香烟品牌进行了一项调查。布洛克向数万名万宝路香烟爱好者发放问卷，主要问题是"为什么喜欢这种香烟"，绝大部分受调查者对此所做的回答都集中在香烟自身属性上，诸如：这种香烟味道比较好、香烟味道浓等。在得到回答后布洛克继续了他的试验，他向每位自称热爱万宝路香烟品质的人提出一个建议：以半价提供这种香烟，但从外表上看不出香烟的品牌，只是由生产商保证所提供的产品货真价实。这项建议发出后，其结果是那些号称喜欢这种香烟品质的人中，只有大约21%的人表示愿意购买。可见当时很理性表示自己喜欢万宝路是出于喜欢其品质的人，绝大部分没有说出真实意图，或者自己也不知道自己的真实意图。布洛克据此认为，那些烟民们所需要的其实是万宝路香烟品牌所带来的特有的满足感，而不是香烟本身。简装香烟虽然具有香烟的一切内在质量，但是却不具备某种相伴而来的愉悦和满足。布洛克还观察了万宝路爱好者每天掏出香烟的次数，一般都在20—25次，超过他们吸烟的次数。其实早在布洛克之前近70年，大约是1920年，从霍普金斯大学来到著名的智威汤逊广告公司工作的约翰·沃森（John Watson）博士就进行过一次蒙眼实验，测试结果显示，那些习惯抽烟的人们，在蒙着眼的情况下无法辨别出他们最喜爱的香烟品牌。现在看来，他们之所以声称自己喜欢某种牌子的香烟，并不是出于对香烟产品的认同，而是出于对香烟品牌表现的社会性有意无意地认同。这种行为至少表明，香烟对人们的作用超出了其本身的物质功能。人们喜欢香烟，很大意义上是喜欢香烟的社会属性，诸如对人生孤独感的填补，以及对社会交际的暗示和承载。

关于烟草工业的生命力，还提到一个有意思的反证。提倡戒烟和限制烟草业的一个重要理由就是，吸烟有害健康。这句话被要求印在香烟的外包装上，并且堂而皇之地受到大家的肯定。但是从医学的角度看，据说每支烟所含的尼古丁，对人体的伤害只能导致人的生命缩短10多秒钟。如果这个数据确切的话，那么抽一包烟也就是缩短几分钟寿命，假定一个人每天抽一包香烟，抽烟50年也只缩短寿命几十个小时。而如果香烟真能给人带来快乐，那么一生少活几十天又算得了什么。所以说烟草工业不会衰落，因为香烟是人生的伴侣，至少现在还看不到什么东西可以取而代它。

也许这些只是对来自烟草行业学员讲课时候的奇谈怪论。末了还是要说，我不喜欢抽烟，也不喜欢别人抽烟时被动抽烟的感觉。所以每每要问朋友："烟有何好？"这就像是《世说新语》记载的一段趣闻，陶渊明外祖父孟嘉好酒，他的长官桓温每每要问"酒有何好，而卿嗜之？"孟嘉则笑而答曰："明公但不知酒中趣也！"自己不抽烟，对香烟也没有心理依赖，大概也是属于"不知烟中趣也"之流。

4 品牌资产更多只是象征性的虚拟

（2008-04-25）

> 品牌资产评估中为品牌估算价值，是一项看起来很科学事实上却非常模糊的做派。那些表面看上去很翔实的数据，其实都很虚拟，具有相当的模糊性，所以并不可信。

在由著名广告营销机构 WPP 旗下调查公司最新发布的全球品牌排行榜上，谷歌继去年位居榜首之后，又一次蝉联第一，品牌评价机构为其品牌资产标出的价值是 860 多亿美元。在谷歌之后前 5 位依次是：通用电气第二，品牌价值为 714 亿美元；微软第三，品牌价值为 708.9 亿美元；可口可乐第四，品牌价值为 582 亿美元；中国移动第五，品牌价值为 572 亿美元。实际上，世界品牌价值排行榜年年都要推出，推出排行榜的机构中，最著名的有英国的国际品牌集团（Interbrand Group）和美国的《金融世界》，另外还有财富、福布斯等，就像中国的评估机构一样形形色色。有趣的是所有的品牌评估，往往都很像模像样地为品牌资产标出一个数值，虽然各家的排行榜从排名到数值并不完全一致，但是这种数字游戏还是非常吸引人的注意力。

事实上品牌资产评估中为品牌估算价值，是一项看起来很科学事实上却非常模糊的做派。一个简单的例证就是，品牌资产评估机构为品牌所作出的这些以货币数值计算的评估价值，在相关品牌的资产负债表中根本无法以财务方式加以体现。正是在这个意义上，我们说品牌资产更多的只是一种虚拟象征。一切正如著名品牌专家大卫·艾克所说的那样："品牌的价值无法精确地评估，但可以大略地估算。由于误差很大，这些估算不能用于评估营销计划，只能说明创造了多少品牌资产。这些估算还不能为制订品牌创建计划和编制预算提供参考。"显然那些表面看上去很翔实的数据，其实都很虚拟，具有相当的模糊性。之所以这么说，主要是因为相关指标大都是来自于消费者的感性关联，而消费者在具体评价时往往非常感性，与此同时相关的评价方法和评价体系并不能完全排除认知中的不确定因素。比如，当我们向消费者了解对某个品牌的满意程度时，可能会用一个相对的程度表示方式：很好，好，一般，差，很差（或者用数字形式：3，2，1，0，-1，-2，-3）。但是在大多数情况下，这种满意程度划分越是细致，消费者越是感觉无所适从，因为大多数情况下消费者所钟爱的品牌并不是一成不变的，对于同一类产品即便忠诚品牌也不止一个，在这种情况下他们很难给自己的判断做出确切的评价层级。另外，即便是消费者做出了相应的评价层级，也会因为其各自之间的差异和对不同品牌的感情成分而显得十分含糊。而对于品牌管理来说，究竟这个3，2，1或者-1，-2，-3可以折算为多少资产价值，也并没有一个可以精确换算的方法。所以品牌资产中这些重要的指标值，表面上看来非常明晰，其实也有很大的不确定性。当然，模糊和不确定性并不是说品牌资产不重要，而是说需要一种更加清晰直白的逻辑。

很多时候在品牌评估专家和品牌传播专家那里，对品牌价值的看法并不完全一样。比如从整合营销传播角度看，品牌资产主要来源于公司与顾客以及关系利益人之间的关系，而这种关系主要是通过沟通建立的。可以说这种基于关系的品牌资产，主要是一种感性资产。任何想要把这种感性资产很明确地加以数字化的做法，其实都是为了一种象征性说明而已。所以品牌资产很大程度上并非来自于企业所拥有的品牌权力，而是来自于顾客和相关利益者的认同程度。正如前面所说，由于品牌资产本身所具有的不确定性因素，相对于企业的其他资产成分，它因缺少更为可靠的财务依据而无法在资产负债表上得到体现，而由各种品牌评估机构以货币形式所发布的量化数据本身又不足以为据。因此我不喜欢称其作"品牌资产"，而更喜欢称它作"品牌资源"或"品牌价值"。许多年前，可口可乐的老板曾经自诩，哪怕一夜之间全世界所有的可口可乐企业都荡然无存，只要凭借可口可乐这个品牌仍旧可以重新崛起。虽然它在一定意义上表达了品牌作为一种象征形态，具有其独立价值，但在事实上我们却很难由此而确信无疑：当一个企业赖以真实存在的财产形式化为灰烬之际，单纯虚拟的品牌是否真的具有这种魔力。所以可口可乐的这种假设因为并不存在可能性前提，因此只能是一个永远无法得到验证的悖论。

5 理解品牌必须认识三重意义
(2008-07-21)

> 所有的商品都具有象征性特点,既象征着个人的属性及其目标,也象征着社会的模式及其竞争。人们选择商品实际上是选择品牌。或者说,消费者的商品需求是品牌而不是产品。

关于品牌的论述已经很多了,不想陈陈相因,总希望有一些自己的理解。按照诸多对品牌权威定义的解释,似乎有关品牌概念的理解是非常清晰的,但事实上长期以来关于品牌的认识却模糊而又繁杂。之所以会这样,是因为品牌所涵盖的范围,及其象征意义和竞争属性,决定了品牌本身不可能停留在一个静止的表述状态。随着营销和管理的深入,品牌也变得越来越复杂,而所有这些都来自于品牌内涵的丰富性,以及在品牌营销过程中它所展示的广袤的外延性。为了便于认识品牌和品牌现象,我们简单地从三个方面来把握品牌内涵:品牌依附物、品牌标志物和品牌象征物。

一、品牌依附物

品牌依附物主要是指品牌本身所附着的物质功能,也可以称之为品牌的物质属性,即在品牌构成中,直接体现其满足需求和有用性价值的物质形式,主要指品牌作为有形存在具体可感的那一部分。物质属性是一切品牌赖以存在的物理载体,如果没有这个物理载体,品牌将无法获得持续生存。这种具有物质性的需要,是任何一个品牌都不能缺失的,它只能由产品或者服务的功能价值来完成。比如,"联邦快递"作为一个品牌,本身必须具有相应的快递和物流服务能力,满足市场对快递物流的需要;又比如,我们认同"海尔"这个品牌，首先是因为它提供了具体的产品和服务功能，我们不仅以此明确辨认出海尔牌的冰箱、海尔牌的洗衣机、海尔牌的空调等，而且可以使用它实现相应的目的和需要。

我们从品牌所包含的物质属性上来认识它的内涵，首先涉及的基本要素是产品、服务等功能价值。在现代营销中产品和服务是一个基本概念，所谓产品指的是企业或组织为满足社会需要而设计、生产，并向社会提供的物化劳动成果或者服务形态。这种物化劳动成果和服务形态，已经远远超出了传统意义上的生产资料或者生活资料，它广泛地涵盖了一切可实现价值交换的物质或者观念形态。比如，手机、饮料、电影、保险、培训、咨询、主持人等，都可以归属于产品或者服务形态。在商业社会中任何产品和服务，都是以直接满足人类需求而存在的，具有一定的功用特征，不论物质产品还是精神产品都是如此。正如科特勒和凯勒所说："很多人认为产品只是实物，其实不然。产品（product）是能够提供给市场以满足需要和欲望的任何东西。产品在市场上包括实体商品、服务、体验、事件、人物、地点、财产、组织、信息和概念。"

显然，任何一个品牌不论它以什么方式展示，究其依附的基础而言，都不能摆脱这种产品或者服务形态。这是因为消费者的任何需求最终都可以归之于对功能价值的追求，因此脱离了功能价值基础的品牌，只能是一种子虚乌有的空中楼阁。而功能价值的扮演者，就是产品或者服务本身。按照我们对产品的理解和界定，其包含了三个方面的内容：核心要素，即满足某种需求并解决具体问题的使用价值；表现形式，即有形产品的质量、内容、特点、样式、品牌和包装等；产品附加值，诸如附属的相关服务和利益等。

二、品牌标志物

产品和服务是品牌的物质基础，这并不意味着产品或者服务本身就是品牌。因为产品和服务所代表的只是一种功能形态，但这种功能形态在大多数情况下是某一类型产品或者服务所共有的。比如，我们说银行是一个提供金融产品的服务机构，但是银行代表了一个广泛的服务行业，还不是一个确切的产品或者服务品牌。因此一个具体的产品或者服务品牌，进一步还应该确指某项产品或者服务，这就涉及产品或者服务的名称、商标和标志，这些用来将特定产品或者服务从同类中区别的事物，就是我们所说的品牌标志物。

很多人在观察品牌时，常常把品牌与名称或者商标相提并论，之所以如此，是因为在日常的生活中，我们往往用名称或者商标简单地代指某一具体品牌。实际上名称和商标虽然是品牌代指，但并不完全就是品牌本身，而只是品牌的标志和符号形态。它的首要功能是区分具体的产品或者服务形态，进一步的则是暗示产品或者服务的深层次内涵。比如，名称是与品牌密切相关的一个概念，在认识品牌名称时必须明白，名称本身可以分为产品名称和品牌名称。产品名称是人类的共有资源，一般不作为品牌名称或者注册商标使用，比如，汽车、微处理器、电视和学校等。但品牌名称则具有专用性，由品牌独自拥有。顾名思义，品牌名称就是指品牌的文字符号形式，它涵盖了产品和公司的一些文化属性内容，是产品和企业多种特质的识别工具，也是方便记忆的工具。通常，名称具有文字、语音、图形等符号性特征。商标就是企业组织运用文字、语音、色彩、字形、图案等元素来表征自己品牌的法律界定。商标一经国家商标认证机构注册确认，其拥有人就具有了各项使用权利，它受法律保护，在知识产权范围中，未经许可他人不可使用，商标具有排他性。

三、品牌象征物

从对品牌要素的理解中我们进一步发现，虽然品牌的功能基础是产品或者服务，它的标志体现为名称和商标等符号形态，但是品牌本身却并不仅仅停留于此。单纯的产品在大多数情况下是无法进行区分的。比如同样是大学，都拥有教师、课程、学生等，它所提供的服务也同样是教育。如果从共同特征上来考虑，几乎没有任何差别；有了标志使之能够有所区别，比如，哈佛大学、北京大学、同济大学等，人们所想到的不是教师和设备，而是不同的高等学校所代表的不同教育特色。显然，在这里，"哈佛""北大""同济"等就是一个标志性符号，给人们提供差异性识别的可能。但有趣的是，人们在选择产品或者服务的时候，却并不是在选择差异性标志本身，而是选择这个标志符号所代表的更深层次的产品或者服务功能。由此可见，人们的选择通常并不是产品，也不是标志，而是品牌。

从差异性选择上来看，我们会发现很多不同，其中最重要的就是人们在购买时的选择性需求是品牌而不是产品。当然，品牌也不能单纯地理解为产品或者服务的名称或商标。因为单纯的名称或者商标，如果没有包含或代表更多的集合价值，充其量只能起到一种浮浅的区分作用，而不能起到一种象征和暗示作用。比如，当我们提到手机产品时，有很多可供选择的品牌，诺基亚、摩托罗拉、海信、三星、飞利浦等，不同的标志虽然很清楚地区别出不同的品牌，但是这些表示并不能构成我们选择的原动力，我们在购买时影响购买决定的因素，还是隐藏在这个产品和服务标志之下的深层次品牌要素，这就是品牌的象征部分。

品牌象征部分是一种复杂的多元现象。这是因为一个品牌不仅仅代表了产品本身，而且还代表了由产品所关联的一切顾客感知，而公司或者组织所提供给消费者的也不仅仅是产品或服务，还有更多的集合因素。这些整体的产品集合所传达出的顾客感知，也就是品牌内容。正如我们看到或者想到奔驰汽车、香奈儿香水时，我们所产生的联想要远远大于对这类产品的认识。所以整合营销传播专家汤姆·邓肯认为："品牌即指所有可以区分本公司和竞争对手的产品的信息和经验的综合并为人所感知的内容。"在这里，品牌包含了一定的真实可感成分，它是产品物质特性的体现，而且因为具体品牌的原因，使得这种产品功用成分有了可以辨认的具体线索，如相应的品牌标志、颜色、包装等，这些都属于品牌的可识别性所在。但是对于顾客来讲，这些远远不是品牌的全部，甚至也不是重要内容所在，因为可识别性成分只是一种简单的区隔方式，而严格意义上说品牌并不是一个物质实体，而是存在于顾客头脑中的完整鲜明的集合对象，它的存在依赖的是品牌传达给顾客的一系列与品牌相关的信息、经验和联系。所以，从某种意义上讲与其说品牌是一种真实的具象之物，还不如说品牌是一种经验性的心理感觉。正是由于感觉因素的存在，即便是使用功能相同的产品，完全可以具有不同的感觉功能，因而也就导致了它们之间的价值不同，有时候这种价值甚至远远大于它们可以被理性认识到的差别。比如，对于时尚女性来说，一件名牌时装的价格可能是一件同样时尚但却并不出名时装的数十倍，但是对于购买者而言，似乎感觉为前者多付出一些金钱是理所应当的。

一个简单的道理是，任何具有品牌的产品，它所提供给消费者的不仅仅是单纯的功能价值，而且还有一种感觉价值。也就是说顾客在选择一个品牌时，不仅仅考虑其所带来的实惠，更重要的还选择其所带来的情感体验，而品牌的完整价值则是这两种价值的统一，同时在更大意义上感觉价值超过了功能价值。正如我们前面说的，所有的商业物品都具有象征性特点，既象征着个人的属性及目标，也象征着社会的模式及竞争。因此人们对商品的选择实际上就是对品牌的选择，换句话说，就是消费者的商品需求是品牌而不是产品。

6 消费者对品牌的感性追求

（2008-08-28）

产品满足消费者的"物的有用性"，在可以充分满足需求的市场环境中，"物的有用性"通常处于过剩状态。因此消费者选择天平会向产品的关联因素倾斜，即追求更加感性的成分。

我们不妨想一想，为什么人们会偏爱可口可乐，为什么女士们喜欢用法国名牌香水而不是那些名不见经传的香水？事实上就饮料本身的功能和口感以及香水的质量和气味而言，后者或许并不逊于前者，甚至其功效也没有什么区别，但是消费者在选择时倾向性却很明显。一个简单的事实是，这些著名品牌成功地创造出了产品与人们生活方式的某种联系，它通过对消费者的心理影响增加产品在消费者心目中的价值，进而形成了产品的附加值，这种附加值就是品牌。

一、消费者的感性追求

多年来在市场营销中，消费者都被假设为是非常理性的一个群体，尤其是随着各种调查和统计分析方法被引入到市场策划和营销传播之中后，现在看来这种对消费者所进行的预先假设未必完全正确，至少从品牌意义上可以这样说。前面文章提到布洛克关于万宝路香烟的调查，似乎很能说明消费者对品牌的感性追求。也许香烟是一个非常感性的产品，还不足以完全说明消费者对品牌需要的事实。值得称道的还有英特尔（Intel）的品牌营销，仅仅在1992年即"Intel Inside"广告推出之后一年，英特尔的全球销售额就增长了63%。就在电脑采用英特尔处理器风靡全球之时，那些因为没有采用英特尔处理器的电脑只能折价出售。当普通的电脑购买者冲着所谓"奔Ⅲ""奔Ⅳ"而来时，可以说几乎绝大部分的购买者并不十分清楚，这个被称作"中央处理器"的设备其具体工作程序是怎样的，它与其他的品牌又有什么不同。尽管不断有技术人员在解释，事实上还是有很多消费者依然不明白"中央处理器"到底是什么东西。有趣的是，英特尔在其广告中并没有告诉消费者，自己的"中央处理器"要比别的品牌好，但是消费者依然对其趋之若鹜。从消费者角度分析，一个简单的理由可能是：这些电脑制造商——如IBM、康柏等，它们花那么多钱做广告，告诉大家自己采用的是英特尔处理器，这些电脑公司显然不是笨蛋，这个被称作"中央处理器"的东西一定很重要，而英特尔当然就是最好的微处理器品牌。一切也许就这么简单，这个广告计划不仅大大提升了英特尔的知名度和品牌价值，而且直接提升了其市场份额。

我们还提到过万宝路香烟，从万宝路到英特尔，这种来自于品牌的迷惑充分说明了一个问题，即消费者的消费需求并不是单纯的产品而是品牌。究其原因，是因为产品本身给消费者带来的满足特性主要来自于它的功能价值，也就是所谓"物的有用性"，在一个可以充分满足的市场竞争环境中，这种来自于"物的有用性"的使用价值往往并不稀缺，并且通常都是处于过剩状态。因此消费者在选择过程中，来自产品功能方面的影响比重相对会越来越小，选择的天平会大大地朝着具体产品所代表的关联因素倾斜，而且主要是指向与消费者认同密切相关的社会因素，这就涉及了品牌。从另一个角度讲，品牌是公司及其产品价值的一种集合反映，它在综合消费者对相关产品价值认识的同时，也整合了消费者对自身社会属性的一种体认。

二、品牌带来的心理满足

品牌作为一种标志虽然具有区隔属性，但它不是简单的商标，从营销追求上而言，品牌对消费者的识别效应只属于最简单的低级层次，更重要的还在于品牌的心理效应。表面上看，品牌似乎只是一个比较抽象的元素，但是在市场竞争中，由于同质化的存在，通过产品本身特点进行差异化划分，几乎已经没有任何价值。与此同时在消费心理和消费行为中，纯粹产品使用价值对顾客的支配，已经渐渐地被感觉因素所取代。通常消费者在进行选择时，首先追求的是一种高感度产品属性，这种属性大多由品牌所暗示。营销学家辛迪·莱瑞在其所著《销售的象征》中讲道：

现代商品被认为本质上是一种心理事物，既象征着个人的属性及目标，也象征着社会的模式及竞争……所有的商业物品都具有象征性特点，而进行采购则涉及评价——无论是含蓄的还是明确的——以便决定这种象征适合与否。

简单地说，任何一个产品，除了能够给予消费者一定的使用价值满足之外，更重要的是可以给消费者带来情感上的满足。消费者在使用一个产品时，除了认可它的功利价值以外，还通过它完成一定的情感体验。产品作为一种纯粹的功能体现，一般只能对消费者达成使用价值上的满足，而只有品牌在满足使用价值的同时也满足情感价值，所以品牌与其说是具体之物还不如说是一种感觉。比如，同样是一部汽车，不论是宝马还是一般的大众汽车，它的基本功能都是以车代步，但是当它被赋予一定品牌意义的时候，对于消费者而言最重要的价值就不是驾驶了，而是一种象征性的满足。宝马也许更多地象征着财产和地位，它无声地满足了消费者对自己的情感认同，并有效地向人们显示了这种认同。在社会化生活中，当人们获得了基本的物质需求保障之后，最大的满足就是心理满足，而心理满足的根源主要来自于社会的体认。正因为这样，品牌一旦形成，似乎就产生了一种神奇的魔力，消费者青睐品牌，市场也在追逐品牌，一个品牌可以轻而易举地获得超过社会平均利润的收益，于是从消费者到企业再到广告商对品牌都倾注了极大的热情。

7 品牌是企业竞争的战略性资源

（2008-10-06）

> 品牌作为一种整合性的战略资源，既是营销价值链中具有统合力的一个重要元素，同时它的歧异性特征又充分体现了可以满足客户个性化价值需求的核心竞争能力。

虽然在市场营销和营销传播中，品牌和品牌资产已经成为一个被津津乐道的战略术语，各种品牌机构甚至为不同品牌提出了许多精确量化的评估值，但是品牌管理专家对此似乎并不完全认同。一切正如大卫·艾克所说的那样："品牌的价值无法精确地评估，但可以大略地估算。由于误差很大，这些估算不能用于评估营销计划，只能说明创造了多少品牌资产。这些估算还不能为制订品牌创建计划和编制预算提供参考。"一个非常具有意义的问题由此而生，既然品牌价值不能准确估算，而且这种估算也不能作为操作计划参考，这就涉及对于品牌及品牌资源的价值该如何看待，对此我们的基本倾向是：品牌是整个营销价值链中的一种战略性资源。

企业价值链理论的提出者是哈佛大学著名的战略管理专家迈克尔·波特（Michael E. Porter）教授，在对企业竞争优势的研究中他认为：

每一个企业都是用来进行设计、生产、销售、交货以及对产品起辅助作用的各种活动的集合体。所有这些活动都可以用价值链表示出来……虽然同一产业内的企业有相似的价值链，但竞争对手的价值链常常有所不同……竞争者价值链之间的差异是竞争优势的一个来源。

在企业所进行的各种价值活动中,并不是所有的行为都可以创造竞争优势,因此必须识别那些具有差异性的创造竞争优势的价值。创造企业价值的关键所在是营销,而品牌则可以说是营销价值链中最具有统合力的核心元素,因为正是品牌才具有其他任何元素都不具备的关联能力,并且通过这种关联恰当地显示出自己的歧异性和竞争优势所在。如果没有品牌来进行统合,面对着众多的竞争对手,一个产品在企业和消费者之间将很难创造自己的竞争优势。因为正是品牌将商品与竞争对手的产品区分开来,并且它在带来规模经济和范围经济的同时,也相应地建立了市场壁垒,使得竞争者很难逾越这种障碍形成竞争冲击。另外,品牌也使得公司可以超越价格竞争的恶性循环,有利于保持利益稳定性。

品牌作为企业经营的一种战略资源,其本身存在于企业的营销管理之中,是整个营销价值链中的一个重要环节,它所具有的有形和无形力量使其对整个营销价值链具有某种统合作用。品牌资源必须通过有序的组织和充分的发掘,才能够成为有效的竞争力量,或者是如大卫·艾克讲的那样成为"强势品牌"。而品牌资源的变化原因则是由于品牌整合过程中,对资源效果评价和资源平衡方式的倾斜所决定的。这样一来,我们对品牌认识很大程度上要回到管理层面上看待了。迈克尔·波特认为:"竞争优势归根结底来源于企业为客户创造的超过其成本的价值。价值是客户愿意支付的价钱,而超额价值产生于以低于竞争对手的价格提供同等的效益,或者所提供的独特的效益补偿高价而有余。"因此他把竞争优势基本形式归为两个方面:成本领先和歧异性。实际上,当我们把品牌作为资源来看待时,就会发现品牌恰好成为帮助企业获得这两种竞争优势的途径。

品牌本质上涉及一种关系构架,这种关系构架既关乎品牌关联企业内部的各种资源要素,也有企业外部的各种资源要素,品牌在将它们联结一体的同时也对这些资源进行了相应的整合。在整合过程中品牌资源得到了充分发掘之后,所得到的第一个报答首先是企业的成本优势。比如,一个具有价值的品牌,它在生产流程上同样应该具有获得优势优先权,其内部认同延伸到管理上也必然是简捷高效,各种有效性优势最终必然反映在它的成本之上。也就是说,一个强势品牌所带来的价值很大程度上来自于它所提供的商品成本低于一般竞争产品。这说明品牌作为一种管理资源，完全可以成为保持企业成本领先的手段。从歧异性角度来说，由于品牌对外所连接的是顾客和相关利益群体，其本身就在制造独特性竞争差异，所以相对于成本领先而言，歧异性更是品牌资源的价值所在。正如迈克尔·波特所说："当一个企业能够为买方提供一些独特的、对买方来说其价值不仅仅是低廉的东西时，这个企业就具有了区别于其他竞争厂商的经营歧异性。"歧异性是不同品牌之间形成区别的关键，正是由于歧异性本身所具有的独特因素，这才使得那些同类型的产品完全可能由于品牌的不同，给消费者带来不同的利益。这就是商品销售中的溢价或者说品牌附加值的奥秘，即品牌本身可以给消费者带来超值享受，顾客所付出的价格可以从其他方面得到回报。比如，做工和使用价值完全一样的两块手表，因为劳力士更加具有社交方面的满足感，所以消费者愿意为此付出更多的钱。

正因为品牌可以凝聚两个方面的竞争优势，所以品牌本身就具有其他价值环节所不具备的资源优势，而对品牌资源的发掘也就最有可能形成企业自身的核心竞争力。1990年，《哈佛商业评论》上刊登了哈默尔（Gary Hamel）和普拉哈拉德（C. K. Prahalad）的《公司的核心竞争力》一文，他们对企业的核心竞争力这样定义：核心竞争力是企业组织中的集合性知识（collective learning），特别是关于如何协调多样化生产经营技术和有机结合多种技术流的知识。首先，必须具有客户可感知价值，使客户感受到产品符合其利益，需要显著地实现其所看重的价值；其次，必须具有独特性并且不易被竞争对手所模仿；最后，应具有很强的延展性，有利于实现范围经济。如苹果电脑的产品设计创新能力，它首开使用鼠标操作电脑的先河，它的麦金托电脑可看可感的设计，极大地促进了个人和家庭电脑市场的发展；宝洁、百事可乐优秀的品牌管理及促销能力；丰田的精益生产能力等。依照大卫·艾克的品牌认同理论，所有这些要素其实都在品牌的包容之中，都可以从品牌认同中得到反映。因此我们可以做出一个基本的归结：品牌作为一种整合战略性资源，既是营销价值链中具有统合力的一个重要元素，同时它的歧异性特征又充分体现了可以满足客户价值需求的核心竞争能力。

8 品牌是包容多种形态的高端竞争
（2008-08-01）

> 品牌竞争在一定程度上折射和包容了其他的竞争形态。现代消费并不单纯停留在产品本身的物质层面，人们对品牌的选择就是对某种生活方式和生活态度的选择。

最近郎咸平教授发表文章《产业链阴谋：一场没有硝烟的战争》，其中也谈到了所谓"中国制造"实际上是处在制造的最低端，消耗大量资源却只能获取最少量的价值，而处在高端的则是其他产业环节，其间主要有产品设计、批发经营和终端零售等环节。从市场营销流程来看，这些环节都属于营销范畴，而且都可以归之于品牌包容范畴之中。在整个世界，与经济发展相伴随的市场竞争大约呈现出五个方面：产品竞争、技术竞争、资本竞争、品牌竞争和知识竞争。其中品牌竞争在20世纪后期最具有代表意义，它在一定程度上折射和包容了其他的竞争形态。因此在现代营销中，品牌竞争就成为一种具有典型意义的营销模式。归结品牌竞争的特点，主要体现在下述几个方面。

一、综合性

综合性可以从品牌竞争内容和品牌竞争表现两个方面来看。从内容上看，品牌竞争涵盖了企业的产品开发、设计、生产、销售和服务，以及管理、技术、规模、价值观念、形象特征等多种因素。所谓品牌竞争实际上就是这些要素的竞争，只有当这些要素对品牌形成支持时，品牌形象才会丰满，品牌的竞争优势才可能体现。比如，当我们认定宝洁旗下的那些强势品牌的时候，这不仅是由于它在产品方面表现出的优秀品质，还有它对顾客反应的有效关注，通过长期宣传所形成的价值追求等。

二、文化性

文化性是指品牌本身所附着的文化信息，是对某种社会情感诉求的反馈和表达。一般而言，品牌的文化内涵直接表达了一种生活方式和生活态度，因此选择一种品牌，也就是选择一种情感体验和生活态度。正是品牌才使得产品这一物质形式有了一定的精神内涵。从本质上讲，品牌集中反映企业对产品的态度、对顾客的态度、对自身的态度以及对社会的态度。比如，意大利的著名休闲品牌DIESEL定位于那些具有叛逆精神的青年一代，通过某种社会理念的表达努力实现品牌价值追求。现代消费并不单纯停留在产品本身的物质层面，人们对品牌的选择就是对某种生活方式和生活态度的选择。从这点来看品牌的文化意义还表现为，品牌的社会信息可以帮助顾客实现一种情感体验、价值认同和社会识别。比如，用奔驰汽车象征身份、使用节能产品表现环保意识等。

三、形象化

品牌的形象化特征最为显著，这是由品牌本身所具有的符号形态所决定的。形象化不仅使品牌得到简单明确的区分，而且还生动地折射出品牌不同的内涵。品牌的形象化具有两重意义：一种是究其外在符号效果而言的，任何品牌总是以文字、图案、符号、产品外形和功能为载体，将其内涵与功能直接表现出来。比如，可口可乐的斯宾塞体文字和红色图案，以及瓶形的特别设计，给人们留下了鲜活的印象。另一方面，品牌形象地对品牌概念和品牌品质加以浓缩，如可口可乐通过长期的品牌积累，形成了属于自己的文化意味，这种符号形态本身又附着了美国文化的隐喻，在接触这个品牌时可以感受到其强烈的感染力和传播效果。

四、稳定性

稳定性是就品牌可以超越产品而存在这一特性而言的，品牌比产品的内容更加丰富。稳定性可以从产品和企业两方面着眼：就产品而言，通常情况下由于生命周期的原因，产品本身因为市场变化而不断更新调整，但是品牌却相对稳定。比如，宝洁公司的洗发品牌海飞丝，最初定位去头屑，但是随着市场变化这个功能逐渐失去了优势，它虽然仍旧是海飞丝却不断改变和丰富产品。因此产品的不断创新只是对品牌内容的丰富和充实，产品变化了，但是品牌价值却不会随之消失；就企业而言，品牌是企业经营活动各个方面的高度概括和浓缩，其表现相对比较抽象，具有一般性和普遍性，因此也就具有相对的稳定性。当然，任何稳定性都是相对而言的，没有一成不变的永恒品牌，品牌也必须随着社会和市场而发展，否则也将会被淘汰。

五、时尚性

品牌的文化意味和对市场的追随，在一定意义上决定了品牌的时尚性。时尚性具有很多大的社会特征，有时候是一种品位的昭示，有时候是一种流行的追捧追逐。人们通过品牌追求一种生活方式，而生活方式在很大程度上就是一种时尚的表达。品牌时尚通常来自于品牌在社交中所传达的暗示，比如，用一个奢侈品牌的LV手包或者戴一块劳力士手表，都可能被看作是来自社会上层；有时候时尚也来自于人们对名牌的追捧，这是因为名牌本身就是一种具有流行色彩的社会定位，非常注重把握和引导某种社会情绪，人们通过对名牌的追捧，可以表达某种情感并宣泄内心的某种情绪。

9 茅台酒这样做不利于品牌价值

(2011-11-10)

> 中国社会的畸形消费，令富人们把钞票当成手纸一样的买各种国外奢侈品牌，这不能怪富人们烧钱，关键是中国没有自己的奢侈品牌，所以茅台酒要趁势打造成为中国的奢侈品牌。

这是授课时的课堂讨论，对象是广告专业本科生以及浙江大学管理学院EDP班学员，后者主要是来自各广告公司的经理人员。恰好开讲前有记者电话采访对茅台酒获得央视广告标王的看法，匆匆不及回答便在上课时候随机展开讨论。课后我把自己的看法整理成博客文章，其中表达的基本观点是：感觉茅台酒这么做，似乎并不是一种很好的选择，至少对于它的品牌建构而言，是弊多利少。原因无外乎几点：

（1）茅台眼下做广告并不是因为促销，也不是因为建立知名度。它做广告唯一的目的就是为了维护和提升品牌形象，并进而提升品牌价值。从这点来说，选择这样一个最大众化的媒体，以总费用接近5亿元的广告投入，做上一年广告，虽然说不上广告轰炸，但也是够闹腾的了。何况这个媒体的受众并不是茅台酒所针对的高端消费群体，采取这种方式不仅不能够在目标群体中赢得好感，而且降低自己的身段，使之沦落为一般消费品牌。

（2）茅台酒的价值是和它的资源稀缺性密切相关的，所以从建立品牌的角度说，它应该以此作为核心诉求。尤其是在今天不断有高端品牌——诸如五粮液、国窖1573等——对此形成挑战的情况下，更应该强调茅台酒本身的不可替代性。酿造工艺和制作方法都可以复制，但是茅台镇独特的环境无法复制，据说那里有独特的生物环境，空气中弥漫着900多种芳香元素，这些都无法复制，资源的垄断性和稀缺性决定了它的珍贵。

（3）从某种意义上来说，茅台酒已经逐步迈向奢侈品，不仅仅是一种酒精饮品，而且还是一种送礼和收藏佳品，甚至是一种投资对象。茅台正在成为一种贵族式的品牌，所以它尤其要注意自己的品牌形象，一定要高端化。大家都在做高端，但是你是高端的最顶端。你见过哪个高端奢侈品牌会在大众传媒上，毫无区分对象地做广告呢？不要说爱马仕、路易威登没这样，就连同样是酒的拉菲红酒也不会这样做。

（4）按照茅台在中央台的广告组合测算一下，它在每条10秒钟的广告上，平均投入大概是30万元左右。30万元/10秒，这个令人瞠目结舌的数字是和茅台的盈利密切相关的。2011年1—9月其销售136亿元，净利润66亿元，接近50%。有媒体报道说，它上半年整个物流费用仅仅3 000万元左右，但是广告费用却有2.2亿元。可见比之于各种不变成本而言，茅台的利润空间太大了，所有利润都来源于这个品牌本身的资源稀有性。难怪《证券时报》要说，茅台天价竞标广告是损害了消费者利益，也损害了股东利益。

（5）从专业的角度，最可怕的是茅台这么做会用自己的广告破坏自己的形象。如今的茅台家族早就不是一个单纯的茅台国宴酒了，还有什么茅台醇、茅台小王子、茅台白金酒，甚至还有茅台啤酒。太多的茅台子孙打着茅台品牌广告充斥媒体，都直接威胁到茅台本身的高端形象。尤其是那个茅台白金酒的广告，直接复制了著名恶俗广告"脑白金"的做派——"送礼就送茅台白金酒"，真是叫人情何以堪啊！

所以说茅台酒耗资数亿争得的这个标王并不利于品牌建设，对此那些富有经验的广告经理们，基本上都赞同我的看法。那么茅台该怎么办？我的意思是茅台酒一定要很珍惜自己的品牌，悉心去维护品牌，战略性地发展自己的品牌。一个简单的建议是茅台酒一定要提高价格，通过价格符号显示品牌身份。

现在它的一级经销商拿货价格是695元，市场上销售的茅台酒零售价1 700元左右，中间商利润太高了，必须在提升出厂价的同时适当地降低中间商利润。现在的中间商卖茅台根本无需推销，只是做个转手每瓶就能赚1 000多元，只要乖乖听总部的话坐着不动就只管数钱了。而且货还没拿到，出货的钱就已经入账了，这日子太好过了。正因为赚钱容易，茅台方面胡乱砸广告费，根本不需要考虑广告边际成本。但是这样下去恐怕不是好事，如果没有维护好品牌形象，不知道哪一天就会牵一发而动全身，伤了自己的元气。所以课堂上我说茅台酒需要做广告，但不是这样个做法。如果是一个战略型的掌舵人，就应该为茅台的百年大计考虑，把茅台塑造成真正的中国奢侈品牌。至少要做的有几点：

首先尽量减少那些搭乘茅台品牌的杂七杂八的产品。诸如什么茅台啤酒根本就没有什么意义，现在中国啤酒行业正在大规模的扩张兼并，其趋势是向二三个超级品牌集聚，什么青啤啊、雪花啊，茅台牌子再响在啤酒领域也玩不过这两家。所以与其让没有多少想象空间的啤酒瞎折腾，不如壮士断腕干脆卖掉或者关掉。拿掉那些杂七杂八的产品之后，整个茅台酒就分为高、中、低三种类型，高端的是国宴茅台，是主打的。其他的低度的茅台或者什么的，都属于中低端产品，但是品质一定不能降低。

在此基础上着力打造茅台的贵族形象。茅台酒不仅仅是一个简单的高端品牌，还是一个奢侈的高端品牌。现在高端酒很多，什么五粮液啊、国窖1573啊，都不用管它，我就是高端的最顶端。作为市场领袖和第一品牌，一定要注意和这些竞争型产品拉开距离。它做它的你做你的，要观察它看牢它，但是不要理睬它。说白了，就是要摆出一副老子天下第一的面孔，你越是这样保持距离感，就越有品牌优越性。

接下来怎么办？如何扩大销售额和市场份额？很简单，因为资源限制产量不能扩大，而且从奢侈品牌的角度讲也不需要扩大，不应该扩大。产量不能扩大，但是你可以提升价格。现在的出厂价是695元，可以试一试过几年把出厂价提到8 000元/瓶，零售价10 000元/瓶，今后水涨船高随着时间的推移再不断提高。比如20世纪70年代的茅台酒，现在就定为20万元/瓶，20世纪80年代的10万元/瓶，20世纪90年代的5万元/瓶，依次推下来到新酒出厂价8 000元/瓶。

有人问这样玩不是要人命啊。要谁命呢？本来茅台也不是俺们大学老师喝的,它就是一种贵族酒,就是一个奢侈品牌,自然也是给那些有钱的人玩的。有钱人玩茅台主要也不是喝它,而是玩一种感觉,一种身份体验。钱算什么玩意啊,有钱也不一定就有这种贵族酒呢。这样一来茅台肯定大赚,赚出来的那些要多多缴税,企业福利待遇高也是应该的,但是大头要交税,要做公益事业,把超额盈利中的大部分贡献给国家和社会。

把酒搞成这样一个贵族必须要策划一下,当然不能搞标王那样的噱头,要好好包装一下。比如,可以给每瓶酒都做一个证书,证书要搞成带金箔的,要24K的足金。每个证书都是正宗茅台的身份证,不仅要有防伪商标,而且要有统一编码。拿着那个编码只要输到电脑里,或者网络电话中,马上就能查出它的来路,就像是现在的大学毕业证书一样。现如今市场上看到的茅台至少90%都是假酒,有了这个证书和编码估计假酒也就少了。茅台公司要学学人家奢侈品的策略,学学人家戴比尔斯是如何给钻石定价的,到了那时候估计茅台酒最重要的就是如何定好价了。

现如今中国社会的畸形消费,富人们把钞票当成手纸一样买各种外国奢侈品,这不能怪富人们烧钱,关键是中国没有自己的奢侈品牌,所以免不了让国外高端奢侈品占便宜,这正说明中国本土奢侈品牌的产生,既有必要也有可能。就目前来看,中国产品真的能够进入奢侈品行列的,除了茅台之外似乎还鲜有所见,所以这么说应该也是期待中国制造走向中国创造吧?不过回过头来得批几句茅台的标王噱头。"标王"这个称号原本是1994年央视所玩起的一定至今还被业界感叹不已的花招,那几年搞得中国企业界飞沙走石。当然央视的广告收入是大大提升了,有趣的是早年以"标王"而著称的那些企业,几乎个个都折戟沉沙了。这些企业主要是:首届标王孔府宴酒、第二第三届标王秦池酒、第四届标王爱多……有趣的是当年在"标王"竞逐中最惹人注目的是那些卖酒的企业,包括孔府家酒、齐民思、兰陵什么的,都曾经为与标王失之交臂而仰天长叹。来自广东的小老虎"乐百氏"还曾和一代枭雄秦池较劲竞标,如今这家企业也是差不多断气了。所有这些标王的陨落,似乎都不是好的征兆,我们衷心期望"茅台"这个占尽中国天时地利人和的品牌,千万不能被往日"标王"的阴气所迷乱。

10 从品牌本体论到庄子濠梁观鱼

品牌究竟是什么？这正如人类从本体学意义上永远在探索的那个不变的命题一样："我是谁，我来自哪里，我将向何方？"虽然如此，但这并不妨碍我们对品牌现象的进一步思考。

品牌是一个恒久弥新的话题，充满魅力而又众说纷纭。在品牌观念的早期倡导者中最负盛名的是被誉为广告教皇的大卫·奥格威。那是20世纪中期，奥格威运用品牌形象策划了许多堪称经典的产品广告，然而他也坦率地承认"我也不明白它怎会如此成功"，那时候他对品牌的认识还仅仅限于产品的个性形象。奥格威之后品牌理论在发展演化中越来越复杂，大概每过20年品牌思想都会出现一个范围的扩展和高度的提升。有趣的是，尽管品牌的范围和对品牌的认识不断地扩大和深化，但是我们对品牌之所以是品牌这个问题本身却一如奥格威当年那样，一直无法确切说明它。这正如人类从本体学意义上永远在探索的那个不变的命题一样："我是谁，我来自哪里，我将向何方？"虽然如此，但这并不妨碍我们对品牌现象的进一步思考，尤其是涉及品牌营销之际。

在品牌营销中，我一向倾向于把它看作是一种资源，这种资源不仅为企业和消费者所拥有，甚至也成为整个社会的一种价值象征。这种战略性资源存在于企业的营销管理之中，必须通过有序的组织和充分的发掘，才能够成为有效的竞争力量。而挖掘这种资源的根本就在于如何处理品牌与人的关系，所谓人主要是顾客、员工以及所有的相关利益者。品牌本质上是建立在其与顾客以及相关利益者的关系之上的一种赋予形态，研究品牌及品牌营销无法摆脱一个基本的假设：品牌之所以成为品牌，并不是因为你有了一个牌子，而是因为你这个牌子受到了顾客以及相关利益者的认同。所以严格意义上可以说，一切品牌的价值都是由顾客以及相关利益者赋予它的价值，因此品牌营销事实上就是一种顾客和相关利益者关系的建构。所不同的是，在过去由于市场区隔和传播渠道的原因，这种品牌与消费者的关系处在一种简单的线性连接中，因此品牌自身在很大程度上拥有某种主导权。如今在新媒体和市场多元化状态下，那种线性关系模式被多维互动形态所取代，品牌的价值更多地依赖于品牌关系的黏度。网络时代的品牌营销，似乎不再是你拥有什么样的营销优势和对传播渠道的把控，实现品牌价值的根本点，乃在于你是否在营销中构建了良好的品牌关系，也就是实现品牌与顾客以及相关利益者的某种感知叠合。

亚里士多德说："人是逻各斯的动物。"它的一个含义就在于：人是符号和文化的动物。在品牌与顾客以及相关利益者的叠合区域，有一个模糊的感情空间，也许在这个空间里每一个作为关系对象的人都是感性的，而品牌恰恰是以物质形态的符号化寄托了这种感性诉求。认识到这一点我们就会理解，为什么品牌现象如此普遍而对品牌概念的解释却又很难获得确切的看法。行文至此想到了一个故事，2 000多年前两位中国哲人站在濠水之滨，望着渺渺茫茫的濠水，引发了一段传为佳话的争议，这两位哲人是庄子和惠子。

庄子：鱼儿从容地在水中游动，鱼儿真的很快乐啊！

惠子：你不是鱼，你怎么知道鱼儿很快乐？

庄子：你不是我，你怎么能知道我不知道鱼儿快乐？

惠子：我不是你，所以不知道你；你不是鱼，当然你也不知道鱼。这是一个道理。

庄子：请回到根本上来。你在说我不是鱼不知鱼乐的时候，就已预知我知所以才会问我，我是站在濠水之上知道的。

这段扑朔迷离的对话，迷惑而富有闪光。从中可以看到庄子所代表的浑然物化的自然精神和惠子所代表的析名剖根的理智精神。当庄子无法从最初的理智上解答惠子的问题时，他又抽身回到了物我相一的浑化中"请循其本",这个本就是"我知之濠之上"。品牌营销似乎也是这样,由于品牌现象的复杂,以及它常常涉及人们心理感应的玄妙,所以对于有关品牌本体的探讨往往具有一些神秘色彩。但是当我们回归到品牌营销的本质时,却发现它似乎并不是一个玄学式的命题,而是一个充满实践的过程,因此关于品牌的形形色色的问题,只有回归市场,站在市场营销实践的"濠水之上",才可能对它有更加深刻而切身的体会。

第八章

惊鸿一瞥：营销中的品牌文化

如果简单地把品牌看作是物质形态的产品或者商标，那显然无法理解品牌的真谛。品牌之所以是品牌，就在于它具有超越一般产品自然属性的某种社会属性，在满足人们物理性的功能需求的同时，也满足人们心理性的情感需求。在符号化的消费社会中，人们所有的商业需求都是某种文化意识的折射。所以品牌本身不仅汇聚了文化，而且在一定程度上造就了文化。

1 营销视点：易中天与葛红兵
（2006-08-05）

> 易中天抓住了消费对象消费过程中的娱乐需求的特征，把文人们看来很庄严的历史文学搞得亦庄亦谐，既满足了大众的文化需要，又满足了文化消费中的娱乐追求。

为两位大学中文系的教授定个高下之分，不是本文想要表达的旨意所在。原本对易中天和葛红兵都知之甚少，但因为葛红兵文章中对易中天的不以为然，反而激发了一些有所表达的想法。不是讨论他们的专业学术，这些不论以什么方式出现，都不过是一种对大众贩卖的产品而已。想说的是他们对自己产品的贩卖方式，以及这种贩卖方式中所折射出来的市场取向。

据说如今颇有点文化明星味道的厦门大学教授易中天，当年也曾经写过诸如美学或者文学评论之类的学术著作，只不过这些著作和葛红兵的那些著作一样，或者只是在小圈子里偶有谈及，或者索性就在出版的那一天便宣告了它的死亡。所以年近花甲的易教授竟也一直没有因此而声名鹊起，直到后来在"百家讲坛"说三国才火了起来，而且坊间为此还出现了"易粉"。葛红兵是上海大学的一名教授，其专业主要是研究文学批评，因为不在文学圈子确实不知道他的研究大概到了什么火候，只是在前两年因为别人说起"写大学教授的作品"，在网上看了他的小说《沙床》。其时出版社出于营销需要将其炒作为"美男作家"，似乎他也当之其然且声称自己的小说比鲁迅更加关注人生价值什么的。虽说后来对葛红兵的炒作没有如今易中天这样大的声势，但是毕竟也让他从那个狭小的文学圈子里面抖搂出来，成为一个颇受关注的大众品牌。说穿了，两位都是在通过某种方式兜售自己（说得好听点叫推广自己，俗气些则叫自我炒作）。当然文化和文化人本身需要推广，这本也合情合理。只是比较二者的推销方式，似乎可以从中感受到点什么。

以产品而论，二者推销的都属于文化产品，本质上本没有多大区别。对于消费者来说，这种文化产品只是一种社会化需求而不是生存性的需要。这里要注意区分需求和需要的关系，前者是生活多样化的追求，后者是自然生存的依赖。因为社会性需求具有多重选择的可能，因而消费者往往选择那些更加符合他们心理要求，让他们更加享受的产品。虽然易中天和葛红兵的产品就其属性而言并没有多大本质区别，但是因为产品包装和定位的差异，给消费者带来的心理体验自然也有所不同。

这就涉及产品定位问题。首先要确定自己的目标市场，根据目标市场需求进行产品定位。显然，易中天是一个大众品牌，这一基本定位决定了他必须迎合大众的胃口。现代营销讲究需求决定价值，他必须让自己兜售的玩意儿适应普通大众的需要才能有市场。如果他把自己包装得像葛红兵那样，说一些写一些除了娱乐自己很难说对别人有多大价值的东西，那他肯定得不到市场回应。所以易中天抓住了消费对象消费过程中的娱乐需求这一特征，把文人们看来很庄严的历史文学搞得亦庄亦谐，既满足了大众的文化需要，又满足了文化消费中的娱乐追求。这点葛红兵和他不一样，葛红兵首先摆出的是很严肃的担荷社会历史责任的模样，这就使他和大众有了一定意义上的隔膜，再加上他那些东西本身缺少相对更大些的市场容量，所以注定不会有易中天那么畅销。

再一个就是营销和传播渠道。相对于易中天来说，葛红兵的营销渠道比较狭小。虽说他使用的渠道也比较现代化了，但主要还是局限在传统渠道上，细细数来无外乎这么几个方面：出版传播，偶尔也有大众传媒和网络介入；会议营销，经常在一些会议上抛头露面，类似于展会推广；概念营销，比如前面讲的那个"美男作家"之类的等。易中天则以超级大众传媒作为推广渠道，中央电视台的高收视大覆盖使其可以先声夺人，网络和各种媒体的介入又形成多重性的传播整合。加之签名售书、四处演讲、多方争议，颇有事件营销之效果。这么一比，易、葛之间优劣之分判然分明。

末了再说品牌价值。品牌价值可以简单从产品和商誉两方面看：产品主要是看其功能价值和对消费者的满足程度，当然这些都必须消费者认可才行，这里面还包括了产品的质量等；商誉则不仅是取决于产品本身的知名度，还涉及在这种知名过程中所建立的消费者信任度和忠实度。这里定位和概念包装很重要，易中天因为通俗而富有娱乐性，于是就成了一个大众名牌；葛红兵因为高雅且难免故作深沉，于是就成了一个少数人的消费品牌。但不论他们中的哪一个，只有能维持消费者的长期认同者，才可能真正形成自己的品牌，认同范围越广认同度越高，则品牌就越具有价值。

说到底，不论葛红兵怎么评价易中天，也不论易中天如何回应葛红兵，这些都不会改变他们各自既已形成的营销优势。看了葛红兵评论易中天的文章，感觉其中也可以自圆其说。不过说人家老易"可以休矣"，这似乎是小葛有点不够意思，世路宽广难道只能你自己走，就不准别人也走一条吗？何况说人家"混嚼""粗鄙"，那谁能证明你的东西就是代表精致并更有价值呢？好在易中天回答得还比较得体："只要没有硬伤就不接招。"其实有硬伤也不妨，历史也是可以戏说的。看来年近六旬的易中天还是要比38岁的葛红兵老道一些。

2 成君忆水煮易中天：游戏何必当真

（2006-11-10）

> 幽默是一种人性宽容的弹性。很多时候大家都在玩一种游戏，你玩你的他玩他的，人的可笑之处便在于竟会把游戏当成真的，最后真假莫辨失去了游戏幽默的乐趣。

两个畅销作家在博客上打口水仗，一个是易中天，一个是成君忆。偏偏两个都是我有点喜欢的，这两年少买闲书，但是两位的《品三国》和《水煮三国》倒是都买了看了，看罢觉得有趣，一笑之余也有启发，感觉两位能够畅销自然有其道理，按照写作路子我把两位归为同一类型。原以为物以类聚人以群分，两位或许会惺惺相惜，没承想这几天网上却传出了两位打口水仗的消息。

起因是两个人一同现身中央电视台《对话》节目，成君忆率先开口便谓："易先生能火的一个原因，是因为大家好糊弄。"继而列举易中天讲座中的例子并当面质问易中天："我不知易先生的道德感在哪里？"接着他讲了个故事：一个学者和一个杀人犯到阎王爷那里报到，前者被打到十八层地狱，后者被打到十九层地狱。学者不服，阎王爷解释说："杀人犯伤害的是别人的身体，你伤害的是别人的灵魂。"听到这里易中天打断说："他的意思是我应进二十层地狱。这个故事不能再讲了，不适合。"并表示："你可以坚持你的观点，可以继续批判我，没有任何问题，但不要把人家轻易就打入多少层地狱，这是很不好的做法。"

据说这件事后成君忆受到了众多易中天追捧者的攻击，说其眼红，说其炒作，说其泼骂。不两天成君忆挡不住了，于是通过媒体表示愿向易中天道歉。没承想易中天不买账，在博客上面发文声称"成君忆先生不必向我个人表示歉意"，因为自己坚持的是"人权和法治的原则。这个原则认为，思想和言论的自由是每个人都不可剥夺的基本人权，任何人都不拥有思想和言论的裁判权，都不能因为别人和自己意见不同，就声称或者实际上把对方打入地狱。"成君忆"触犯人类文明的底线或许是无心之过"，所以他应该向 30 年乃至 3 000 年来传播先进思想的先驱们道歉。这一来倒好，成君忆专门开博论战，第一篇便是"给易中天先生的公开信"，文章中先是"再次向易先生致歉"，随后又重申"我与易先生的分歧"。说来说去还是一番由曹操引出的道德论什么的，感觉有那么点陈词滥调。

到得此时，看的笔者禁不住有点哑然失笑。说实在的，易中天也好成君忆也好，不论是其人还是其作品，都只不过是大千世界的一枝一叶。漫漫历史悠悠人生，他们适逢其时找到了一个风行的形式，各人各抒己见，自己姑妄说之，世人姑妄听之，不过好听一些而已。原本并不需要那么当真，却没有想到芸芸众生如此推崇，便不由得自己也很当是那么一回事了，于是动辄便上升到什么道德天平上。成君忆祭出道德大旗批评易中天，其言夸张自不必说，不论是出自什么心理，也算是他自己的个人看法吧。只是中央台万众瞩目，藐予小子竟然出言不逊，对于老易实在是有失厚道，想来 35 岁年轻后生做人尚欠火候，也可以理解。不过后来在博客中间还一再申说什么"艺人的非道德行为对社会的伤害是有限的，学者的非道德行为对社会的伤害却相当深刻。所谓'文以载道'，如果我们的言论和文章不能成为道德的载体，那么我们还有什么资格自称学者？"这就有点让人感觉不辨真假了。实际上硬要说有悖常理，《水煮三国》绝对不比《品三国》少，而至于他一再讲的曹操形象，并不是易中天在翻案，鲁迅不是早就说了吗："曹操至少是个英雄。"

按说，照孔圣人的理论，易中天已是"六十而顺"了，成君忆小年轻玩什么把戏一看便知，不料竟也那么当作一回事地写了一篇文章。当然人难免都有一些肝火，不过老易在回敬小忆时，似乎也有点犯了后者的毛病，有那么一些上纲上线的味道。好在老易毕竟阅人多矣，文章表现得不失长者风范，他一再强调："我们之间没有个人恩怨。""他触犯人类文明的底线或许是无心之过，只要不再坚持这个错误就好。"那样子就好比一个大人对邻家淘气孩子明明很生气，虎着脸抽了一巴掌，还要说打是为了你好。

  看来大家都是俗人，老易和小忆也难免有俗人之过。两人从不同角度谈三国，戏谑之间不乏幽默，这幽默是什么？是一种人性宽容的弹性。看他们说起来都像那么回事，但这次却都把对方当成真的了，殊不知大家都是在游戏，你玩你的我玩我的，难不成只允许你玩不允许别人玩？老易最窝火的大概也是这个，他只是没有弄清楚小忆攻击他，其实无非是又换了一种玩法。人的可笑之处便在于竟会把游戏当成真的，最后真真假假莫辨雌黄。当然也许他们仍旧是在玩，那可就是另一种境界了。

3 于丹启示:推广圣人与营销自我

(2006-12-24)

> 我们看了很多书,却很少有人把《论语》给看完,这真是一种民族性的悲哀。一部《论语》才多少字?一万三千七百字。一部《孟子》才多少字?三万五千四百字。

于丹白衣白裙,坐在黄色的沙发上,旁边是红衫的央视主持人柴静。由易中天来给《于丹〈论语〉心得》作序,显然是一种精心安排,而易中天如此这般道来,很显然也有意在突出于丹。于丹继易中天之后再次在央视百家讲坛喷涌而出,一波未平又起一波,足见栏目策划的功力。于是于丹也像易中天那样,除了在电视上讲解圣人,也出了本书,并且像易中天一样签名售书。

这本书首印 60 万册,当月又加印 20 万册,大有盖过易中天《品三国》之势,这在近年来畅销书之中也属罕见。书店里买了本于丹的书,一向心急等不得到家便停车马路边看了起来。书薄薄的,虽然是中华书局出的,但也是仿照畅销书的模式打造的。书中于丹对《论语》的绎解,大概有七八万字,加上书后面附录的《论语》原文,号称 10.3 万字。这么一本薄薄的小册子,竟然如此畅销,实在有点出人意料。当然不是说畅销的一定要大部头,只是有点不解于丹就是这么简单的对《论语》阐释一番,为何就会博得这么多人的关注?所以这里要说的,不是《于丹〈论语〉心得》本身,而是这种现象所折射的营销实质。我的看法是:这本书的畅销与其说是于丹书的成功,倒不如说是一种文化营销的成功,自然这和大众媒体的推波助澜大有干系。可谓天时地利人和,尽而得之。

先说"天时"。这天时不外乎是说宏观形势,在这里主要包括政治与社会气候。现如今中华民族"大国崛起",中华文化再次得到深刻回顾。政府倡导和谐社会,文化与经济共同发展,而中华文化的本质也是和谐社会的根子,大多蕴藏在孔子的儒家文化之中。市场营销从大的环境看,往往要讲"势"。"百家讲坛"借于丹宣讲《论语》,这正好是把握大势,顺势而为,得势于先。这就是所谓"天时",更何况以媒体自身优势,在全国大力渲染,分明也是在造势。不过造势在很大意义上并不属于"天时",应该是"天时"、"地利"与"人和"兼而有之。

再说"地利"。这地利主要来自于媒体本身,在这里主要指的是传播渠道。于丹的主流传播渠道是央视和中华书局,堂堂央视独步中国自不必说,这中华书局在国内出版界也堪称德高望重,其学术感、权威感一向令人闻之肃然。何况央视"百家讲坛"自易中天以来更如日中天,且不说一个广大的收视群体已经成为一批稳定忠实的受众,就是其普遍知名度也断非一般栏目可比。再加上这个栏目受众在文化和传播上所具有的相对优势,这些都进一步提高了它的社会影响力。所以于丹再上"百家讲坛",显然其传播渠道优势前所未有。加上主流渠道为了推出于丹,早早便开始了造势,各路媒体也纷纷追捧:美女学者,比易中天毫不逊色等。用不了几天便炒作得人人皆知,这或可看作是"地利"因素。

最后说人和。不能否认的是,如今经济的迅速发展,正在加速导致个体的不断异化,中国人在享受更多物质幸福的同时,也在承受着更多的精神压抑和心灵痛苦。我们正处在一个没有信仰的年代,物欲横流,人心不古,心灵的寄托轰然倒塌。焦灼、不满、怀疑、虚伪、自私,成了这个时代随处可见的标签。于是多少人在渴望那种自然古朴的道德生活,渴望那种单纯坦荡的人生快乐。就在这时候,于丹宣称:"《论语》的真谛,就是告诉大家,怎样才能过上我们心灵所需要的那种快乐的生活。"于是乎芸芸众生受到鼓舞,望风趣从。想我泱泱大国13亿人,孔子文化熏陶中华2 000多年,正不知有多少人在期盼着回归于圣人的光芒之下呢,这可谓之人和。

却说这"天时地利人和"成就于丹的好事，但若单单这样还不行。文化营销不管是"4P"还是"4C"，都得有个适合需要的思想产品，我觉得这次包装的成功，主要不在于选了于丹这么个人，而在于选了个于丹讲《论语》，因为是《论语》所以奠定了她成功的基础。这有点像最近上演的电影大片，《夜宴》和《满城尽带黄金甲》的成功，很大意义上得之于它的本子也就是故事，大家都知道它套用了经典，前者模仿了莎士比亚的《哈姆雷特》，后者抄袭了曹禺的《雷雨》。《论语》是古来经典，儒学的根基所在，它用最简单的语言包含了世事人生的诸多道理。宋朝开国宰相赵普讲自己是半部论语治天下，可见这《论语》多么了得。所以于丹讲《论语》就容易获得成功，如果是讲唐诗宋词，大概最多只能是"尽美矣，未尽善矣"，难有今日之轰动。说起来这也跟咱们的社会有关，过去读书人以《论语》明理、修身、治国，这几十年不讲这些了。于是《论语》也生疏了，社会也庸俗了，人心也荒芜了。人们争驰于物质主义竞逐之中，听到于丹这般讲解恍然如纶语天音。其实这正是我们社会浅薄无知的一种反映。这些年我们推广很多主张，讲了很多道理，出了很多皇皇巨著，但是讲了那么多却不及一部2 500多年前的《论语》。

《论语》有多少字呢？从11 705个字到15 919字，各种版本不一样，大概是因为其并非出自一人手笔，其间或因记述者不同而多有重复。如"巧言令色鲜矣仁"一章，先见于《学而篇第一》，又重出于《阳货篇第十七》；也有详略不同者，如"君子不重"章，《学而篇第一》在《子罕篇第九》重出时就少了11个字。但不论以什么标准看，在今天也只有一篇论文那么长，相当于一张对开报纸的篇幅。但是我们看了很多书，却没有再看《论语》，至少是没有逐字逐句把它看完看熟，看到心里，这真是一种民族性的悲哀。以前陈垣先生对北师大毕业生说过一番话："一部《论语》才多少字？一万三千七百字。一部《孟子》才多少字？三万五千四百字。都不如一张报纸的字多，你们为什么不把它好好读一遍呢？一万多字的《论语》你都没有读过，作为一个中国人，你说得过去吗？"

确实说不过去。从这个角度看，于丹做得好，她在推广圣人的同时也自然营销了自我。

4 张艺谋从成功到永远还缺少什么

(2008-08-12)

> "形式大于内容",这是我们对张艺谋表现倾向的一个基本评价。自从张艺谋声称注意电影商业化追求以来,他自己就陷入了一种迷幻之中,简单地把商业化当作声色感官之乐。

在奥运会开幕式的狂热过去几天后,大概可以平静地对张艺谋说点什么了。张艺谋的成功似乎已经成了当代电影一个标志性的符号,自然我也很喜欢他的电影,至少他的电影在中国电影史上具有里程碑意义。奥运会开幕式的宏伟壮阔,使得张艺谋再一次受到整个世界的关注。确实,很多表现手法都十分创意,那种壮阔豪奢的场面也确实令人叹为观止。但尽管如此,并不代表我认为张艺谋的作品真正到达了一个可以垂范后世的高度,所以奥运会开幕式也只不过是张艺谋电影特性的一次再现而已。

自从张艺谋声称注意电影商业化追求以来,他自己就陷入了一种迷幻之中,简单地把商业化当作声色感官之乐。所以每每搞了一些大片看上去眩人耳目,看过之后毫无回味,几年之后恐怕也很少有人再有兴趣去重温它。比如,《英雄》《满城尽带黄金甲》莫不如此,而电影史上那些真正的经典,虽时间流逝却光彩依旧,诸如,《乱世佳人》《魂断蓝桥》,甚至是中国的《一江春水向东流》之类的。商业电影追求一时的成功和商业价值,但是无法营造出恒久的魅力,其根本原因在于无法挖掘更深层次的社会人生内涵,缺少现实与历史的纵深感，说到底就是形式大于内容。

"形式大于内容"，这是我们对张艺谋表现倾向的一个基本评价。我在《于丹启示：推广圣人与营销自我》的文章中曾经说道："《夜宴》和《满城尽带黄金甲》的成功，很大意义上得之于它的本子也就是故事，大家都知道它套用了经典，前者模仿了莎士比亚的《哈姆雷特》，后者抄袭了曹禺的《雷雨》。"套用经典的故事模式，虽然可以避免情节的风险，但是如果没有做出更加深刻的解读，那只不过是一种简单的模仿而已，显然无法构成独创性价值。因此，简单重复一个成功的故事，最后只能凭借形式因素赚取眼球，这就是张艺谋形式大于内容的必然所在。形式大于内容在奥运会开幕式上又一次淋漓地发挥。利用现代技术手段图解中国古代四大发明，通过众多演员营造恢宏的气势，在一些场面的表现上都可谓是匠心独具，但是过去之后再作回顾，却有点茫然。原因何在？恐怕就是其间少了人，少了生命本身的对话和张扬。

最令人失望的就是那首奥运会主题歌《我和你》，这首歌唱起来的时候，相信很多人都在和当年汉城奥运会的主题歌《手拉手》比较。开幕式结束之后马上有人鼓吹《我和你》，说是这个歌简单却有真情，反复吟唱回味无穷，久而久之必将广为流传。主唱之一刘欢在谈到这首歌的风格时甚至说："这是一首迥异于往届奥运会主题歌的杰作。在人们的印象中，奥运会开幕式的主题歌应该是气势恢宏的，而这首歌的音乐元素已经纯粹到了非常简单的地步，正是这种简单，把世界大同的这个'简单'的梦想发挥得淋漓尽致。"对此我却不敢苟同。关于奥运会主题歌的旋律我不敢说什么，但是对于歌词却感到有点哑然失笑，简单是真但简单中如果没有味道则无异于白开水。有人甚至拿出宋人李之仪的《卜算子》"我住长江头，君住长江尾。日日思君不见君，共饮长江水"，以及近代李叔同的《送别》"长亭外，古道边，芳草碧连天"作比较，以为有异曲同工之妙，真不知道这是溢美还是无知，从这首歌里可以看出张艺谋的不足：缺少更加深邃的意趣，缺少那种志在高远的内在气象，把大象无形大音希声化为堆积或者是毫无意趣的简单。李之仪和李叔同的作品，虽然词语简单，明白如话，但是那种简单之中所包含的韵味，那种空间感和时间感，那种画面本身所构成的生命旋律，以及意象之中体现的中国文化积淀都堪称是构成其超凡意境的典范。张艺谋所推崇的这首《我和你》挨得上吗？这首主题歌虽然也有板有眼，很直白地说了什么地球村，什么就像一家人之类的，但是整个表达更像是一段口号式宣传标语。歌词之作，贵在意境，王国维讲："有境界则自成高格，自有名句。"你给奥运会写歌词没有意境至少也得有意象吧？这首歌不仅意境全无，意象也无法构成，这就是其败笔所在。这首歌的作者陈其钢写得单薄是其底蕴不足，而张艺谋居然在87 661首应征歌曲中独独相中它，这当然不能说是一个偶然。我们最简单的解释就是，陈张诸人，气象不逮。这是引用王国维的话，王国维在讲到李白《忆秦娥》最后一句"西风残照，汉家陵阙"时，说"寥寥八字，遂关千古登临之口"，后人"气象已不逮矣"。在这个充满商业气息、追求形式主义的时代，那些甚嚣尘上者似乎除了以形式取胜之外，剩下的只有无病呻吟了。

　　形式大于内容。我们似乎不能苛求张艺谋，因为这是我们所处时代的普遍现象。岂不见领导政绩追求GDP，时代英雄衡量钞票多少，大学水平要看论文数量……形式主义已经成为我们这个浅薄时代的普遍追求，我等芸芸众生概莫能出乎其外。然而形式永远只是暂时的，艺术尤其如此，想一想古代汉赋的铺排恢宏、西晋和六朝之作的绮丽奢靡，在当时也都是备受追捧的主旋律，然而大浪淘沙，最终在艺术史中冷落沉沦，究其原因都是因为"形式大于内容"。张艺谋开幕式试图演绎孔子，但却忘记了孔子讲的话："质胜文则史，文胜质则野，文质彬彬，然后君子。"也就是说，只有在艺术的形式与内容相得益彰时，才可能会有真正永恒的艺术。所以张艺谋虽然获得了很大的成功，作为一个很喜欢他的他们，我要说的是成功并不意味着永远，欲从成功到永远还必须把重形式转到重内容，至少不是简单地图解内容，而是寻找更加深远的境界。

5 城市营销：杭州如何植入冯小刚电影

（2008-08-15）

> 信息完备程度是我们所提出的一个独创概念，根据产品或品牌在媒体中植入的信息露出情况，即根据其所包含信息点数量的多少来区分品牌植入的范围和影响力。

这个话题是由冯小刚执导的贺岁片《非诚勿扰》牵出来的。据说电影里有一个情节，是葛优在西溪游船上相亲，引用了一句当年宋高宗的话作台词："西溪，且留下。"外景地当然就是杭州的西溪湿地了。于是《都市周报》记者便以此向我提出问题：杭州城市品牌的植入式营销的可行性。居住在西溪湿地附近，每每在散步中感受湿地的清新，所以就此谈点什么似乎也顺理成章。

植入式营销也称作植入式广告，或者说是基于植入式广告发展而来的一种营销传播方式，指将产品或品牌及其代表性的视觉符号甚至品牌理念策略性融入媒介内容之中，构成观众真实直观或通过联想所感知到一部分情节，在观众关注的状态下将商品或品牌信息传递给观众，让观众留下对产品及品牌的印象，继而达到营销广告的目的。虽然植入式广告大规模兴起并受到重视是近些年的事情，但它最初的应用却是在半个多世纪以前，早在1951年由一代巨星凯瑟琳·赫本主演的《非洲皇后号》（The African Queen）上，影片中明显出现了戈登杜松子酒的商标,这大概是最早的植入式广告。电影上最有名的植入式广告是史蒂芬·斯皮尔伯格1982年执导的《外星人》(E. T. The Extra – Terrestrial),小主人公用一种叫"里斯"(Reeses Pieces)的巧克力豆把外星人吸引到屋子里。《外星人》是一个里程碑,之后美国电影中的植入式广告就越来越多了,并越来越受到观众和业内人士的重视。眼下一般商业品牌的植入已经司空见惯。比如,电视剧《欲望都市》对美国女性时装的影响,著名时尚杂志《女装日刊》的说法是:"产业观察家认为,《欲望城市》对年青女性穿着和购物所产生的影响比其他任何电视节目都大,电影更无法与之相提并论。"这些年国内的影视尤其是冯小刚的电影,也大量频繁使用这种手法,《不见不散》、《没完没了》、《大腕》、《手机》和《天下无贼》,都可以看到诸多的品牌植入营销的影子。

  从广告传播的接受效果来看,植入式营销的展开有其必然意义,这除了传统广告本身面临着挑战,诸如受众对广告的本能抗拒、数字化的冲击以及网络对注意力的分流之外,还有一个原因是大众的娱乐化追求。娱乐已经不仅仅是生活的调剂,而成为一种人生的根本需求,因此作为娱乐时代的营销选择,植入式营销具有必然意义。显然这可以回避很多来自传统营销传播的噪声和干扰,用一种受众更易于接受的方式愉快地推出产品。遗憾的是很多人在关注植入式广告时,仍旧用一套老的方式来衡量,最常见的是习惯于用展露频次来分析效果。比如《手机》,按照华谊兄弟公司公布的数字,去影院的观众大概在500多万人次,发行碟片700万张,以每张碟5个受众计大约是3 500万人,这样计算下来至少有4 000万人通过这种植入接触到了品牌。其实这种算法很幼稚,只要想一想中央电视台每晚的直接受众是多少,就知道这个数字是小巫见大巫了,而这种效果计算方法也不能真正衡量植入式广告的效果。其实,衡量植入式广告的效果一定要抛开那套旧的广告效果测评模式,植入式营销不是传统意义上的媒介营销,所以我们建议采用一种新的观察方法,用"信息完备程度"来审视植入式广告的价值。信息完备程度是我们根据产品或品牌在媒体中植入的信息露出情况,即根据其所包含信息点数量的多少区分其信息完备程度,提出的一个独创概念。我们把品牌植入分为5种类型:商标、产品、态度、功能、品牌含义。

在这5个信息点中，只包含前两个信息点被认为是低信息完备程度，而具有产品功能展示和品牌含义诠释的则信息完备程度较高。显然如果按照这个理念来看我们的植入式广告，包括冯小刚在电影中的植入，在营销理念上还都属于小儿科阶段，因为他们大都还停留在低信息完备程度。也许低信息完备程度对于一般消费品牌不无价值，但是对于城市品牌来说则显得过于简单甚至单薄了。

回到城市品牌的植入式营销。杭州作为一个城市当然也是一个品牌，所以自然也适用植入式营销。问题是城市品牌的植入方式。杭州在中国尽人皆知，如果仅仅满足于"知名"和"美景"，或者略觉空洞浮泛的"生活品质"，那显然没有多大意义。与其这样还不如索性直接在大众媒体上，就像是"脑白金"那样不厌其烦；或者是如恒源祥一般令人乏味的重复。谁都明白这样做无济于事，所以杭州城市营销的品牌植入，就必须考虑从更高的信息完备程度着手。也就是不仅仅植入杭州城市品牌，而且要力求巧妙地宣传这个城市独特的价值点，以及它所蕴含的更深层次的品牌体验。杭州这样的城市有自己的独特优势，自然、人文、现代感三个方面在中国乃至世界也不多见，这构成其独特的品牌魅力。问题的核心不是能不能植入，而是如何植入。城市品牌与一般商业品牌不同，必须超越低级植入。现在可以采用的媒体植入形式越来越多，电影、电视、综艺节目、网络游戏，甚至是小说和音乐。植入式实际上有两个营销主体，一个是媒介内容本身，一个是所植入的营销品牌，怎样做到既有效地植入城市品牌，又自然而然流惯于情节之中，这都需要有好的创意才能够体现价值。比如，把城市品牌植入网络游戏该怎么搞？可不可以借鉴冯小刚电影里面的西溪招亲，也搞一个招亲游戏，游戏中融入文化风情，俊男美女，情节刺激，设置激励增加兴趣，或许也是一种创意呢。

我们正处在一个多元信息时代，城市品牌营销实际上面临着一个真正的整合营销传播。整合就需要关注不同的接触形态，而植入式只是多种接触形态中的一个简单的尝试，我们当然不能奢望冯小刚的一个电影镜头就会有多大影响。但是对于注重城市品牌形象的杭州来说，这恰恰反映了这个城市在不断追寻城市营销的创新。这几年杭州城市建设变化很大，在一定意义上就是一种实实在在的接触界面创新。这本身就是最好的传播。而冯小刚借用电影形式植入杭州城市形象，虽然是一鳞半爪，但是影像本身的展露却很有视觉意义，尤其是对于西溪这样的新景点，可以说既是一种宣传，同时也在制造一种事件，事件本身就是具有长远营销价值的西溪文化积累。从这个意义上说，西溪品牌在冯小刚电影中得到了营销植入，而冯小刚电影本身又是杭州这个城市品牌展露中的一次营销植入。

6 小沈阳代言广告有点不伦不类

（2009-02-26）

广告借助小沈阳流星一般一夜暴红而搭便车有一定风险，这种特色和风格所传递的信息是病态的、扭曲的、不可靠的，因此用它来作保险代言，结果可能是适得其反。

一夜暴红，用这个词形容小沈阳大概可以说是恰如其分。小沈阳是今年春节晚会大红大紫的一个超级小品新星，可惜的是那天晚上等到他和赵本山出场的时候我睡着了，醒来时看了个片断，也没有觉得他怎么样，更不知道这个不男不女、不伦不类打扮的角色就是小沈阳。直到多少天后，看到有媒体炒作小沈阳，这才在网上找出视屏看了几个他的段子。说实话，看过之后真是不敢恭维。他不仅远远无法企及他拜之为师的赵本山，而且就是与其他先前与赵本山合作过的小品演员相比，诸如宋丹丹、范伟也根本不是一个档次。他不仅缺少宋丹丹卓越的表演天赋，也丝毫不见当初范伟初露头角时的深厚底蕴和可以预见的走红前景。所以我总觉得小沈阳只是一个勉强包装出来的流星，最多闪烁一下，也就没有人再关注他了。

令人不能忍受的是这几天开车时，总是听到小沈阳在代言一个"4008000000"的广告。因为难以忍受他的广告，每次到这个广告插播的时候，我不是关掉收音机，就是赶紧换个台听，无法忍受把这个仅仅30秒的广播广告听完。我知道这是一家保险公司的广告，为了写这篇文章，我还专门查了一下这个"4008000000"到底是哪一家保险公司的号码，查了之后总算弄清楚这是平安的车险服务号码。

车险服务选了这么一个人做广告，真是有点不伦不类，不仅无法体现车险的平安可信，而且也有点糟蹋听众的耳朵，是可忍孰不可忍！我的一个直觉印象就是，这个不伦不类的广告，有点像是当年脑白金广告带给人的那种恶俗感。车险广告本身要传达的信息无非有两个基本指向：第一就是要清晰确认对品牌符号的记忆；第二就是要传达本品牌所特有的安全信赖价值。然而这两点这个广告都无法做到，究其原因主要是因为选择了这个小沈阳做代言，使原有的品牌信息在传播中出现了信息扭曲和信息中断。

2003年，我曾经在一篇《广告：超越初级追求》（原文载《新闻与传播研究》2003.4）的论文中提出过一个有关广告"边缘信息"的观点："广告在信息设计中，强调了边缘信息却忽略了主导信息。"认为："广告表现作为一种综合创作手段的运用，通过调动不同信息渠道引起受众的反应，一般而言我们在策略设计和具体创意中强调要有集中性，也就是必须设计出一个突出的信息主体，各种因素都围绕着这个信息主体，对此加以强化。主导信息通常是产品的利益点和广告的定位所在，也就是广告所必须强调并努力让受众接受的基本价值。但由于广告在信息传播中包含着多重信息因素，那些与广告产品或品牌关系联系不密切的信息，我们称之为边缘信息。在很多情况下，受众所接受的很可能就是边缘信息，而并不一定是产品的主导信息。出现这种结果，与我们在策略设计和创意操作中的失误不无关系。"而广告，尤其是运用某种明星代言的广告，无一例外都存在着如何处理边缘信息和主导信息的关系问题。边缘信息是主导信息的辅助形式，其存在的价值就在于衬托主导信息，使主导信息更加突出，当边缘信息强度超越主导信息后，它就不再是主导信息的辅助形式，相反却会干扰甚至取代主导信息，成为受众关注和接受的核心。明星广告、幽默广告以及诸多过分强调技术因素的广告，都很容易落入这个陷阱。用小沈阳代言保险广告，在一定意义上就是犯了这个错误。

这个由小沈阳代言的广告，我称之为不伦不类，主要基于两个方面的原因：首要原因就在于广告本身缺少创意。这则广告并没有更好地策划出广告影响人本身态度和行为的内在要素，仅仅想借助小沈阳流星一般一夜暴红而搭便车，因此它缺少基本的信息驱动力。

其次在于它选择代言人的失误。小沈阳无论从表演还是形象，都不能算是一个有魅力的成功角色，那种苏格兰式打扮（看上去有些不男不女）、那种单调乏味的唠叨，不仅不符合中国大多数受众的审美（包括幽默、滑稽、喜剧、丑谐）趣味，而且简直是一种对人听觉和视觉的变相折磨。这个形象也许有他的特色和风格，但是这种特色和风格所传递的信息却是病态的、扭曲的、不可靠的，因此用它来作保险代言，其结果很有可能是适得其反。我没有去深究小沈阳一夜走红的原因，不论他是炒作的需要还是媒体贫乏的填补，或者是国人在网络恶搞时代的一种畸形，但是我敢肯定的是，这种背弃了大众审美趣味和人类审美传统的风格，可以暴红一时，但是很快就会被大众抛弃。

7 再见时代华纳
——迟暮的新娘
（2009-11-18）

> 美国在线和时代华纳的婚姻落幕了，时代华纳就像是一个迟暮的新娘，在她回归昔日顾影自怜的摇曳中，依稀看到了一个桀骜不驯的身影，这就是泰德·特纳和他所创建的CNN。

日前，美国媒体巨头时代华纳公司终于宣布，它将在2009年12月9日正式分拆旗下子公司美国在线（AOL）。至此这个号称世纪大并购的传统媒体与新媒体的联姻，在经过9年痛苦的结合之后，终于撒手各奔东西。这桩当初充满幻想但从一开始就不美满的婚姻结局，不经意间却勾起了我对两件事情的联想：一个是婚姻破裂揭示的新媒体与传统媒体在产业融合上的鸿沟，而另一个则是与它有着血肉关联的一个传奇人物——泰德·特纳。

当2001年1月如日中天的美国在线（AOL），对时代华纳公司（Time Warner）以高达1 650亿美元实施有史以来的最大并购时，整个世界正处在互联网泡沫的高潮中。IT经济泡沫使美国在线品牌价值被过高估计，它以每股加价近50美元（时代华纳当时股价65美元）与时代华纳换股并购，从而诞生了一个全新的媒体巨头——美国在线—时代华纳。然而这桩婚姻从结合的第一天就开始走下坡路，新公司的股价一直徘徊在39至45美元之间。随后几年公司股价持续下滑，甚至在各种丑闻的冲击中股价已经下跌到10美元左右。在谈婚论嫁阶段，处在强势地位的美国在线，在并购后的公司中其业务并不尽如人意，相比之下倒是前时代华纳各业务部门普遍表现良好。几年前我曾经以此为例说明，当品牌资产的虚拟因素受到夸大以后，将更增加其不确定性成分并很可能给整个经营带来被动。如今看来这桩失败的婚姻，并不仅仅是一夜暴富的美国在线变成迅速衰败的破落子弟，到头来却被当时委屈的新娘所抛弃；更重要的是它说明在新的媒体经济浪潮中，那种简单地把传统媒体与新媒体结合起来，或者是通过简单的嫁接试图达成媒体融合状态的做法，在本质上并不能跨越媒体演进所形成的鸿沟。在信息经济时代媒体产业的融合发展，必须超越简单的资源叠加方式，转而从内容产业的定制和全面整合中寻找出路。

美国在线和时代华纳的婚姻落幕了，时代华纳就像是一个迟暮的新娘，在她回归昔日顾影自怜的摆动中，依稀看到了一个桀骜不驯的身影，这就是当年TBS（特纳广播公司）的泰德·特纳和他所创建的CNN（美国有线电视网）。这位自诩为海盗船长的水手，以出色的直觉和赌徒般的大胆冒险，不仅周旋在一群美丽的崇拜者中卖弄风情，而且长袖善舞地不断并购重组，直到他把CNN推向"新闻史上的一座纪念碑"。浮浪不羁的特纳在经过两次离婚之后，却被与他年龄相仿的健康明星简·方达所征服，他在她身上看到了他想要的一切，美貌、力量和爱情。简·方达最初的冷淡并没有使他灰心，他耐心等待着直到1991年的圣诞节他们结了婚。因为这段婚姻他不再喝酒，不再抽烟，不再拈花惹草，也不再拿自己的财富去做疯狂的冒险。他和简一起建立了他们的家庭基金，把数亿的资金投入到几千个社会慈善项目中。1996年他以450亿法郎的价格，将其全部产业出让给时代华纳集团，而自己则轻松地做起了该集团的副总经理。第二年他又向联合国捐赠了60亿法郎，用于人道主义事业。那天晚餐时候，他把这个计划告诉了妻子，当时简·方达高兴得哭了。然而就像大多数名人夫妻那样，他们最终也没有能白头偕老，这段婚姻在10年之后结束了。在正式离婚之后，特纳发表声明指出："我们仍旧是亲密的朋友，我祝愿她一切都好。"而简·方达也在她的声明中表示："我感到非常难过，我们共同生活了10年时间，我对他十分关心，现在是我们分手的时候了，我也祝福他。"

中国人说婚姻就像是穿在脚上的鞋子，只有自己知道是否合适。美国在线和时代华纳的婚姻，与特纳和简·方达一样，当初因为美好的感念而结合，最终却因为无法维持而破裂，但是那种共同发展的追求似乎永远值得赞叹。虽然互联网泡沫的破灭，使得特纳的资产大大缩水，但是他所选择的生活方式和致力于和平与慈善事业的追求，却成为一种人生完美的范本。如他所言，正是那些难以实现的梦想使他对生活充满了热爱，也为他创造了能活下去的条件。如今的时代华纳就像是一个经受了沧桑磨难的新娘，走出了痛苦婚姻的阴影，但是未来之路究竟在何方？虽然还有《时代》《人物》《财富》，还有TBS，CNN，HBO，还有华纳兄弟和经典电影……但是在这个新兴媒体风起云涌的时代，借用鲁迅的一句话就是"娜拉出走之后怎么办"？未来的路仍旧十分艰难。当晚年的特纳渴望自己身后的墓志铭上写着"请勿打扰"时，不知道还会不会再有一个水手出现？

8 张家界改山名有点可笑

（2010-01-26）

> 《阿凡达》虽然很成功很轰动，但它永远只不过是一部电影而已，许多年后在电影史的浩渺天穹中，它最多不过像是无数星斗中的一颗一样，而且未必就是最璀璨的那颗。

《阿凡达》热映的巨大反响在湖南张家界又起波澜。有报道说，湖南省张家界景区昨天把据称被该片取景的一座山正式更名为《阿凡达》"哈利路亚山"。据张家界政府公众信息网昨天发布的消息，张家界政府昨天为"南天一柱"（又名乾坤柱）举行了更名仪式，有数百名当地居民及海内外游客见证。

"南天一柱"为张家界"三千奇峰"中的一座，位于世界自然遗产武陵源风景名胜区袁家界景区南端，海拔高度1 074米，垂直高度约150米，顶部植被郁郁葱葱，峰体造型奇特，垂直节理切割明显，仿若刀劈斧削，有顶天立地之势，故又名乾坤柱。

据张家界景区管委会主任称，"南天一柱"更名为《阿凡达》"哈利路亚山"绝对不是"崇洋媚外"，只是顺应了景区土著居民和广大游客的心声。同时他还表示，张家界是世界自然遗产，神奇风景不仅是中国的，也是全世界的。现在把"南天一柱"更名为"哈利路亚山"，就是向外界传递一个重要信息：张家界不仅属于世界，也已经走向世界。

张家界政府公众信息网声称，好莱坞摄影师汉森2008年12月在张家界进行了为期4天的外景拍摄，大量风景图片后来成为美国科幻大片《阿凡达》中"潘多拉星球"各种元素的原型，其中"南天一柱"图片就成为"哈利路亚山"即悬浮山的原型。不过，导演卡梅伦本月中曾在《阿凡达》的北京首映发布会上说，片中的"哈利路亚山"原型来自中国安徽省的黄山。于是黄山官方网站立即鼓动传媒造势,指《阿凡达》的哈利路亚山即中国黄山。此后,连陕西省的华山也加入混战,掀起一场《阿凡达》山头争夺战。在此背景下张家界昨天干脆为境内的"南天一柱"更名,似乎是要在这场混战中抢占先机。

  我对此的看法是觉得滑稽好笑,似乎咱国人(准确地说是咱国的当官人)有点缺少自信了。《阿凡达》虽然很成功很轰动,但也只不过是一部电影而已,许多年后在电影史的浩渺天穹中,它最多只不过像是无数星斗中的一颗一样,而且未必就是最璀璨的那颗。而"南天一柱"(乾坤柱)则具有某种更加独特的唯一性。所以很可能多年以后,没有人再谈及《阿凡达》了,却仍有人络绎不绝寻找"南天一柱"。电影本身是虚拟的,因为虚拟和想象本身需要现实的支持,所以才要来寻找中国现实中的奇山异水。现在把现实山名改为虚构山名,似乎有点本末倒置的味道。旅游不仅仅是景色观赏,更是感情体验。相比之下,"南天一柱"(乾坤柱)比"哈利路亚山"似乎更多了些历史和文化积淀。我并不是反对借势《阿凡达》,而是说旅游策划不能太搞笑,不能做得这么拙劣。

9 凤姐的开价与价值的扭曲

（2010-07-05）

> 不管凤姐开价是否合理，从注意力经济角度看，注意力本身也是有价可循的。既然这样，凤姐可以赚来一定的注意，那她索要相应的出场价格也理所应当。

说起凤姐，马上会想到《红楼梦》里那个八面玲珑、精明俊俏的贾府大管家，不过现今流行的凤姐却不是那个出身世家贵为少奶奶的王熙凤。凤姐何许人也？网上是这样介绍的：

> 罗玉凤，因雷人征婚言论走红网络，人称"凤姐"。自称懂诗画、会弹琴，精通古汉语，9岁起博览群书，20岁达到顶峰，智商前300年后300年无人能及。现主要研读经济类和《知音》《故事会》等人文社科类书籍。

就是这个凤姐最近在淘宝首发20万册的《淘宝天下》（可能是目前中国发行量最大的财经类刊物）要求采访时，开出了采访出场费3万元的高价，这是3个多月来凤姐从1 000元身价迅速飙升的最新价码。3个多月前，凤姐主动参加广州《花儿朵朵》选秀节目，索要1 000元遭到拒绝，于是转战沈阳赛区，随之提价到2 000元，如愿以偿首战告捷掘得了第一桶金。此后势如洪水一发不可收，不到3个月便从2 000元涨到5 000元。当《淘宝天下》提出采访邀约时，凤姐回了一条短信：费用1万元。隔夜之后，大概是觉得应该趁热打铁抓紧掘金，又第二次出价：3万。并且声称："我上的杂志多得不计其数。焦点访谈我都上过了，上封面我都不太感兴趣。我的身价是一直在涨的，现在就是得3万。"而且有点踌躇满志地说："1万块对我来说没有任何吸引力，广州有车展，北京有活动，我档期很满的"，"杂志几十万的发行量有什么了不起，我一个视频发到网上也有几十万的点击量！就3万，如果行，我可以到杭州来接受采访。"

不管凤姐开价是否合理，这属于她与同样是商业经营的《淘宝天下》所做的一个交易侃价，每个人都有自己出价的理由。经济学观点认为，商品交换价值的根本属性是其使用价值，任何商品的价值只有通过使用价值才能表现出来，而使用价值是使用物品的价值形式。凤姐要价3万元也许就是她对其使用价值的自我确认，3万元这个价格除了自身采访付出之外，还有社会和网络炒作为她所垫付的劳动成本。从注意力经济角度看，注意力本身也是有价可循的，既然凤姐可以赚来一定的注意，那她索要相应的出场价格也理所应当。不过我所感兴趣的是，凤姐敢这样开价的底气何在？当然这与网络热炒的传媒注意力有关，当商家愿意为眼球和注意力买单时，即便凤姐没有章子怡、范冰冰那样妖艳，也还是能够获得很多扭曲的关注。延伸出来的胡思乱想是：这个社会在物质主义竞逐多年之后，人们从百无聊赖的空虚中无法找到寄托；虚伪的说教和虚假的光环被无情戳穿之后，传统的道德价值受到挑战；当美女廉价地充斥着媒体和画面，人们也不再执着于对习惯审美的崇尚……于是像凤姐这样的在芙蓉姐姐之后，居然也可以堂而皇之地卖出上万的出场身价。其实和当年的木子美、芙蓉姐姐一样，凤姐也是网络炒作出来的一个活宝。当芸芸众生在乏味无聊的现实中，想要寻找一点来自精神层面的安慰时，随着固有价值观念的幻灭，恶搞和审丑也变成了一种追捧。

突然想到当策划和创意成为创新的基本手段，我们的创意产业实际上是在一个梯度空间上不断延伸的：创意产品—内容产业—注意力经济—体验经济。早些年更注意的是前者，只要有个不错的创意就可以了，后来发展到不断完善的内容提供；再后来发现任何好的创意和内容，如果没有得到社会和市场注意，其价值都等于零，于是开始追逐注意力；再后来却发现，人们的注意力是转瞬即逝的，而且仅仅注意并不足以维护顾客，甚至很难完成价值的交换，于是便诉诸人的感情和心理，需要玩点体验经济。因为只有体验才能够带给人深切的感受，而且人们对美好的体验往往希望能够不断重复。如今网络策划公司包装出了凤姐这个商品，这个创意虽然带来了相对的内容和相应的注意，但是能带来体验的快感吗？虽然在美学中，丑和滑稽、喜剧并列，与优美和崇高一样作为一种审美范畴，但是人们的心灵深处却是爱美厌丑的。三国里面的一个著名人物司马懿，说过一句如今传为经典的名言："长得丑不是你的错，出来吓人就是你的错了！"

　　顺便说一下这个典故：司马懿的发妻叫张春华，她虽然为这位仲达兄生了两个了不起的儿子，却也挡不住男人的花心跑去宠幸一个姓柏的女人，跟老婆一年都不见几回面。有次司马懿病了，老婆跑去探病想用真情唤回曾经的爱。谁知这男人一见却说："老东西面目可憎，长得丑不是你的错，出来吓人就是你的错了！"（老物可憎，何烦出也！）春华姐气晕了，一哭二叫三上吊。儿子们来劝也不行："不要劝我，让我死啊！"边说边从袖间偷看儿子们的神情。可怜司马师、司马昭风流倜傥，被老娘闹得把面子丢尽却还要表现出孝意，表示铁了心跟老娘混（诸子皆不食）。这边司马懿听说他老婆绝食寻死，正乐得准备庆祝这一伟大的历史时刻终于到来，忽然听说儿子们也要跟着寻死，于是马上跑到老婆这里道歉。司马懿对此解释是："老东西死不足惜，我怕的是困住了我风华正茂的儿子啊！"（老物不足惜，虑困我好儿耳）。可见丑的东西要招摇，必须得有招摇的本钱，得要有底气。那两个儿子是司马懿看好的资产，如果都跟着老娘混去上吊，资产归零了那还玩什么？如此这般说来，还真不知道凤姐的底气和本钱是什么呢。

10 莫言获诺贝尔奖对科学文化的冲击

（2012-10-12）

> 在人类历史和文明发展过程中，虽然技术科学不断帮助人提升战胜甚至征服外在自然的能力，但是它们却从来没有帮助人们提升内心价值，为人的生命带来更多的充盈和快乐。

搞社会科学尤其是人文方面的学者在科学网上混并不是很容易的一件事，因为科学网的"科学"二字往往被定义为自然科学和技术科学，所以社会科学和人文学者在某种程度上被边缘化一些是很自然的事情。在科学网上的科学家们大肆讨论诺奖的时候，几乎没有人去关注诺贝尔文学奖，也没有人去关注莫言。也许大部分在这里混的科学家们都不知道莫言是个什么人吧，直到昨天晚上 19 点之后，才突然发现咱们中国科学家们最津津乐道的诺贝尔奖，最先被中国人获取的，不仅不是那些令人敬仰的科学大牛们，而且也不是那些国家投入巨额经费的学科领域。到了最后轻轻摘下诺贝尔奖的却是一个日渐边缘化的文学领域，而且这个获奖者似乎也从没有拿到过那种令人瞠目结舌的形形色色的基金和科研资助什么的。

看到网上对莫言的热议昨晚就想说点什么，我在第一时间只是匆匆在微博上面发了一个评论："不知莫言获奖是否能给日益边缘化的文学带来一些热情，也给这个在物欲横流中迷失的国度唤回一些灵气？"当然人们热情的讨论，并不证明是在关注文学，而是那个前缀"诺贝尔奖"。然而不论怎么说，这都是对科学文化泛滥一时的一次冲击，它至少可以促使我们反省一下我们的科学文化。

在中国当代小说家中，莫言在早期是被归为"寻根文学"作家序列的。说起寻根文学，在20世纪80年代最具有代表意义的作家，是毕业于湖南师大中文系77级的韩少功，还有我的同班同学杭州大学中文系77级的李杭育，后来张承志、贾平凹、莫言、王安忆等一大批关注区域历史文化的小说家们也都被归入了这一流派。那时候，韩少功发表文章《文学的"根"》，第一次强调"寻根"，同班同学也呼应了一篇《理一理咱们的"根"》。现在想来这些寻根作家们最大的特点，大概就是对于我们世世代代浸淫其间的文化本身非常关注，深切地从中国文化的内在律动中探寻人与自然、人与社会的关系，以及人的心灵和整个的精神世界。说到这里我要说几句有关自然科学、技术科学和人文社会科学的话了。

在人类历史和人类文明发展过程中，虽然技术科学不断帮助人提升战胜甚至征服外在自然的能力，但是它们却从来没有帮助人们提升内心价值，为人的生命带来更多的充盈和快乐。不仅如此，技术科学的发展在一定程度上反而使人的本性在某种程度上受到了压制，德国古典哲学家黑格尔提出了"异化"这个概念，马克思在他的哲学著作中对此有所继承。实际上我觉得"异化"在很大程度上就是技术科学对人作为"人"本性的一种扭曲。这就和今天我们很多的制度法则、很多的测量标准、很多的论文基金对社会和谐发展、对工作快乐有序、对科研真正促进都适得其反一样。究其原因可能是因为这些都太关注于技术成分，却忽略了人精神层面的价值。正如科学研究可以深入到细胞领域，但是却无法解释清楚人的动机一样。维克多·雨果对此的回答是："世界上最广阔的是海洋，比海洋更加广阔的是天空，比天空更加广阔的是人的心灵。"自然科学研究海洋研究天空，但是无法真正触摸到人的心灵。所以这剩下来的最广阔的一部分，只能交给人文社会科学了，而后者恰恰就是最具有典型意义的"文化"。这么绕了一大圈，终于又绕回到了莫言。莫言的小说触及中国人的内心，触及深层次的文化。因为数量众多、周期局限和观察视角的原因，很多"科学工作者们"也许并不认为这个诺贝尔奖有什么了不起，其实从个体来看这个玩意和那些其他奖项一样都没什么了不起。但是如果从文学对人以及人精神世界的观照来说，文学奖的伟大意义并不亚于任何其他自然科学类的奖项。

  莫言在解释"我们为什么需要文学"的时候，诙谐地说文学可以帮助你谈恋爱。他把文学的作用归结在两个方面：审美需求和精神需求。他说的完全正确但是并不很准确，文学理论学者在教材中说文学的作用主要是认识价值、教育价值和审美价值。中国早在孔子时候便说《诗经》有"兴、观、群、怨"四大功能，可见除了审美和认识功能外，文学还具有教化和讽喻功能。说到底就是文学的价值主要体现在人的思想和精神文化层面。因此莫言获奖对科学网的"科学工作者们"而言，还有一个不可忽略的意义就在于，我们切不可因为关注眼前的利益而忘却了久远的价值，切不可因为技术的得意而鄙薄精神思想的虚泛。其实人之存在最有意义的也许并不是生命作为一种物质现象的存在，而是人的肉体所承载的精神和灵魂，我想这也许是我们精神世界还能够稍加宁静的原因之一吧。

第九章

通过整合抵达营销传播佳境

营销和营销传播是对人心灵的一种透视，因此它本质上也是超越功利价值的境界追求。唯其如此我们才会理解，为什么盖茨和巴菲特会选择把所有财富都交付公益。营销的出发点基于物质利益，而它的终结点却归于人的心灵。我们对永恒境界的追求，一如人类从本体学意义上永远在探索的那个不变的命题一样："我是谁，我来自哪里，我将向何方？"

1 企业营销最高境界是世界公民（2008-05-23）

> 如果不去做更多的道德评价，王石对捐款汶川所说的只是个人观点，如果换一个时间说并非没有道理，他的过错只是因为在不适当的时间说了一段不适当的话，更深一层则暴露了企业潜在的价值尺度。

营销的话题常常会超越营销本身，这是因为我们已经到了一个泛营销时代。在这个时代营销的核心话题不仅不是传统营销的所谓4P，甚至超越了顾客和需求。昨天课上有同学问及，在新媒体时代营销应该注重哪些问题。这是一个很宽泛的话题，但是我想有一点可以肯定的是，我们的营销更加具有社会性，更加与社会文化环境密切相关。因此必须改变过去在大众传媒霸权时代所形成的信息不对称状态下的自说自话，寻求在营销中如何有效地运用现代媒体工具，实现充分的对话和交流。这里强调的还是以前所说的"营销即传播，传播即营销"，当然这只是对营销思想的一种转换，实际上这种转换的更深一层意义就是，企业对自己的角色应该重新定位。

由此我想到了企业作为一个社会成员所扮演的角色问题，即企业的最高境界是世界级公民。整合营销传播大师汤姆·邓肯把企业的整合层次分为4个等级，最初级的是统一形象，渐次而上是一个声音、好听众，最高层次是世界级公民。所谓世界级公民，就是企业超越了单纯的自我价值追求，而把自己的追求与社会责任融为一体，比如关注社会、注重环保意识、具有健全的企业文化、关心更加广阔的社会问题等。记得很多年前读松下幸之助的书，他讲到企业只有把自身的追求与社会发展相一致,才可能得到真正的发展,其实他讲的就是这个道理。这个观念在不同的人那里有不同的表述,比如,詹姆斯·柯林斯称之为"基业长青的卓越公司",在整合营销传播理论中有个"关系利益人"概念,所指的就不单纯是一般的顾客,甚至超越了员工和股东,还包括了品牌接触中的社会各个层面。

如果说过去,企业追求成为世界级公民还是高瞻远瞩的公司有意识的一种追求的话,今天在互联网和新媒体时代,新的信息环境下这种追求已成为一种社会监督,在一定意义上是企业不得不为的必然选择。汶川地震中社会与企业的互动就很能表现这一点,网络作为一个完全开放的信息平台,社会成员可以平等地参与信息的交流与对话,很多企业也因此不得不在这种对话中痛苦地重新校正自己,最有趣的就是著名的万科公司。万科的董事长王石因为关于灾区捐款问题受到了网民的集中攻击,从而导致了万科品牌突如其来的公关危机。最后王石不仅通过媒体致歉,而且前面用了"负担"一词的王石,转而又宣布1亿元投入灾区免费重建。其实如果不去做更多的道德评价,王石所说的只是个人观点,如果换一个时间说并非没有道理,他的过错在于在不适当的时间说了一段不适当的话,而更深一层的是暴露了其潜在的企业价值尺度。这些年不少明星企业家喜欢谈社会责任,喜欢通过媒体张扬对社会的关怀,但是当社会关怀真的在灾难中被聚于强光之下时,他们的表现往往最会受到大众的审视。这也难怪他们要被责难了。

因为万科又自然引起了对这个行业的一些联想,中国的房地产企业大概是这些年上升最快的了,不仅是诞生了很多著名公司,也诞生了中国最多的超级富豪。更有趣的是在这些富豪中,还诞生了远远超过其他行业的社会活动家,他们喜欢在媒体上露脸甚至操纵媒体,喜欢对社会和经济发表议论,这大概和行业持续上升带给他们的自信,以及他们整体上的行业暴利不无关系吧。我在想如果是真正的世界级公民,也许不至于那么暴利,所以房地产行业不论怎么表白,只要它们没有建立"大庇天下寒士俱欢颜"的社会理念,就永远不可能成为世界级公民,上升到企业的最高境界。其实这个行业在世界范围里的地位并不高,只要看看欧美发达国家的同类企业就明白了,柯林斯的《基业长青》中提到了数十家卓越公司,不知道为什么却没有一家是房地产公司。

万科在地震中所遭遇的突如其来的公关危机，还有更早一些时候中国女首富张茵和她的企业所遭到的网络围攻，这些事件看上去偶然甚至令人啼笑皆非，实际上却折射出企业价值追求如何在更高层次上与社会价值统一的问题。也许这个问题不仅仅是一句简单的企业口号，诸如"万科建筑无限生活"那么简单，而是如何真正使自己肩负社会的使命。这听起来似乎是大话套话，但是考虑到企业越是发展其与社会的接触面就越大，认真而又坦诚地考虑这个问题，似乎是一种必然。正因为这样我们不难理解，为什么比尔·盖茨、沃伦·巴菲特，还有李嘉诚，他们会成为偶像式的企业英雄，因为他们具有真正远大的抱负，这个抱负远远超越了企业的自身价值，因此他们最具有世界级公民价值。我在自己的著作中曾经对整合营销传播作过前瞻，或许有利于理解在这个泛营销时代企业如何成为世界级公民，主要谈了两个观点：

其一，20世纪后期发展起来的以互联网为主导的信息技术革命，将进一步对整个社会结构、文化模式以及人与人的关系产生根本性的影响。对于营销传播而言，它不仅仅是代表了一种新型媒体，而且还代表了在以需求为导向的市场趋势中，营销和营销传播之中消费者权利的最终回归的现实可能。虽然电子商务的发展已经可以使用户很容易地查看各种资料、文档、商业信息、虚拟商店、电子公告以及其他信息资源，而且也可以在互动中自主地控制信息流量，诸如运用搜索引擎、服务器、电子邮件等，但是相对于这个不断发展变化的新技术来说，我们的认识还存在着广阔的未知领域，而这些在未来营销和营销传播中都将发挥无穷的威力。显然这种基于信息技术所带来的营销传播发展，只能从整合营销传播中得以实现。正如我们所说的，信息技术的发展不仅仅是营销传播工具的扩展，营销和营销传播人员仅仅把它当作一种网络展示广告或者宣传手册显然是不够的。网络带来了消费环境的变化，与此相联系的移动通信、3G技术以及智能控制等全方位地介入，也带来了消费者意识的变化，消费者不但可以随时随地在网上实现信息的自我选择，而且还可以通过网络完成各种交易和交换，在某种意义上所有顾客关系都构建在这个覆盖全球的巨大社区中。

其二，这种新的营销和营销传播模式也营造了新的市场环境。由于这个环境比之于现实营销具有更多的自由性和更大的开放程度，而相应的游戏规则和法律规范尚没有系统形成，因此营销和营销传播在带来新转机的同时，也为传统营销秩序中的各种诱惑提供了可乘之机。有鉴于此，在以信息技术支持的市场环境中，介入营销和营销传播过程之中的，也许不仅仅是传统的营销者和消费者那些简单角色。除了来自于法律和管理层面的监控之外，各种环保压力集团、慈善机构、自助组织等社会利益群体也成为营销和营销传播中的一个干预角色，这就导致了市场营销中对社会营销观念的进一步重视。可以说在未来的整合营销传播中，社会营销是一个不可回避的话题。在整合营销传播中发展社会营销的另一个理由是，市场经济的发展正在昭示着一个可能，所有社会结构的变革都是基于不断增加的财富所带来的对个人主义的重视。按照马斯洛的需求层次理论，随着整个社会和个人的更加富有，其在社会和经济生活中的安全感也不断提升，于是他们就更多地寻求自我实现，更加强调自己的个性特点。而总的人口变化也预示着年轻人的市场正在缩小，处于灰色年龄区域或者老龄区域的市场正在增加，社会分化与单亲家庭的上升等，这些都提出一个深刻的命题：整合营销传播也许不只是一种单纯的市场营销行为，它也是一个负有更多历史使命的社会营销行为。

2 营销能否到达无推销境界

（2008-06-12）

彼得·德鲁克说："市场营销的目标就是使推销成为过剩"，他的话曾经深刻影响了一代又一代的营销专家，然而这个关于人员推销的观点将营销思想歪曲了25年。

当我们描述企业营销的最高境界是"世界公民"时，我想说的本意是企业作为一个重要的社会组成部分，由于它比其他的社会成员具有更大的社会影响，与此同时也就担负了更多的社会责任，只有把企业的利益追求和社会追求相一致，并且从人类进步发展角度把握企业发展，这样才可能抵达最高的营销境界。于是有朋友留言认为："企业营销的最高境界是没有营销。"其实无论是世界公民还是无营销，都不仅仅只是一个概念和术语表达问题，其核心是对终极营销追求的一种价值判断。

现代营销源于古老的推销，它自古有之且未来不可能消失。如果说早期最有代表性的营销形态是人员推销，它虽然历史悠久名声却一向不佳，但是无论如何，即便是在这种形态中也建立了属于营销的永恒范式。这种把营销等同于推销的思想，是长期以来对营销的误解，它在很大程度上和彼得·德鲁克（Peter Drucker）的观点有关。管理学之父彼得·德鲁克的那句名言是："市场营销的目标就是使推销成为过剩"，这句话曾经深刻影响了一代又一代的营销专家。按照德鲁克的说法，销售的需求总是存在的，但市场营销的目标却是生产出完美的、极度符合消费者需要的产品，以至于这些产品不需要任何人为的力量便可以实现"自我推销"。多年来这个论点总是和哈佛大学另一位杰出的营销学家泰德·莱维特（Theodore Levitt）

教授的观点一起出现，即"推销注重卖者的需要，营销注重买者的需求"，其结果是营销者往往会对销售持有怀疑态度。在最坏的情况下，销售人员被看作是恐龙一样的怪物，永远地和销售观念结合在了一起（和实际销售没有什么关系），他们被看作是必不可少的灾难，用来填补传播组合中的间隙。

然而也正如英国营销传播学家吉姆·布莱思（Jim Blythe）所说的那样："这个关于人员推销的观点将营销思想歪曲了 25 年。"从整合营销传播角度看，这种把营销与推销截然对立的看法，显然不符合新的营销现实，尤其是在提倡"营销即传播，传播即营销"的多点接触状态下，推销也是一种良好的接触形式。何况人员推销作为传统营销沟通方式本身也在发展，并且已经开始焕发出前所未有的魅力，比如它本身所具有的交流和互动优势，就远远超出了其他的营销方式。简单地说就是，它已经摆脱了过去那种着重于交易而忽略沟通的习惯，从而上升为整合营销传播中一个极具价值的营销传播工具。公司可以通过各种手法将人员推销与其他的营销传播活动整合为一体，同样一个产品，公司既可以通过广告、销售促进、公共关系或者直接营销来进行促销，也可以通过中间商和人员促销实现销售。

在现代营销方式中，人员推销具有不可或缺的存在意义。事实上从整合营销传播角度看，人员推销本身也综合了多种营销传播方式，与客户的接触本身就具有整合性意义。作为与消费者面对面直接接触的一种营销传播形式，在人员推销中，直接营销的所有优势几乎都可以得到充分的体现：充分运用数据库资料、一对一营销、直接反应、对话和交流等。同时，作为一种人与人之间的接触方式，人员推销还具有明显的人际传播色彩。在沟通交流中，推销人员不仅与客户进行语言传播，还有一些非语言性的传播，诸如目光的交流、形体、表情、动作和举止等，都可以传达一定的关系信息，而这些往往比语言说辞更加具有潜在效应。人员推销无疑还是一次公共关系活动，在推销人员和顾客之间只有保持一种恰当的对话方式，才可能使得这种交流状态不断继续。而推销人员作为这项公关活动的发起者，必须学会处理公关接触中可能发生的各种问题。当然，人员推销就其本来意义而言，更不可避免销售追求，因此销售促进意识也就始终贯穿于整个人员推销过程之中。正因为人员推销同时兼备了各种不同营销传播形式的特点，完美地运用人员推销也就是一次出色的整合传播。而且在有些特殊情景下，人员推销确实也可以起到其他传播方式所起不到的作用。有时候常规营销传播方式对解决某一问题感到鞭长莫及，而偏偏这个问题又是获得成功的关键所在，这时候人员推销却可能发挥出难以预料的作用。比如，一种技术性比较强的工业产品，通过大众媒体宣传和其他营销传播方式，虽然可以起到告知作用，但是却很难使将信将疑的客户认识到它的真正价值，必须要有当面说明和技术性操作示范，在这种情况下人员推销就成为不可回避的选择了。因此在整合营销传播中，适当地运用人员推销方式有助于营销传播效果的实现。而如何合理地运用则必须根据营销传播特点，以及营销传播中对成本效果的估算加以确定。

也许正是在这个意义上，我并不认同营销的最高境界是无营销，因为营销本身就包含了沟通，更何况营销是一种价值交换方式，不需要价值交换即可以满足需求似乎永远不可企及，因此无营销也许只有在"乌托邦"时代才可能抵达。如此说来前面所提及的彼得·德鲁克的观点，实在是带有一种完美的理想主义色彩，它也许会成为未来的一种可能，但更像是柏拉图式的理想主义产品观念，或者永远无法实现或者早已被现实埋葬。

3 一个媒介品牌迅速沦落的警示

（2008-11-26）

> "百家讲坛"对消费者建立起来的品牌期望和品牌认同没有进一步延伸，因此随着前期品牌光环的渐渐退却，消费者的期望变成了失望，结果不但丧失了顾客，也形成了消极的反馈。

央视"百家讲坛"正在无可挽回地走向它的衰落，一个显著的标志是收视率的急促下跌。两年前，大家热谈"百家讲坛"，众说易中天和于丹的情景，早就成为记忆中消逝的一抹夕阳余晖。尽管前不久"百家讲坛"又请出易中天讲墨子，而年富力强的于丹也不遗余力地奔波，展示她那略带朗诵式表演型演讲。但这个造就他们的栏目却似乎正在无所顾返走向迅速的沦落。一个媒介品牌从兴起到沦落，在媒体竞争时代虽然不足为奇，但像"百家讲坛"这样"其兴也勃也，其亡也忽焉"，略加反思却可以生出一点点警示。

先前曾经写过3篇为易中天和于丹推波助澜的文章，一篇是2006年8月写的《营销视点：易中天与葛红兵》，另外两篇是分别写于11月和12月的《成君忆水煮易中天：游戏何必当真》与《于丹启示：推广圣人与营销自我》。文章写作密度足见当时关注度之高，三篇文章主要是结合专业特点从市场和营销传播的角度言说的。其中讲到了媒介产品的开发、媒介品牌的定位，以及媒介品牌的营销传播渠道和品牌价值。文化营销首先得有个适合需要的思想产品，比如对于丹包装的成功，主要不在选了于丹这么个人，而在于选了个于丹讲《论语》，因为是《论语》奠定了她成功的基础。《论语》

是古来经典，儒学的根基所在，它用最简单的语言包含了世事人生的诸多道理。所以于丹讲《论语》就容易获得成功，如果是讲唐诗宋词，大概最多只能是"尽美矣，未尽善矣"，难有今日之轰动。总结一下无非是这么几点：

第一点，媒介品牌的开发，必须考虑到受众即消费者的需求，并能够深刻洞察这种需求的本质。因此一个媒介品牌的定位就不简单的是一个"产品定位"，而应该是一个"品牌定位"。在这一点上，央视的"春节晚会""同一首歌"，甚至是"幸运52""艺术人生"等栏目，都比"百家讲坛"要成功。相对而言，"百家讲坛"虽然大规模地运用了多种包装和炒作手法，但是，却并没有真正为自己完成一个品牌的定位。这从它的产品开发就可以窥斑见豹，易中天讲三国、于丹讲论语，这两个人本身既是媒介品牌的产品，也是产品核心经典的传播中介，无疑这些因素的巧妙运用都是很好的产品概念运作。但是这种运作方式却没有很好地得到延续，最简单的就是产品制作材料的滥用，诸如刘心武讲《红楼梦》，还有一个不伦不类的讲《亮剑》。制作材料的粗糙，就有点像奶粉里面掺和三聚氰胺，最后必然害了产品也害了品牌。其实这个栏目就是一个经典文化与大众娱乐巧妙结合的媒介产品，产品材料必须选择。就像是唐诗宋词，虽然莫砺锋教授讲得也很好，但是这种内容并不见得适合策划易中天和于丹时候所定位的品牌。因此在一定意义上说，产品原材料的不当选择，影响了产品的畅销和品牌概念的进一步强化。

第二点，与前面一点相通的是确立品牌观念的问题。最初倡导品牌形象的大卫·奥格威早就说道："每一个广告都是对品牌形象的积累。"对于媒介品牌来说，每一次传播展示都在不断强化品牌，不断地宣示品牌概念和品牌定位，并以确定的产品形态显示品牌与消费者紧密关联。但是，这就涉及产品推出和品牌传播中的一致性问题，这是整合营销传播的一个基本问题，也是最浅层次的问题，即"一种声音、一个形象"。可惜这一点央视"百家讲坛"做得并不好，且不说选材问题，单就是阎崇年遭打的那件事情，就很不利于品牌形象。其实平心而论，阎崇年本人讲得还不错，但是在品牌传播中很重要的一点，就是要尽量规避信息传播的歧义，整合营销传播要求品牌要尽量清晰并能够得到消费者即受众的普遍认同。只有相关利益者认同程度高了,这个品牌的价值才会提升,显然这一点央视做得并不好。

第三点,品牌是一种长期的价值投资,不能停留于炒作的成功。以易中天讲三国和于丹讲论语为核心,加上多种传播渠道和多个接触点的运用,使"百家讲坛"获得了空前的成功。但是成功者却在此停步不前,满足于产品和品牌在导入阶段的巨大成就,没有注意消费者的利益,进一步维护和保护品牌。我此前曾经说过:"品牌价值可以简单从产品和商誉两方面看:产品主要是看其功能价值和对消费者的满足程度,当然这些都必须消费者认可才行,这里面还包括了产品的质量等;商誉则取决于产品本身的知名度,以及在这种知名过程中所建立的消费者信任度和忠实度。""百家讲坛"在导入期炒作成功之后,迅速从成长期进入成熟期,但是短短时间里消费者建立起来的品牌期望和品牌认同没有进一步延伸,并不足以形成稳固和忠诚,因此随着前期品牌光环的渐渐退却,消费者的期望变成了失望,忠诚也就变成了抱怨,其结果是不但丧失了顾客,也形成了消极的反馈。

"百家讲坛"的起伏有点像是湖南卫视的"超级女声"。这次它又推出易中天讲诸子,很多人说是在"救市"。但是老易自己明白:"这个题材不是救市,诸子百家对于观众来说是陌生的,而且不那么有趣,甚至有一点沉重,靠它来拉动收视率是不可能的。"虽然诸子百家选题的思想含量、文化含量、学术含量都超过"品三国",但观众是否喜欢,他心里没谱。其实这还是关乎整个栏目品牌的长期规划问题,如果你没有确切的品牌概念和品牌定位,最终都无法规避受众的流逝。老易是我颇为欣赏的一位前辈学者,但是他讲到了"收视率"问题,这实际上也没有摆脱如今的影视栏目品牌的评价标准。一个具有一定知识价值的媒介品牌栏目,不能简单地用收视率来衡量。就像央视的其他栏目,诸如"对话"栏目,你得看它的目标受众是否忠诚稳定,要看它的品牌影响力。当然媒介品牌的"影响力"是另一个话题,这实际上关乎整合营销传播中讲的"获得"与"保留"何者更加重要的问题。

4 关于LV品牌的促销假设
（2009-03-18）

> 当奢侈品把自己的价格降到一般品牌那样时，就意味着你进入了一个竞争更加激烈的大众消费领域，不仅无法保持原来的高端形象，而且更不能保证原有的利润空间。

这是在浙大软件学院给研究生上课时，突发奇想所举出的一个案例。由于前晚12点才从机场赶到酒店，打开电视只是匆匆一瞥，看到正在播出的是东方台的品牌栏目《头脑风暴》。一路劳顿未及细看，似乎有个嘉宾正讲到了奢侈品牌LV（路易·威登），说是其某个产品原价28 000元，因为金融危机影响，现在降价到15 000元，虽然降价力度空前，但是购买者仍然十分零落。次日上午给学生上课，便由此讲到"整合营销传播观念"。我的看法很简单，如果LV只是这样简单地采取降价手法，试图刺激销售，不仅不符合整合营销传播观念，也不利于品牌利益。

在传统的营销观念中，促销就是一种短程刺激，因此所有的促销本质上就在于让利多少。正因为这样，每当促销的时候，很多商家和品牌往往把价格作为撒手锏，热衷于通过价格来拉动销售。但是，却忽略了很多时候这种降价策略不但无助于销售，而且还有害于品牌，这一奢侈品牌试图通过大幅度降价所做的，无非是对现有顾客和潜在顾客给予刺激，促成消费者的大量购买和集中购买，然而从营销逻辑而言，其结果肯定是得不偿失。一个基本的假设是：那些购买28 000元奢侈品皮包的顾客，肯定不是一般的工薪阶层，而对于购买这一品牌的顾客来说，奢侈品牌本身所带来的情感满足，要远远大于其功能满足。也就是说，这个顾客对其品牌的认同，很大程度上来自于奢侈品牌的高价和高端顾客的稀少。在这种情况下，其品牌采取降价措施，而且降价幅度接近50%，这在一定意义上不仅伤害了原有顾客的品牌感情，而且也不利于对潜在顾客的扩展。也有人认为，这种降价有利于扩大市场。但是一个皮包即便是从28 000元降到15 000元，市场本身的承受力仍旧有限，而且降得越低市场越是萎缩。因为当你一步一步把自己的价格降到一般品牌那样时，那就意味着你进入了一个竞争更加激烈的大众消费领域，不仅无法保持原来的高端群体，而且更不能保证原有的利润空间。其结果是高端的老顾客抛弃你，而大众化的顾客也怀疑你原来那么高的价格中，不知隐藏了多少暴利的猫腻。

那么，难道像这样一个奢侈品牌就不能降价促销吗？回答当然是否定的。关键的问题是它必须找到有利于自己品牌利益的降价促销策略。对此我从整合营销传播角度提出了自己的看法。在整合营销传播视野里，营销即传播，传播即营销。因此销售促进已经不仅仅是单纯的销售刺激手法，而是一种有效的营销沟通工具。整合营销传播的核心和终极价值追求并不是简单的销售，而是通过传播沟通构建良好的品牌关系，并以此提升品牌价值。因此它的一个基本的思想便是，对顾客的获取与保留一样看重，甚至从培养忠诚顾客的角度看，保留比获取更加有价值。因此作为一个消费群体热衷的奢侈品牌，在降价促销时首先必须考虑的是，如何能够更好地保留并激励老顾客，通过促销适当地增加老顾客的品牌忠诚感，同时有效地实现销售目标。我的设想是，这个品牌完全没有必要那样大规模地降价，它所要做的应该是对老顾客的一次情感沟通。作为一个价值数万元的产品，其顾客数量应该很少，而且它当然也应该为那些花费数万元买一个皮包的顾客建立顾客档案，这也就是我们通常所说的数据库。整合营销传播尤其侧重于数据库营销，有了数据库它最简单的做法就是，给数据库里的这些奢侈品购买者每人发一封信，当然信的设计可以很温馨，信的内容可以这样写：亲爱的××小姐：感谢您多年来对我们的关爱，在这美好的春天，我们愿意为您送上一份薄礼，借此表达我们对您的关怀和敬意……随信附上礼券一张，价值人民币10 000元，凭此券在×年×月×日之前，可以在我们的品牌专柜购买指定品牌（原价28 000元）云云。我们可以设想一下这封信发出后所引起的效果：

（1）收到信的这位女士肯定倍感温馨，因为这个一直让自己自豪的奢侈品牌，真的把自己当作是品牌家族的共同一员了。

（2）这张赠券同样也令这位女士倍感欣喜，因为这是价值10 000元的赠券啊，即便是老公很有钱这个数目也同样令人心动。

（3）因为这封信和这个赠券，这位女士进一步增加了对这一品牌的认同和忠诚，她不仅自己会一如既往的眷顾，而且还会向她的朋友推介这个品牌。

（4）因为10 000元的赠券毕竟不是小数目，所以这位可爱的女士肯定不会信手丢掉的，而是会好好地考虑如何使用这张赠券。

（5）下面的结果很可能只有两个：一个是自己再买一个包包。第一个花了她28 000元，这个只需要实际支付18 000元，因此她觉得很值，一连数天心情非常愉快；另一方面自己已有不想再买，那么就把赠券送给最要好的小姐妹（送小姐妹1万元啊），让小姐妹也去买一个这么奢侈的包。

（6）如果是后者那么这一奢侈品牌影响得到了进一步扩展，那个用赠券购买了包包的小姐妹，不仅加入到了其品牌顾客的行列，而且很可能和她一起成为这个品牌的拥戴盟友。

回过头来再看看这个奢侈品牌收获的是什么。因为赠券面值是10 000元，小于它原来接近50%的促销幅度，因此它没有因为这次忠诚促销而损失更多利润，而且还比原来收益要更多一些。此外它的促销不仅没有损害品牌形象，而且还大大地促进了品牌形象，既巩固了老顾客也发展了新顾客。更重要的是由于促销中注入了情感投资因素，使得老顾客从一般品牌拥戴者上升为品牌忠诚者，而品牌忠诚者在日常生活和消费中的示范作用，以及她对这个品牌的热情推介，都远远大于这个品牌本身广告促销的推广作用。这就是整合营销传播所带来的巨大反差，正因为我们是从另一个视角看待问题，我们把所有的营销传播活动都看作是对品牌关系的一种促进，因此任何一次促销活动的出发点，都不是出于简单的销售刺激考虑，而是在提升品牌关系并进而提升价值。

5 中国制造：在广告与品牌认同之间（2009-12-02）

> 作为中国政府所主导的一次典型的国家营销行为，"中国制造，全球合作"是一个不错的USP，但是从国家营销和国家战略层面看，这个广告的创意还有很多不足。

最近由国家商务部牵头制作的一则30秒长的商业广告，率先在美国CNN播出，并开始在全球主流媒体上推出。广告的主题为"中国制造，世界合作"，广告的主角则是带有外国设计风格的中国产品。看了这则广告，马上直觉到这是中国政府所主导的一次典型的国家营销行为，虽然广告立意不错，但是整体创意差强人意。

国家营销是菲利普·科特勒提出的一个概念，即在新的世界经济格局中，国家通过向全世界进行积极的营销，可以成功地积聚国家财富。国家营销的主导当然是政府了，所以这次"中国制造，世界合作"广告的推出，实际上和2008年的奥运会、2009年国庆阅兵一样，都是国家形象和国家力量的展示。不同的是这次采取的是商业广告运作的形式，这在中国政府是第一次。正因为是第一次，所以它所产生的媒体和新闻效应，要远远大于广告本身的传播效果。商务部有关官员在回答记者采访时，没有透露具体的广告投入，但是却肯定这次为期6周的广告投放，包括制作费在内总额达到数千万元。说实话，几千万元的广告投放额度，比之于很多商业品牌的宣传算不上什么很大的投入，它甚至无法买断中央电视台一个一般栏目的广告招标。由此可以看出，我国官方的这次广告营销活动，还有一定的尝试性意义，所以这种行为应该给予肯定。作为一次国家形象的推广尝试，这就涉及广告的创意，以及传播策略和它所要达成的品牌认同。

这则广告推出的背景是，中国经济全面崛起，"中国制造"走向世界，在全球金融危机之际，一些西方国家对中国制造产品实行贸易保护，因此广告诉求的核心就是把"中国制造"与"世界合作"相统一。于是在这则30秒的广告中，当运动鞋、家用电器、时装、大型客机等多个产品上出现"中国制造"时，又分别添加了"融合美国运动科技""使用硅谷软件""采用法国设计"等，以此隐喻全球化背景下的各国合作理念，最后一个镜头的大型客机则是"中国制造"融合"全球工程师合作结晶"。应该说从广告诉求角度看，"中国制造，全球合作"是一个不错的USP（独特的销售说辞），它强调了全球合作背景下的"中国制造"所蕴含的世界意义，在西方国家设置贸易壁垒的情况下，有利于展示中国制造的全球理念。

但是从国家营销和国家战略层面看，这个广告的创意还有很多不足。我主要从国家品牌角度谈。香港大学的郎咸平教授在有关全球产业链的论述中，提到中国制造处于整个产业链最低端这个问题。这则"中国制造，全球合作"广告在某种意义上，仍旧站在产业链低端这一立场。这在一定意义上与中央提出的创新思维有所不符，至少没有更深刻地考虑"每一次广告都是对品牌形象的积累"（大卫·奥格威语），忽视了"中国制造"必将走向"中国创造"。从构建国家产业品牌角度看，广告作为最基本的大众营销手段，其对象主要是消费终端，因此广告（尤其是影视广告）诉求实际上需要的是更加感性化的示范式诉求，而不是简单的标签说教。因此这则广告创意表现还有欠缺，中国的广告公司还不善于做社会营销和政治广告。

传统广告的影响效果正在下降，所以前面说这则广告的媒介公关效应，可能要远远大于广告本身的传播效果。实施国家营销应该是一种全方位的整合营销传播，整合营销传播的终极价值就是构建品牌资产，这非常符合国家营销和中国品牌创建的需要。整合营销传播涉及的领域非常宽泛，从接触和形象展示角度来看，最重要的就是有一个集中管理部门协调，通过国际文化交流，以国外消费者可以理解和可以接受的方式介绍中国文化、经济和科技的进步，消除外国消费者对我国的误解；吸引更多的外国人来中国学习、旅游和参加各种商务活动，使他们实地了解中国的巨大变化；通过体育赛事、各种会展展示中国的形象。这点奥运会和国庆阅兵就做得比较好，据说奥运会后英国和欧美等国家的大型活动组委会正在与张艺谋团队接触，考虑引进中国创意团队。国庆大阅兵、国庆晚会以及最近的空军庆祝建军60周年的大型活动中，展出了大量赶超世界尖端水平的中国最新的战机等军事装备，将参加庆典活动的各国军方高层惊得目瞪口呆，紧随其后的新闻就是很多国家加大对中国战机和舰艇的采购，同时引起关注更多的是中国工业技术和电子信息产品的对外出口急剧上升。这些无疑都可以看作是整合营销传播的直接结果。

在国家营销中建构国家品牌，同样离不开一个重要的品牌法则，这就是"品牌认同"。一位熟识的领导说起自己在德国考察的一个细节：去商店买东西时，营业员会告诉他，如果要买质量好的，那就买德国本国的，质量一般的可以买国外的（主要是中国的）。这其实就是一种品牌认同中的产品认同，产品认同包含一个基本内容是产地认同。这就像我们说法国的时装、德国的机器、日本的电器、美国的电脑，因为产地认同可以增加我们对品牌的信任感。中国制造也一样，只有当中国制造本身可以形成晕轮效应时，中国品牌的认同才可能真正提升其附加值。而要做到这一点，仅仅广告是不够的，还必须整合营销传播，而整合营销传播又必须建立在价值和行为的统一之上。

6 学术不能落入伪科学的陷阱
（2010-08-15）

> 广告是对人的一种感性诉求，人自身情感和行为所具有的不确定性决定了仅仅凭借实验并不能说明必然性所在，所以一定不能把广告当作一般科学那样对待。

大约2002年前后，受委托给海尔的一个保健品"采力"做品牌规划，带着研究生搜集了很多数据，并且煞有其事地用SPSS做了大量的数据分析，最后提出了一个报告。其实只有自己心里明白，那个数据对我做品牌判断的意义并不大，对于很多咨询公司来说，它的最大好处是可以忽悠企业，表明花了很多力气，做的有多么"科学"。那次意识到了一个问题，因为自己对当时市场现状比较熟悉，凭借一般观察和直觉就可以做出相应的判断，所谓调研数据只不过是用来佐证一下自己的判断。但是对于很多经验不足者来讲，迷信数据和统计分析方法，以为那真的是解决方法，这会不会成为企业营销的一个陷阱？我把观点讲给研究生，后来还发表了两篇相应的论文，讲"企业市场营销的数据陷阱"。

就这个问题我曾和本专业的一个年轻教师做过假设性讨论。那时这位理科出身又有心理学硕士背景的年轻教师，正在读管理学的博士学位。他的拿手好戏是数据统计和模型分析，早些年他追随着我做校办产业，有些时候我们做项目的最大支出都是在他这里，问卷调查、拦截访问、数据统计等。那阵子他会时有怯意地对我说："你可不要怪我花这么多钱，最后说你坐在办公室也一样想出这个结果来。"我笑着告诉他，我只是想用他的方法佐证一下自己，当然只

要有确切的数据,还是可以发现一些新的结论。记得在他做博士后出站成了副教授之后,某一天我和他的假设性争论是这么开始的:

我问:你觉得你的调查统计方法是科学的吗?

回答:当然是的。

再问:那么只要路径方法正确,调研分析结论应该只有唯一解了?

回答:应该是的。

又问:用这个方法你和×××得出的分析结论应该一样吧?(指他导师,一个大牛)

回答:那肯定是的。

追问:那×××和你还有水平差异吗?

他不知道我暗中给他设置了一个逻辑陷阱。显然如果回答分析结果不一样,那么就要推翻所谓的"科学"唯一解;如果回答一样,那么这位年轻教师就和他导师没什么水平差别。一时语塞,继而大笑。其实科学的表现并不在于方法而在于态度,就是尊重客观规律发现本质所在。夜来不眠读张五常的文章《为什么经济学会走下坡路?》,文中说:"科斯认为今天的后起之秀多用数学,以致没有内容。弗里德曼也认为数学用得太过分。艾智仁及巴塞尔认为博弈理论过于普及,而这理论其实有没有可取之处也不知道。"由此我想到了在我的专业领域,也有那么多让人眼花缭乱的科学把戏,最突出的就是把数理统计和模型操作大量用于广告分析。为此我曾经在《广告的倾斜度》一书中写道:

广告所特有的经验特征和创造性思维特性,已经证明了不能把它当作一般科学那样对待。"如果广告是一门科学,那我就是个女人"。麦迪逊大道著名的广告天才、离经叛道的乔治·路易斯,在他的著作《蔚蓝诡计》中用这句话作标题,旗帜鲜明地反对那种把广告作为科学的自欺欺人的把戏。他认为,科学和科技明显地会影响并塑造广告,但广告更应该属于艺术的,完全源自于直觉、本能尤其是天分。他是这样说的:

经过数十年之后,90年代的广告已经成为热门的研究学科,强调它的理性特质,反映出麦迪逊大道元老们将广告视为一种科学的坚持。许多广告上的科学技术,如媒体计划、市场调查、行销策略、预算规划,以及其他琐琐碎碎的计划,的确是广告必备的功课。然而,过度强调这些逻辑原则,却也加深了有先天缺陷的意识形态,即认为广告是一门科学而非艺术……对西方的大众媒体而言,熟稔媒体的行家,甚至符号语言学这种神秘领域的学者,也都变成了诠释广告的重要来源。一颗媒体脱轨的种子已经萌生,凭借科学的确定性,准备以高度的意愿解释大众传播的每一个面向。数据支配了各方的意见,研究则支持各项数据,而科学的精确性更加提升研究的地位,现代艺术形式中最复杂的广告俨然已被乔装成科学。

乔治·路易斯是直率的。著名广告人孙大伟曾经小心翼翼地讲出了自己的疑惑:"为什么好像现在人人都是广告科学家,但是看他们做出的广告,却又觉得像是已经过了更年期一般的了无情趣;为什么现在创意人员越来越像 AE(业务人员),AE 的嘴脸越来越像客户,而客户也越来越自信地自己动手做广告创意!"显然过分强调所谓广告的"科学性"必然要限制"创造性"。强调广告是一门科学,其主要原因是许多年来,心理学、统计学以及行为科学理论被大量引入了广告策划领域,这些学科的研究方法往往是以实验为基础的,在实验之后所做出的结论通常比较真实地反映了具体现实。但是事实上仍旧有一个关键的问题被忽视了,这就是广告是对人的一种感性诉求,人自身情感和行为所具有的不确定性决定了仅仅凭借实验并不能说明必然性所在,诚如侦探小说家阿加莎·克利斯蒂在其著名侦探小说《东方快车谋杀案》扉页上所写的:"谁能说得清动机?"所以我经常对我的学生说,衡量营销广告策划唯一的尺度,就是看你如何把握需求也就是把握人与人性。

7 数据崇拜是一种创意的贫乏

(2010-08-17)

> 很多大规模运用数据的人,并不是直接营销和广告决策的人。虽然他们运用数据,但是却从来没有形成属于自己的市场悟性和知识体系,所以这些数据方式的运用本身并不一定科学。

接着前面的话题继续说数据。当我们开始对数据迷信和崇拜的时候,我们正在堕入一个科学的陷阱。比如,现今营销广告中普遍运用的数据分析,被当作是具有科学性的决策方式,其实这些数据最多只不过是决策的参考理由之一。再引一段张五常教授的话,以他在经济学上的建树,其评说经济学应该称为经典。张五常在1992年写过一篇文章,题目是《对经济学的发展失望》,他写道:

我感到失望,是因为觉得10多年来,经济学的发展虽然五花八门,有不少标奇立异之"论",但一般而言,都内容空洞,使我学不到什么。术语层出不穷,数学方程式满纸皆是,骤眼看来是高深的学问,但术语和方程式又有什么内容呢?先谈术语吧。学术无疑是需要术语的,因为术语可以把一思想内容概括而简洁地表达出来。创造术语是必要的,但如果一个新的术语没有新的内容,或者作者只希望以新的术语而成名,就显得造作而"浑水摸鱼"了。转谈数学方程式吧。数学对科学极为重要,因为那是最简洁、最严谨、最客观的语言。但数学本身是没有内容的。当我们说A的平方是C,该方程式本身可没有说A或C是什么。就算我们以数字带之,数字本身也空空如也。假如我们说A是温度,C是重量,方程式就有了内容;但"温度"和"重量"究竟是什么,要有正确的阐释才算是发挥了数学的功能。

张五常在同期所写的另一篇文章《学术文章》中认为："数学方程式大有用场，但数学本身是没有内容的。电脑快如闪电，但电脑本身却没有思想。数学与电脑是工具，可以为役，但很不幸，近今好些年轻学者都似乎被方程式与电脑所役了。"其实在营销广告领域，迷惑于这种手段的现象也很多。有一个常被引用的例子是，某鞋业公司派了两位不同的调查人员前往非洲调查，在对市场进行了充分数据调研以后，发回来的却是截然不同的营销建议。一个说："这里没有人穿鞋所以毫无市场"；另一个则说："这里的人都没有穿鞋所以市场前景广阔。"这还是对一个确定数据的不同认识，糟糕的是很多情况下，消费者自己并不知道自己的所作所为，他们纯粹是在一种集体有意识和集体无意识中做出行为决策的。也许一个看上去很周详的调查结果，似乎已经说明了问题，但是由于很多内心的愿望在调查中要么被掩盖了，要么是自己也无法说清楚，所以调查结果根本不能真正代表最后决策的依据。

可口可乐公司曾耗资 400 万美元为"新可口可乐"进行了品尝试验和市场调查，大约 1.5 亿美国人品尝了新可口可乐，调查表明，有 75% 的人打算继续购买。然而新产品推出后不到 2 个月，又有一半以上的被调查者回答说不喜欢新可口可乐，最后，可口可乐公司被迫恢复原来的配方。在这次几乎酿成灾难的市场危机中，很多人不明白为什么先前耗资那么大调研的市场数据，竟然成了一个营销的陷阱。道理很简单，就是数据无法解释人的心理和行为。其实早在 20 世纪 20 年代，乔治·盖洛普便把市场调查的方法引入到策划之中。经过多年的发展后，这种方法在拥挤的营销广告市场上受到了广泛运用，很多营销广告专家们十分相信这种科学方法的确切性，从罗斯·瑞夫斯到大卫·奥格威，都迷信过这些并且非常强调科学调查，但是科学调查并没有给营销广告带来最终的答案，于是他们自己又对此产生了怀疑。随后在 20 世纪 60 年代的创意革命中，以比尔·伯恩巴赫为代表的创意天才们，一反那种貌似科学的枯燥做法，运用一种更加感性的方式调理营销和广告策划。有趣的是，伯恩巴赫认为，研究性广告毫无必要，它只能使竞争者之间的广告大同小异。因为人们都做同样的研究，用同样的方式解释它，并从中产生同样的对策。于是乎他说：

通过研究，然后按照数学的方式做每一件事情，一个不利之处在于：一段时间后，人人都在做同样的事情……如果你认为你的工作仅仅是要找出说什么，那么你的态度就和别人毫无二致，你就完全丧失了元气。

我们发现，很多大规模运用数据的人，自己本身并不是直接营销和广告决策的人。虽然他们运用数据，但是却从来没有形成属于自己的市场悟性和知识体系，所以从某种意义上说这些数据方式的运用本身并不一定科学。科学来自于对自然的信仰，按照伯特兰·罗素，这位20世纪最伟大的科学哲学家对科学所下的定义："一切确切的知识都属于科学"，在很大意义上科学所告诉我们的是已经知道的事物，或者经过探测和研究我们可以确切知道它，然而"我们所能够知道的是很少的；而我们如果竟忘记了我们所不能知道的是何其之多，那么我们会对许多极重要的事物变得麻木不仁"。科学的目的在于发现共性，而创意则是创造个性。试图用科学的幌子掩盖创意的欠缺，这是创造性的贫乏。

8 营销讲座遭遇从未接触过的案例

（2012-06-16）

> 彩票营销可以通过忠诚度和偏好型促销，让这些彩民对你的品牌有一定的好感和一定程度上的忠诚，然后再通过这些彩民的晕轮效应，不断扩大你的影响力。

为浙江省的体育彩票中心工作人员讲座"市场营销与促销策划"，原本是想讲些基本知识和惯用手段的，但听课的却希望结合彩票营销讲点促销。于是在课间休息之后决定从案例开始，把彩票营销融进去一起讲，后面还可以留下一点互动时间，大家一起探讨彩票该如何促销。但说出来容易真要讲却也不易，关键是这次遇到的对象是"体育彩票"，这玩意大大不同于一般消费类和服务类产品，不仅从没有关注过它的营销，甚至连它是如何营销的也不知道。唯所知道的是，街上时不时地会看见有卖彩票的场所，早些年往往是在超市门口人流比较多的地方摆台彩票机，现在则是改作店面装修整齐的彩票销售点了。此外媒体上也不间断地会出现有关彩票的宣传语和各种软文，甚至还有连篇累牍地介绍彩票购买技巧的文字。只不过在这个注意力为王的时代，出于对信息的选择性注意，我几乎从不看这些东西。

记忆中自己跟彩票相关的经历有那么三两次，大概也正是那些经历最后打消了我对彩票的关注。刚参加工作的时候，我曾经买过兑奖彩票什么的。奈何我是一个缺乏运气之人，但凡兑奖抽签什么的基本上都和我无缘,哪怕是碰到那种人人有份的事,我也是做个垫底的,摊上最后的奖励,久而久之也就渐渐对自己的运气失去了信心。再次买彩票是某天晚上做了一个梦,早上起来翻了翻"周公解梦":大吉,有大财。这等好预兆一定不能错过,早早地便沐浴梳洗完毕,专等时间到了便去买它几注彩票。那时候买彩票似乎是银行的营业部代售,记得那天柜台里漂亮的营业小姐还风情万方地对我莞尔一笑,那一笑不说是销魂也是足以让人浮想联翩了,当下以为这必定是"大喜临门大财将至"的又一次预兆。看来多年来屡屡错失运气的历史从今就要颠倒,一个伟大的福星高照的时代即将开启。于是也对漂亮的柜台小姐回报一笑,拿了彩票脚步轻盈地回到家里。接下来一个星期是漫长而又急切的期待,直到那一天彩票开奖一无所获,这才宁静了那颗总是急切的心。第三次买彩票却是和彩票营销大有关系。这说的是某一天,似乎也是去某个培训中心给电信公司还是移动公司去讲营销促销的玩意,路上加油站给车子加点油。加满油付钱找回来 20 多元,柜台里问要不要买几张兑奖券?柜台上就有的,2 元一张即开即奖。好说好说,剩下的钱也不要找了,直接就摸奖算啦。这一摸还真的中了好几个小奖,大喜,中奖的钱又全部投入。复中复投,直到最后所有的投入都变成几片卡纸,这才兴尽而去。这件事情在讲座中被我突然回想起来,我由此说到了彩民的投注心理。当然彩民的投注心理很复杂,课后体彩中心车子送我返回杭州的时候,就这个问题我和一个体彩营销人员进行了探讨。不过这次促销讲座,却是结合我的专业理论,提出了一个设想。我是那种常对促销创意有突发奇想的人,这次也是临到头来突发奇想地说:可以建设诸如"彩民娱乐联谊协会"什么的,把促销与顾客保留结合起来。

  我仍旧抱持着一贯的观点:在整合营销传播视野里,一个基本的思想便是把顾客的"保留"与"获取"看得一样重要,甚至从培养忠诚顾客的角度看,保留老顾客比获取新顾客更加重要。所以彩票营销不仅要针对那些老彩民,还要关心那些曾经偶尔购买的彩民,尤其是像我那样运气不佳就泄气放弃了的彩民。通过忠诚度和偏好型促销,让这些彩民对你的品牌有一定的好感和一定程度上的忠诚,然后再通过这些彩民的晕轮效应,不断扩大你的影响力。对于彩票这样的特殊产品而言，在某种情势下人际传播和口碑营销的影响力，远远大于报纸电视等传统媒体的推销影响。我的基本想法是，可以搞一个类似于"彩民娱乐联谊协会"之类的东西，让那些单纯抱着至少中500万元大奖的彩民们，在这个协会里互相交流并提供除了中奖之外的其他娱乐。人是一种群居的动物，然而每个人都是一个孤独的存在，所以他特别需要某种交际和互相沟通。这个协会的好处就是，大家不仅有共同爱好和共同话题，还在其中被引导着参与共同的娱乐。这么一来，这个松散型组织渐渐的就有了活力也有了凝聚力，大家在这里集结一起，但是却没有单位里钩心斗角的尔虞我诈，也没有市场上分食蛋糕的彼此竞争。一个彩票你可以买它也可以买它，分析出一个号码大家完全可以共享，这种人际关系的单纯就是宽松关系的基础。

这么一来协会肯定越来越有吸引力，那些协会之外的人受到影响欣然向往也会渐渐地加入，彩票的影响力随着人际传播不断扩大。而协会的人际沟通功能在凝聚彩民的同时，也在提升你的品牌影响力和忠诚度。更重要的一点是，协会的活动分流了彩民对获大奖的单纯注意，这不仅有利于身心健康而且也有利于社会和谐。据说如今中国的"问题彩民"就有700多万，这种方式似乎大大有利于彩民心理舒缓。你想想，如今的人在单位里很郁闷，或者在家里跟老婆怄气，那好吧，你来咱们彩票协会吧，有吃有喝又有玩，说说笑笑多开心，更重要的是还有实实在在中大奖的梦想。大家聚集一起多开心啊，搞不好还会发一笔横财呢。高，实在是高。这招一出，估计以后不仅国家体育总局会拿你做典型，政府说不定也要把你作为建设和谐社会的典范呢。我自顾自地只管说……仿佛和谐社会的伟大理想就在我彩票协会未来的描画中已经实现，不知不觉讲座时间过去。今天的培训结束，还要留下点时间给领导作总结。于是就此打住。

9 讲座互动中第一次感到似乎没把握

(2012-11-01)

> 先造船或者在造船的同时开发市场，这并不是盲目先投入产品，而是在对潜在市场的分析和把握之上所做出的抉择，它缩短了产品与客户的距离也增加了企业的竞争力。

一向来做专业讲座我都很喜欢互动环节，尤其是给那些有实战经验的营销经理们讲座，互动不仅可以激发出策略性思维和某种创意灵感，而且还可以直接从学员那里吸收到来自第一线的案例补充。所幸的是仰仗于早些年的实战经历，和近些年写书的理论根底，我一直比较自负地声称，从来还没有学员在有关营销广告和品牌方面的问题上，让我感到无法回答。这些年各式各样的讲座互动似乎都成了讲座中最精彩的环节之一，而且因为互动往往是安排在讲座的后面，在某种意义上也减少了冗长的理论阐述之后的枯燥，重新调动起学员的关注热情。所以我自己对互动和回答问题总是信心满满，滔滔不绝，侃侃而谈。但是就在几天前却第一次在互动中对学员的提问感到没有把握。

这次讲座的对象是来自安徽芜湖的企业营销总监们。讲座本身还不错，第一次课间休息的时候，便迎来了一阵很是热烈的掌声。看得出大家还是很专注的，虽然前面只是我一个人在讲，但台上台下那种眼神和目光的交流，依然让人可以感受到会心一笑的认同。

最后到了互动时间,好像有五六个学生提出问题吧,前边几个自觉回答的还是比较到位,我不满意的是对最后两个问题的回答。虽然这两个问题也几乎是没有迟疑地说了一通,彼此之间也都做了些相互探讨,但下课后在路上反思一下,总觉得自己对这两个问题讲得不够好。是这样两个问题,现在搬上来也希望有朋友一起关注一下:

其一是某造船厂的经理问的。他说自己企业属于那种大型造船企业,通常一艘船的造价至少上亿甚至几亿元。他们公司的业务流程是,先接受订单然后再安排生产。这样一来他们的工期和交货时间都比较长,影响了公司的竞争力。现在浙江台州一些造船企业的做法是,没有订单之前就开始造船,所以台州企业交船比他们快,有一定的优势。问这个问题卫老师怎么看。我当时回答,你们和台州的企业一样,都是营销导向的,所不同的是你们注重的是现有客户,而对方注重的是潜在客户。这和企业历史有关,你是国有的老造船企业,它是新兴的民营造船企业,所以你们习惯于计划式的先有订单,他们注重于潜在客户的开发。很难说孰长孰短,但是从现代营销角度看,台州企业似乎比芜湖企业更加具有现代市场意识。但是问题又来了,先有订单的会说自己保险,如果先造船则风险太大,一艘船至少上亿元,如果卖不出去那不是更大损失吗?我对这个问题是这样看的,先造船或者在造船的同时开发市场,这并不是盲目先投入产品,而是在对潜在市场的分析和把握之上所做出的抉择。市场竞争本身就需要承担一定的风险,某种意义上在造船的同时开发市场,寻找订单,缩短了产品与客户的距离,增加了企业的竞争力。从我们讲品牌和整合营销传播来说,老的企业应该更有竞争优势,你对市场认识更清楚,客户群也比较稳定。所以你完全可以运用数据库分析客户,搞点CRM工程强化客户关系,与现有客户建立更加密切的关系,洞察它的未来需求,同时也了解整个市场的需求趋势,根据需求制订出具有领先性的计划。不妨学习一下台州的做法,至少有一部分船是像他们那样,这样也很符合我们所讲的品牌关系和品牌忠诚,有利于缩短市场距离获得相应的竞争优势。当然也要注意如何平衡风险,主要是产品积压和财务风险。说是这么说了,但是后来总觉得回答的似乎还不到位。

第二个问题是一家电缆公司提出的。他们是国内同行业四大公司之一,现在遇到的问题是在业务发展中对业务员的依赖性太大,所以很多时候往往业务员甚至可以左右公司。而业务员在这个过程中难免会玩些手段自肥,业务过程中因为又每每由于承兑汇票的原因,公司还要承担一些资金风险。但是这个工作又离不开业务员,因为所承接的工程都需要招标,没有业务员从中穿插,招标也很难。我明白他说的"招标"中间肯定有一些猫腻,在当今这个背景下弄点什么回扣啊商业贿赂之类的在所难免,所以他本质上所想的是在整个公司的业务活动中,如何把主导权拿到公司或者是营销主管手里。于是乎我又谈了一些自己的看法,你来我往结合我的专业理论说了一通也算是出招,但是后来想想又觉得自己说的那些招数现实中未必有用。

路上一直在想这两个问题。平心而论,这两个问题都问得很好,只是我回答得不好。之所以说到对这两个问题没把握,主要出于两点:第一是历来在营销传播的思考中比较关注的是那些大众消费类产品,对工业产品营销并不熟悉,这影响了我对这类企业营销业务的把握。第二,我讲品牌和整合营销传播,往往会超越单纯沟通,把所有问题与此关联起来,但是实际上品牌和整合营销传播并不能解决企业的所有问题。所以我们的关注点永远只应该局限在如何通过良好的品牌接触、构建品牌关系并进而提升品牌价值这个范围之中。一定要有所不为啊,整合营销传播不能包治百病。这应该是关键,核心在于有效地构建品牌关系。

10 由诚信延伸到一种使命感和终极价值

（2013-12-01）

> 在马云身上看到的不仅仅是商人的唯利是图，还有他对整个行业甚至是对整个社会的担当。而我们对营销价值的终极追求，也是一种穿透历史、人生的文化关怀。

关于诚信的话题是从课堂上讲起的。说起来那还是 20 天前，那一天是 11 月 11 日，这个日子前几年被叫作"光棍节"，原本是由网上的年轻一代哄起来的小众化的纪念日，后来在阿里巴巴马云的推动下，如今成了一个很狂欢的网上购物日。去年的这一天，淘宝和天猫在支付宝平台上成交 191 亿元，今年则是 350 多亿元。第二天我正好上课，当天的课程要讲到整合营销传播的终极追求，于是便和同学们说到这个问题。

我问同学们对这个日子有什么感想，大家七嘴八舌，末了我则对同学发表了我的看法。我认为，不管是 350 亿还是马云声称的甚至可以 1 000 亿，重要的不是交易额，重要的是这一天代表了一个符号。我认为，马云乃至网商们推波助澜这个日子，本质上是对网络营销和电子商务的一种文化建构。就像我们讲企业文化时常常要讲的几大要素一样，网络营销和电子商务作为一种现实形态，它本身也需要某种意义上的文化建构，而文化尤其是组织形态的文化存在，很大意义上都无法脱离五大要素：文化环境、价值观、英雄人物、文化仪式和传播网络。从这个意义上讲，"11.11"作为一种网络购物狂欢形态，本身就承载了这些必然的文化要素，尤其是作为一种固定的方式将其仪式化，这里面有马云们的良苦用心。联系到马云在这个日子所发表的一系列讲话，还有他和另一个做商业地产的中国首富的1亿元赌注，我坚信马云的努力不仅仅是为了阿里巴巴而更多是为了整个行业。我对学生们讲，马云是一个有历史担当的人，在他身上看到的不仅仅是商人的唯利是图，进一步看到的是他对整个行业甚至是对整个社会产业系统的担当。我讲起了去年更早一些时候，当淘宝决定向更高一层次延展时，一个很重要的措施就是对网络电商的保证金要求。当时很多小卖家因为受到了限制而群起攻之，我曾经在课堂上跟学生们讨论此事。学生中也有经营淘宝店的，那段时间网上很多非议，所以不少学生都是否定这种做法。记得当时我在课堂上大力肯定马云的行为，我说电子商务的发展，呼唤一个更加诚信的交易体系的确立，所以必须设置一定的进入门槛和基本的信用保证，只有这样，这种充分市场化的交易体系才能够有序化、才可以更加持久。现在看来我的观点是对的，由马云和阿里巴巴所倡导的网上交易信用体系，正在不断地优化我们的网络交易环境，完善我们的网络购物秩序。从信用度上来说，这种信用体系在很大意义上已经超越了现实中的商业信用。所以我说马云是一个有使命感的人，他担荷的是对整个行业发展的历史责任，这也许就是他所追求的终极价值所在。

由这个又引申到了更具体的问题。次日恰好给杭州都市圈旅游系统的一批业界人士讲"城市旅游与整合营销传播"，讲到城市旅游如何维护顾客更深度的文化体验，也就是如何建构一种更加有价值的品牌关系。显然我们传统的营销思想过于关注"交易关系"，这就如同我们的国庆长假旅游之类的，满足于大流量的人头攒动走马观花，然而这仅仅是最低层次的问题。在整合营销传播的视野里，交易关系在所有营销关系中处在最低层次，向上渐进依次还有反馈关系、责任关系、前摄关系、伙伴关系。成为一种伙伴关系，显然是我们的最高追求，所以我们的最高目标就是创造愉快而又忠实的顾客，以及维护与相应的品牌相关利益者的关系，以此达到城市与顾客更深层次的交流。我引用了易中天老师讲美学课时的一个说法，他说，教女同学怎么化妆那不是美学课要讲的，美学课讲的是审美以及美的表现形态。他的形象比喻是说，教化妆就好比"搞一夜情"，学美学课则如同"领结婚证"。我觉得这个比喻更适合我的理论，讲市场营销中简单的交易追求就如同是"搞一夜情"，而寻求与品牌建立长期的伙伴关系则无疑是"领结婚证"。而要想保证这种关系长期稳定，有一个很重要的问题必须倍加关注，就是我自己的书里创造的一个新的市场营销术语"利益平衡原则"。也就是说，在营销过程中，必须保证处于营销链的各个环节，营销参与的各方达成相应的利益共享，也就是遵循利益平衡原则，只有这样才能保证这种关系的稳定性。回到城市旅游上来说也必须这样，一个城市必须要注意给你的客人带来更深层次的体验和情感回馈，不能满足于人家到此一游。国庆长假人山人海，他来到此一游既没有得到赏心悦目的观感，也没有享受到"品质生活之城"的心理体验，你叫他怎么和你保持稳定关系，怎么会想再一次重复体验？说穿了这里面也有一个信用价值的问题。于是我建议参加听课的杭嘉湖绍等城市的旅游管理部门，一定要利用信息时代的技术优势，要运用大数据系统尽快建立相应的旅游数据库，而且技术已经有可能让我们把数据落实到每一个游客身上了。说到这里，感觉到这些似乎和电子商务的信用体系也很有一些干系，于是再一次肯定我们的理论在很大意义上，代表了一种对营销价值的终极追求。而终极追求就是一种使命感，是一种穿透历史、人生的文化关怀。

图书在版编目（CIP）数据

营销的律动：卫军英谈营销传播/卫军英著．—北京：首都经济贸易大学出版社，2014.7

ISBN 978-7-5638-2239-3

Ⅰ.①营… Ⅱ.①卫… Ⅲ.①市场营销学—文集 Ⅳ.①F713.50-53

中国版本图书馆 CIP 数据核字（2014）第 093200 号

营销的律动——卫军英谈营销传播
卫军英　著

出版发行	首都经济贸易大学出版社
地　　址	北京市朝阳区红庙（邮编100026）
电　　话	（010）65976483　65065761　65071505（传真）
网　　址	http://www.sjmcb.com
E-mail	publish@cueb.edu.cn
经　　销	全国新华书店
照　　排	首都经济贸易大学出版社激光照排服务部
印　　刷	北京市泰锐印刷有限责任公司
开　　本	710毫米×1000毫米　1/16
字　　数	287千字
印　　张	19.25
版　　次	2014年7月第1版第1次印刷
书　　号	ISBN 978-7-5638-2239-3/F·1267
定　　价	39.00元

图书印装若有质量问题，本社负责调换
版权所有　侵权必究